"윗사람이 말한 대로 따라서 하면,
그것은 【그림자】요, 【메아리】와 같다.
윗사람이 잘못했을 때는 조용히 規諫(규간)해야 한다.
윗사람이 옳다고 해서 반드시 옳다고 한다면,
이는 왕의 그림자이지,
【올바른 신하가 아니라는 것】이다.
그러므로 【윗사람이 옳은 길로 가면 옳다고 말하고,
그렇지 못하면 규간해서 올바른 길로 가게 해야 하는
것이 옳다】"

          묵자의 말씀 중에서 ...

"어떤 모임에서 누군가 대통령의 잘못을 비난하자,
한 사람이 벌떡 일어나 그 비난자를 공박했다.
대통령이 '너에게 잘못했느냐, 널 해코지했느냐'라는 것이다.
이와 같은 언행은 참으로 無知하고 無識한 것이다.
대통령 등 정치인, 관료, 법조계의 잘못된 언행은
수천만 국민을 해치는 행위로,
다수의 사람을 죽인 살인마보다 더 엄하게 다스려야 한다."

                     지은이 적음.

〈책 모음 순서〉

1. 【묵자 철학의 민주성】에 관한 연구
    - 정의와 민주주의를 말하는 묵자 -
2. 【묵자가 제시하는 한국민주주의 방향】
3. 【우리는 묵자 철학을 알아야 한다.】
4. 【묵자 강의 1】
    【묵자 강의 2】
    【묵자 강의 3】
5. 【묵자는 살아있다!!】
    -묵자와 민주주의 -
6. 【묵자 철학의 핵심은 天志인 義다.】
7. 【곽말약의 묵자관 비판】

1. 【묵자 철학의 민주성】에 관한 연구
- 정의와 민주주의를 말하는 묵자 -

《묵자 철학의 민주적 요소》
논문은 묵자(墨子) 철학이 전제군주제의 전체주의적 통치 이론이 아니라, 오히려 현대 민주주의의 핵심 원리를 내포하고 있다. 이는 묵자의 사상이 ①인민주권, ②상향식 여론 수렴, ③능력에 따른 관료제, 그리고 ④개방적인 언론관을 강조하기 때문이다.

〈주요 논지〉
【인민 주권론】: 묵자는 인간이 본래 자주적이고 주체적인 존재라고 보았다. 세상의 혼란이 각기 다른 '의(義)'를 추구하는 데서 비롯된다고 진단하고, 이를 해결하기 위해 백성들이 스스로 집단지성을 발휘하여 어질고 능력 있는 지도자를 선출했다고 주장한다. 논문은 『묵자』의 "백성위인(百姓爲人)"을 "'백성이 주인'"이라는 의미로 해석하며, "천하무인(天下無人)" 사상에 기반한 만민 평등 의식을 묵자 사상의 근간으로 꼽는다.
【상동(尙同)과 상고제(上告制)】: 묵자가 제시한 상동 체제와 상고제는 독재적 통치 방식이 아니라, 인민의 뜻을 통합하고 반영하는 민주적인 제도이다. 지도자는 아래로부터의 민의를 수렴하는 상고제를 통해 인민의 실상을 파악하고, 그 '모인 여론'을 바탕으로 통치해야 한다는 것이다. 이는 상향식(下而上) 여론 수렴과 하향식(上而下) 명령 전달이 결합된 정치 체계로 해석된다.
【능력 위주의 관료제】: 묵자는 관료 체계가 신분에 따른 고정된 계급이 아니라, 능률과 성과에 따라 유동적으로 바뀌는 능력 본위의 직분이라고 주장했다. "관무상귀 민무종천(官無常貴 民無終賤)"이라는 구절을 인용하며, 직위가 높든 낮든 오직 능력에 따라 승진하거나 퇴출될 수 있는 현대적 의미의 관료제를 제시했다는 점을 논문은 강조한다.
【개방적 언론관】: 묵자는 정치에서 여론을 매우 중시했다. 백성들의 '눈과 귀'를 통해 취합된 의견을 바탕으로 정치를 펼치면 정책의 잘못이 줄어든다고 보았으며, 지도자는 비판적인 여론까지도 적극적으로 수용해야 한다고 주

장했다. 논문은 이러한 묵자의 언론관이 춘추전국시대 사상가로서는 매우 이례적인, 오늘날의 민주 언론관과 부합하는 열린 태도라고 평가한다.

Ⅰ. 들어가기

인간이 공동체를 형성해 살기 시작하면서 많은 갈등이 발생한다. 이 갈등의 근본 원인은 무엇일까 하는 문제는 사람마다 여전히 다양한 견해가 존재한다.

묵자는 공동체인 사회가 혼란스러운 원인을 사람마다 서로 다른 義에서 찾았다. 즉 '사람마다 옳다고 주장하는바'가 다르므로 혼란이 생긴다는 것이다. 그러므로 묵자는 어질고 능력 있는 정치지도자를 선택해, 제각각인 여론을 하나로 통합시켜야 혼란이 진정되고 안정이 이루어진다고 주장한다. 필자는 묵자(墨子)의 사상이 '유가의 종법 질서를 비판하고, 겸애와 교리에 기초한 안생생한 대동 사회를 지향했다'라고 하는 일반적인 평가와 더불어 묵자 철학이 민주적인 요소를 많이 내포하는 이론으로 이해한다.

묵자 사상 특히 상동론에서의 '上告制'를 전제군주의 전체주의적인 통치 방식으로 이해하는 학자도 많다. 하지만 묵자 사상의 전체적인 맥락을 통해 살펴보면, 묵자 사상은 天志에서 연유된 義를 바탕으로 겸애와 교리를 실천 강령으로 하는 '섬김'과 '나눔'을 실천하려고 했던 민주주의의 원형을 품고 있는 민주주의적인 사상임을 알 수 있다. 필자는 이 논문을 통해 묵자 사상이 민주주의 사상임을 입증하고자 한다.

'상동'이라는 정치제도를 인민이 주인인 사회, 즉 인민이 주체적으로 최고 정치지도자를 선택하고, 또 최고 지도자는 상고제를 통해 인민의 실상을 파악해 정치에 반영하는 사람으로서, 인민에 의해 선택되었으므로 인민에 의해 퇴출당하는 현대적 의미의 민주주의 이론에도 부합하는 정치제도로 자리매김한다. 또 상동을 구성하는 천자 삼공 제후 등도 엄격한 신분 계급 질서에서의 고정된 지위가 아니고, 일의 효율성을 높이기 위해 '업무 분담에 따른 제도'이다. 따라서 일의 성과에 따라 그 직위는 변경될 수 있다는 것이다.

그런데 일부 학자들은 상동의 근간인 상고제를 해석하는데 천자의 명령을 아랫사람에게 강제하기 위한 제도로 이해하기도 한다.

이 논문에서는 묵자 사상이 전제군주의 전체주의적인 명령을 수행하기 위해 만들어진 이론이 아니라, 인민의 뜻을 수렴해서 통합된 하나의 기준(上下同義)을 만들어서 혼란한 세상을 안정시키기 위한 제도적 장치로써 만들어진 이론이라는 점에 중점을 둔다. 곧 묵자 사상은 현대 민주주의의 본질에 가깝다는 점을 살펴본다.

먼저 '인민이 주인'이라 하는 '인민주권'을 살펴본다. 인민주권 의식은 백성들이 자신을 주인이라 여기면서 삶의 터전인 공동체와 개인의 삶이 함께 공존 번영할 수 있는 존재라는 자의식에서 나온 것이고, 이에 따라 정치 최고 지도자인 천자의 선출도 스스로가 주인이라는 의식을 가진 인민들이 생각하기를, 세상이 이렇게 혼란한 것은 서로 다른 기준(法)을 가진 인민들의 뜻을 하나로 통합시킬 지도자가 없기 때문이라는 것을 자각하고, 천하의 뜻을 하나로 통합시켜 천하의 혼란을 극복하고 안정된 사회를 이루기 위해 자발적으로 천자를 선택했다는 것이다.

둘째 묵자 상동의 상고제는 인민의 의사를 下而上의 방식으로 지도자들이 상하의 소통을 통해 민중의 의견을 듣고 實情을 파악하는 제도이며, 또 上而下의 방식으로 취합된 인민의 뜻을 바탕으로 지도자들이 인민에게 명령하는 방식이다. 즉 정치지도자는 자기 주도로 인민과 소통하여 인민의 實情을 파악하면서 '모인 여론'을 가지고 통치하는 사람이므로, '그가 옳다고 하면 옳다고 따른다는 것'은 인민의 결집된 여론을 따르는 것이지, 정치지도자의 개인적인 의견을 따른다는 의미가 아니다.

셋째 상고제의 서열인 천자 등 관료 체계는 계급 신분제에 따른 고정된 서열이 아니라, 일을 잘하고 못하고의 능력에 따른 직분이라는 것이다.

마지막으로 묵자의 언론관을 통해 묵자 철학이 민주주의를 배태할 수밖에 없음을 설명하고자 한다. 이와 같은 네 가지 점을 중심으로 『묵자』라는 책 속에서 민주성을 살펴보려 한다.

Ⅱ. 『묵자』 책 속에서의 민주성

1. 묵자 사상의 인민 주권론

묵자 사상의 핵심은 天志인 義를 통해 三患을 해결하고자 함에 있다. 즉 당시의 제후들과 대부들 사이에서 벌어지는 겸병 전쟁으로 인해 가장 피해를 많이 보는 것은 다수의 민중이었다. 이들이 굶주리고 헐벗고 쉴 곳조차 없어서 안정된 생활을 하지 못하는 까닭은 무엇이며, 이를 해결하는 방법은 무엇인가에 대한 고민은 다른 사상가들도 많이 하면서 나름대로 해결책을 제시했다. 특히 묵자는 민중의 관점에서 실질적으로 그들에게 도움이 되는 방책을 많이 마련했다고 보인다.

그중에서 묵자는 서로 사랑하고 아끼는 것이 하늘의 뜻이라고 설파하면서, 이것만이 各自爲心하는 사람들의 마음을 돌려 서로에게 도움이 된다고 설득하였다. 그것이 바로 '天志는 兼愛交利'라고 했다. 묵자는 尚同上편에서 "사람마다 義가 다르다"라고 했다. 이는 사람마다 생각하는 기준이 다르다는 의미로 본다. 이는 사람들이 저마다 자의식을 가진 주체자라는 것이다. 결국 사람들은 저마다 사물을 보는 기준(義)이 다르므로 싸운다는 것이다. 이의 해결을 위해서는 어질고 현명한 지도자가 선출되어서 민중들의 서로 다른 기준을 하나로 통합시켜 기준(法)으로 삼도록 해야 한다는 것이다. 즉 묵자는 '一人一義', '十人十義'의 異見이 百出하되 거기에 구속받지 않고 자기 책임하에 상호 이익을 위한 협동[1]하는 인간을 설정하고 있다.

인간은 자유 의지를 지닌 주체적인 인간이기에 자기 행동에 대한 자기 책임을 지는 행위를 할 수 있다. 묵자가 「非命」과 「非樂」에서 "정해진 운명은 없다. 자기 책임하에서 자신의 노동과 노력을 통해서만이 전체적으로는 나라가 부유해지고 개인적으로도 부유해질 수 있다"는 점을 매우 강조하는 것도 인간들이 자유 의지를 가진 존재요, 주체성을 가진 인간임을 설파한 것이다. 그러면서 '虧人自利'를 배척하자는 것도, 자기 노동과 노력을 통해 얻은 것만이 '자기 소유'라는 것이다.

세습을 통한 불로소득을 부정한 것은, 그 당시의 봉건제적 종법 질서를 부정하면서 자유로운 경쟁을 통한 기회균등을 통해 사회를 풍요롭게 하자는 주장이었다.

「尚同下」의 '百姓爲人'에 대한 해석도 '백성이 주인이다'라는 해석이 묵자 사상의 전체 맥락을 통해서 보면 가장 타당한 것으로 생각된다. 위에서 언급한 대로 전제군주의 전체주의적 질서 속에서 억압받던 민중이, 묵자의 사상을 200여 년간 공감하면서 지속했던 이유도 바로 이런 '백성 자신이 주인이다'라는 당시로서는 매우 신선한 외침이 있었기에 가능하지 않았는지 생각한다. 물론 '百姓爲人'을 '백성들은 모두 자기만을 위하였다'로 해석하는 것도 各自爲心하는 이기적인 인간들로 사람을 규정한다면, 충분히 수긍할 수 있는 주장이라고 생각되기도 한다.

---

[1] 이운구 · 윤무학, .『묵가철학연구』, 성균관대 대동문화연구원, 1995., 54쪽.

하지만 묵자는 "所染論에서 인간을 이기적인 존재라 생각하지 않고,[2] 주변 환경 인자를 중요시했다. 즉 묵자는 사람은 백지와 같다는 의미로 경험론적 인식론을 설하고 있다.
묵자는 사람들이 저마다 생각하는 기준(義)이 다르기에 서로 싸울 수 있으나, 삶의 경험을 통해 싸우지 않고 문제를 해결하는 방법을 찾아낸다. 이는 묵자의 天志인 義가 '집단지성'의 발로라 생각하게 한다.
　사람들이 개개인의 경험을 통해 공동체와 개인이 공존할 방법을 창안해 낼 수 있는 것도 사람들 스스로가 공동체의 주인이라는 의식에서 나온다는 것이다.
　'百姓爲人'에 대한 해석은 백성들은 자신을 주인이라 여기면서 삶의 터전인 공동체와 개인의 삶이 함께 공존 번영할 수 있는 존재라는 자의식에서 나온 것이다. 더불어 묵자는 "天下無人"[3]을 말했다. 묵자의 '백성이 주인'이라는 주장도 天下無人 즉 "세상에 남이란 없다"라는, 사람이라면 누구나 평등한 존재라는 사상에서 나온 것이다. 세상에 남이라는 차별이 없으니 백성들 모두가 평등한 존재로서, 각각이 세상의 주인이라는 곧 '인민이 주인'이라는 인민주권설을 주장한 것이다.

2. 상동의 상고제를 통해 인민의 의사 취합
① 〈향장은 향민의 모인 뜻으로 통치한다.[4]〉 결국 천자 등도 인민의 뜻을 모아 선출하고, 또 이를 통해 正長들이 인민을 다스린다.[5] 즉 천하가 혼란한 까닭은 제각각인 인민의 뜻을 통합할 만한 능력 있는 정치지도자가 없기 때문이라고 묵자는 파악했다. 그러므로 천하의 어진 자 중에서 천자라는 〈최고정치 지도자를 인민의 뜻에 따라 선출〉하고, "정치지도자들이 이미 갖추어지면, 천자는 정령을 발하여 말하기를 좋은 일이든 좋지 못한 일이든 모두 보고 들었을 때는 모두 윗사람에게 알려라. 윗사람이 옳다고 여기면 반드시 모두 옳다고 여기고, 그르다고 하면 모두 반드시 그르다고 한다. "윗사람에게 허물이 있으면 이를 올바로 간하고, 아랫사람이 좋은 일을 하면 그를 찾아

---

2) 『墨子』「所染」, "染於蒼則蒼 染於黃則黃 所入者變 其色亦變"
3) 『墨子』「大取」, "天下之利驩. 聖人有愛而無利, 倪日之言也. 乃客之言也. **天下無人, 子墨子之言也. 猶在.**"
4) 『墨子』「尙同上」, "**鄕長 唯能壹同鄕之義, 是以 鄕治也.**"
5) 『墨子』「尙同上」, "選天下之賢 可者, 立以爲天子. 天下之欲同一天下之義也, … 正長旣已具 天子 發政於天下之百姓"

추천한다."6) 나라와 마을이 다스려지는 까닭을, "향장(천자, 군주 등)이 오직 '마을 사람(인민)들의 뜻을 하나로 모을 수 있기 때문'이다. 이로써 마을이 다스려진다."7)라고 설파하고 있다.

결국 묵자는 정치지도자란 인민의 의사를 하나로 통합할 수 있는 능력을 갖춘 자여야 하며, 또 정치지도자는 그 인민의 모인 뜻을 바탕으로 정치하는 자이라는 것이다. 이와 같은 묵자의 정치 철학은 21세기인 현대 민주정치를 그대로 먼저 주장했다. 즉 "선한 것이나 불선한 것이나 들으면 모두 윗사람에게 알려라. 윗사람이 옳다고 하면 반드시 모두 옳다고 하고, 윗사람이 그르다 하면 반드시 모두 그르다고 해야 한다. 또 윗사람에게 허물이 있으면 그것을 규간하고, 아랫사람에게 잘한 것이 있으면 널리 추천해야 한다. 그래서 윗사람의 주도로 하나로 모인 의견을 따르되, 다시 아랫사람끼리 패거리를 짓지 아니한다."8) 이 글의 본뜻은 정치지도자는 자기 주도로 인민과 소통하여 인민의 實情을 파악하면서 '모인 여론'을 가지고 통치하는 사람이므로, 그가 옳다고 하면 옳다고 따른다는 것은 인민의 결집된 여론을 따르는 것이지, 정치지도자의 개인적인 의견을 따른다는 의미가 아니다.

이상에서 상동의 상고제는 정치지도자가 제각각인 인민의 의사를 하나로 통합하는 수단이자, 인민의 모인 뜻을 바탕으로 한, 지도자의 명령을 아래로 전달하는 수단으로 여길 수 있다. 곧 상고제는 민심을 파악해서 취합하고자 하는 민주적인 정치체계라 할 것이다.

② 상고제의 서열인 천자 등 〈관료 체계〉는 계급 신분제에 따른 고정된 서열이 아니라, 일을 잘하고 못하고의 〈능력에 따른 직분 체계〉이다.

다시 말해 상동에서의 계급 질서는 〈업무에 대한 역할 분담〉이다. 이 위계 질서를 차별적인 봉건제의 신분 계급으로 읽어서는 안 된다. 직분은 역할을 원활히 수행하기 위해 불가분하게 나누어 둔 것에 불과하다. 그래서 "낮은 지위에 있는 관리도 능력과 성과에 따라 직위가 상승하기도 하고, 높은 지위에 있는 관리도 무능하거나 성과가 인민들의 편리를 충족시키지 못하면 퇴출함"9)을 묵자는 상현편에서 말하고 있다. 이것이 兼의 진정한 의도이다.

---

6) 『墨子』「尚同上」, "正長既已具 天子 發政於天下之百姓 言曰 聞善而不善, 皆以告其上. 上之所是, 必皆是之. 所非, 必皆非之. 上有過則規諫之. 下有善則傍薦之"
7) 『墨子』「尚同上」, "鄉長 唯能壹同鄉之義, 是以 鄉治也."
8) 『墨子』「尚同上」, "聞善而不善, 皆以告其上. 上之所是, 必皆是之. 所非, 必皆非之. 上有過則規諫之. 下有善則傍薦之, 上同而不下比者"

묵자는 "임금과 군주와 삼공들을 둔 것은 교만을 부리라는 것이 아니며 경대부와 장수와 고을 수령들을 둔 것은 놀고먹으며 편히 지내라는 것이 아니고, 천하 인민이 고루고루 잘 살도록 〈직분을 분별〉해 다스리고자 함이다.... 장차 온 백성을 위하여 이로움을 일으키고 해로움을 없애며 가난하고 외로운 사람은 부유하고 고귀하게 해주며 위태로운 것은 평안하게 하고 혼란과 어지러움을 다스리고자 임금을 선출케 했다."10)라고 말했다. 묵자는 상동이라는 정치체계는 正長들이 군림하기 위한 것이 아니고, 오직 인민의 삶을 개선하기 위해 존재해야 한다는 것이다. 그래서 正長의 자질로 "덕망과 행실이 돈독하고, 언사와 담론이 분별 있으며 도리와 정책이 박식한 사람"11)이어야 하며, 겸애 교리 정신을 가치 기준으로 삼아서 인민에게 이익이 되는 일에 종사해야 한다고 특히 강조했다.

겸애 교리를 가치 기준으로 삼는 正長은 "기존의 신분 계급에 얽매이지 않고 오직 어질고 능력 있는 사람 중에서 등용해야 함"12)을 강조했다. 묵자는 관리의 등용에서 가장 중요한 가치를 〈義의 실천〉에 두었다. 그는 正義를 실천하다가 잘되지 않는다고 하더라도 꾸준히 추진할 것을 권하였으며, "義를 실천한 댓가는 반드시 주어야 마땅하다"13)고 주장했다.

결국 상동의 상고제는 **【正長이 아랫사람들의 실정을 잘 파악하여 그 뜻을 하나로 통합시키는 역할을 하면서, 또 그 실정을 잘 파악하여 상과 벌을 공정히 내리는 데 필요한 제도】**이다.

상동 체계상 상하의 직분과 직위로 나누어졌더라도 이는 서로 위치나 역할을 바꿀 수 없는 종법 사회가 아닌 상하 평등한 사회이므로, 이는 어짊과 능력에 따라 바뀔 수 있다는 것이 전제되어 있다. 그래서 묵자의 상동 정치체계가 민주적이라는 것이다.

3. 묵자의 언론관

묵자는 백성의 눈과 귀를 통한 여론의 중요성을 언급하고 있다. 즉 백성의

---

9) 『墨子』「尙賢上」, "有能則舉之, 無能則下之"
10) 『墨子』「尙同中」, "乃作后王君公, 否用泰也, (輕)[卿]大夫師長, 否用佚也. 維辯使治天均, ... 將以爲萬民興利除害, (富貴貧寡)[富貧衆寡], 安危治亂也. 故 古者聖王之爲若此."
11) 『墨子』「尙賢上」, "有賢良之士厚乎德行, 辯乎言談, 博乎道術者"
12) 『墨子』「尙賢上」, "故古者聖王之爲政 列德而尙賢. 雖在農與工肆之人, 有能則舉之, 高予之爵, 重予之祿, 任之以事, 斷予之令 ... 故官無常貴 而民無終賤. 有能則舉之, 無能則下之. 擧公義 辟私怨. 此若言之謂也."
13) 『墨子』「尙賢中」, "告女憂卹, 誨女予爵, 孰能執熱, 鮮不用濯"

눈과 귀를 통한 여론을 취합하여 정치한다면 정책의 잘잘못이 줄어들 것이라는 것이다. 묵자의 소통적 이론의 實은 백성들이 실제로 보고 듣고 경험한 일들이다. 이것은 다스림을 통해 백성들의 걱정거리가 해결되는 것, 즉 이로움을 주는 것이 최종 목적이다. 특히 묵자 非樂論의 삼표론 제2조인 '인민이 보고 들은 것을 근원으로 삼는다.'라는 것은, 〈묵자의 '상고제'가 '여론 정치'를 표방하고 있음〉을 알게 해준다. 또 아래로부터의 民意는 천자의 義와 화동케 되며, 천자는 하늘의 법도에 의해 義를 행하여 천하를 다스림으로써, 민의에 따른 정치를 하게 됨으로써 하늘의 뜻인 백성들을 이롭게 해야 한다는 것이다.

결국 묵자는 인민들 상하 간의 의견 소통이 인민을 이롭게 하는 데 매우 중요하다는 점을 說 하면서, 천자는 상고제와 같은 소통방식을 통해 자기의 뜻을 넓게 펼칠 수도 있고, 멀리 있으나 가까이 있으나 인민들의 實情을 정확히 살펴 賞과 罰을 공정하게 집행할 수 있다는 것이다.

> 만약 이같이 상하가 (소통되지 못해서) 뜻을 같이할 수 없다면
> 위에서 내리는 상훈과 기림은 아랫사람의 착한 행실을 권면할 수 없고
> 형벌은 아랫사람의 포악한 행실을 막을 수 없을 것이다.14)

이 인용문은 '상고제'를 통한 '소통'의 중요성을 말하고 있다.
묵자의 언론관은 민심은 천심이라는 고대 군주들의 취지를 계승하면서 그의 언론관을 피력하고 있다.

> 이것은 아마도 천하에 있고 없음을 밝혀 (…)
> 반드시 여러 사람의 눈과 귀로 보고
> 들은 것을 근거로 있고 없음을 판단하는 표준으로 삼아야 한다.15)

또 여론이란 인민들의 다양한 의견이 상존하고 있음을 전제로 한다.

> 같음과 다름은 상보한다. 유무처럼 모순이 아니다.16)

---

14) 『墨子』「尙同中」, "上下不同義, 若苟上下不同義 賞譽不足以勸善 而刑罰不足以沮暴."
15) 『墨子』「明鬼下」, "是與天下之 所以察知有與無之道者 必以衆之耳目之實 知有與亡爲儀者也"

화동 서로 다른 것들이 한 길로 동반하는 것이다.17)
다른 것이 있기에 무엇이 같다고 말할 수 있다.18)

묵자는 政長의 역할 중에서 상하 간의 소통을 원활하게 하도록 하는 것을 중시하면서, 또 비판적인 여론의 수렴에도 적극적이어야 한다고 강조한다. 즉 묵자는 "군주에게는 반드시 군왕의 뜻에 거슬리는 간쟁으로 나라와 사직을 보전하는 신하가 있어야 하고, 윗사람에게는 정정당당히 곧은 말을 하는 부하가 있어 의논을 나누며 진지하게 논쟁하고 서로 경계해 주고 송사하고 논단해야만 오랫동안 나라를 보전할 수 있다19)"라고 했다.

또 비판 여론에 대해서도, "비판, 악한 행실을 밝히는 것이다."20) "비판을 그르다 함은 모순이다. 그른 것이 아닌 것에 대해 말하는 것이다. 비판을 그르다 함은 자기에 대한 비판을 그르다 하는 것이다. 비판을 그르다 할 수 없으며 그른 것을 옳다 하는 것이 도리어 그른 것이다. 옳지 않은 것을 그르다고 말하는 것은 그른 비판이라고 할 수 없다."21)라고 말하면서 지도자는 비판 여론에 대해서도 적극적으로 수용하는 자세로 政事를 펼쳐야 한다고 했다. 이와 같은 묵자의 주장을 통해 보면, 묵자는 윗사람과 아랫사람 간의 활발한 의견 소통을 통한 의견 수렴을 통해 국정이 운영되어야 하며, 인민들 개개인의 신분이 평등한 가운데 능력에 따른 등용이 되어야 한다고 주장했음을 알 수 있다.

묵자의 언론관은 춘추전국시대 인물의 생각이라고 말하기 어려울 정도로 개방적이며 비판적인 언론에 대해서도 수용하는 열린 언론관을 주장했다. 이와 같은 언론관을 정치지도자가 갖고 정사를 펼쳐야, 인민의 이익에 부합하고 하늘의 뜻인 의로운 정치를 할 수 있다는 것이다.

여러 사람의 각기 다른 의견이 비판적으로 수용되어, 하나의 의견으로 취합되기 위해서는 자유로운 토론과 간쟁이 필요하다는 것이 묵자의 주장이다. 묵자의 상동론은 21세기 현재의 국회 의원 선출 과정과 유사하다 할 것이다.

---

16) 『墨子』「經上」, "同異交得 放有無"
17) 『墨子』「經上」, "同, 異而俱於之一也"
18) 『墨子』「大取」, "有其異也 爲其同也"
19) 『墨子』「親士」, "君必有弗弗之臣 上必有諤諤之下 分議者延延하고 而(支苟)[交敬]者 諤諤 焉可以長生保國"
20) 『墨子』「經上」, "誹, 明惡也"
21) 『墨子』「經下」, "非誹者 誖 說在弗非, 非誹 非己之誹也 不非誹 非可非也 不可非也 是不非誹也"

즉 리나 향민의 뜻을 한데 모아, 위로 전달하고, 인민의 '모인 뜻'을 바탕으로 정치를 한다는 것은 의원내각제하에서의 정치 형태와 무엇이 다른가? 그러면서 正長의 역할은 분분한 의견을 하나로 통합시키는 것으로, 인민의 여론과 정치참여를 통해, 천자로 선택되기도 하고, 퇴출당하기도 한다는 것이다. 또 벼슬자리를 얻었다 하더라도 언제까지나 귀하기만 하지 않았고, 백성들이라 하더라도 끝까지 천하지 않았다고 선언하는 것은 그 시대에 귀족들에게만 독점되었던 벼슬자리를 능력 본위로 온 백성들에게 해방하라는 주장이다.

묵자가 이처럼 여론 및 그 형성 과정의 중요성을 설하는 이유는 인민의 여론을 통해서 하나의 의견으로 통일됨으로써, 굶주리고, 헐벗고 일하고 쉴 곳조차 없는 三患의 질곡에서 벗어날 수 있는 지름길이라 생각했기 때문이라고 본다. 이는 곧 인민이 평등한 존재로서 자기 의사를 개진하면서 정치에 참여하게 되면 이것이 서로에게 이익이 되기 때문이라는 것이다. 이 말이 뜻하는 것은 사람마다 의롭게 여기는 기준이 다르기에 토론에 참여해서 그 기준을 통일하면 서로 간에 다툼이 조정되어 상호 이익이 된다는 것이다. 묵자는 정치를 함에 여론을 중시한 사상가라 할 것이다. 그러므로 묵자의 상고제와 언론관은 상향식 여론 수렴을 통해 인민들의 의사가 자유롭게 결집하게 하는 민주적인 제도라 하겠다.

Ⅲ. 결 어

민주주의는 인민이 주인이고, 인민의 뜻에 따라 움직이는 정치체제이다. 또 언론을 중시한다고 함은 인민의 자유롭고 주체적인 의견 개진이 있음을 말한다. 민주주의를 위와 같이 定義할 수 있다면, 묵자 철학은 대체로 민주주의의 요건을 수용하고 있다고 볼 수 있을 것이다. 결론적으로 묵자 철학은 『묵자』라는 책 속에서 인민이란 자주적이고 주체적인 존재이므로 서로 옳다고 여기는 기준이 달라서 서로 다투기도 하고 심하면 싸우기도 한다고 말했다. 그러므로 이 다툼을 해결하려는 방안으로 집단지성을 발휘해서 어질고 능력 있는 지도자를 선출한다는 것이다. 이와 같은 집단지성의 발휘는 '天下無人'이라는 '세상 사람들은 너와 남의 구별이 없다'라는 사상의 기반에서 나타난다고 말했다.

더불어 인민은 자주적이고 주체적인 존재이므로 스스로 뜻을 모아, 어질고 능력 있는 사람을 선출하여 공동체를 운영한다는 것이다. 이 방식이 바로 상동의 상고 제도이다. 아래로부터의 의견을 수렴해서 리장이나 향장에서 천자에 이르는 正長을 선출하고, 또 인민들의 '모인 뜻'(기준)을 바탕으로 正長들은 정령을 발하여 인민을 다스린다는 것이다. 그래서 선출에서 퇴출까지도 인민의 의사가 반영되는 정치체계가 바로 상동체계이다. 그러므로 묵자가 주장하는 상동 체계는 신분 계급에 따른 고정된 계급제가 아니고, 능력과 직분에 따라 유동적으로 변화되는 민주적인 제도라 할 수 있다.

묵자의 인민이 주인이고, 인민의 뜻에 따라 나라가 다스려져야 한다는 주장의 배경에는 묵자의 언론관이 바탕하고 있다. 묵자는 백성의 눈과 귀를 통한 다양한 여론이 상존하고 있음을 중시하며, 그래서 비판적인 여론도 적극적으로 수용할 수 있는 正長이 필요하다는 것이다. 묵자는 상하 간에도 활발한 의견 개진을 통한 의견 수렴을 통해 국정이 운영되어야 한다면서, 그렇게 함으로써 인민들의 實情을 정확히 파악할 수 있어 인민의 이익에 도움이 된다는 것이다.

묵자의 언론관은 21세기인 현재의 민주 언론관에 충분히 부합한다고 할 것이다. 이상에서 『묵자』라는 책 속에서 묵자 철학의 민주성에 관해 살펴보았다.

이제는 묵자 철학이 세상에 편만해져서 인민의 삶이 편안해지는 安生生한 대동 사회가 이루어지길 진심으로 바라면서, 묵자 철학의 민주성에 관한 연구가 더욱 진전되기를 바란다.

2. 《묵자가 제시하는 한국 민주주의 방향》【요약본】

※ 춘추시대 수나라의 명신 계량은 【"백성은 神의 주인"】이라고 주장했고, 기원전 662년에 주나라 태사 은은 【"民을 따르면 나라가 흥하고, 神을 따르면 나라가 망한다."】라고 말했다. 기원전 8세기에서 기원전 6세기에 동양에서도 이와 같이 神本주의는 옅어지고 人本주의가 중심을 이루고 있었는데, 현재에 이르기까지 西洋 神에 대한 열정이 한국에서 뜨겁게 느껴지는 것은 시대착오적이 아닌가 한다. 작금의 현 사태는 일부 잘못된 기독교인들의 책임도 있다고 생각한다.

1. 우리나라의 정치 현주소

【좀비가 된 우리나라의 극우 세력】. 이들에게는 민족도 국가도 없다. 오직 자기들의 私利私慾에 맞게 모든 상황을 편집한다. 이들을 용납해야 하는가? 윤석열 정부가 잘하는 일은 단 한 가지, 일제를 찬양하고 사리사욕에만 매몰된 무리에게 세상에 드러날 기회를 제공함으로써 그들의 실체와 그들이 이루고자 했던 목표를 백일하에 드러나게 했다는 것이다.
이제 【상식을 가진 국민】이 할 일은 이 좀비들을 대한민국이라는 사회에서 서서히 사라지게 하는 일이다.
일제가 만든 식민지 사관에 흠뻑 젖어 헤어나지 못하는 무리, 이들이 있어야 할 곳은 대한민국이 아니다. 그들이 만든 역사관 때문에 지금까지 왜곡된 역사를 배워왔다고 생각한다.
나라를 망치고 국민을 피곤하게 하는 좀비들이 생기게 된 배경은 바로 왜곡된 역사에서 비롯되었다. 이 왜곡된 역사도 바로잡아야 한다.

한국 정치의 양극화는 【역사 인식의 차이】에서 비롯되었다고도 할 수 있을 것이다.
한국의 정치 양극화는 심각한 사회 문제로, 다양한 측면에서 부정적인 결과를 초래할 수 있다. 극단적인 대립은 사회 구성원 간의 갈등을 심화시키고,

사회 통합을 어렵게 만든다. 이는 상호 존중과 타협을 어렵게 하여 합리적인 정책 결정을 방해하고, 국가 발전을 저해하게 한다. 이에 따라 국민의 일상생활에도 영향을 끼쳐 사회 불안과 일상의 안정을 해치고, 종국에는 정치 불신을 심화시켜 민주주의의 근간을 흔든다.

정치 양극화의 원인은 누적된, 그래서 체질화된 **역사 인식**에 바탕하고 있다. 이에 따라 【상호 불신】이 생기지 않았을까 생각한다. 21세기 현재의 한국은 역사 인식 차이로 인한 이념적 대립, 지역 갈등, 세대 갈등 등 다양한 부분에서 갈등이 복합적으로 작용하고 있다.
더군다나 이 갈등에 부채질하는 것은 미디어 환경의 변화도 한몫하고 있다. 즉 소셜 미디어와 온라인 커뮤니티의 발달은 정보의 편향성을 심화시키고, 가짜 정보의 범람으로 극단적으로 주장하는 경향이 있다.
또 사회 양극화의 주요 원인으로 【경제적 불평등 심화】를 들 수 있는데, 경제적 불평등은 사회적 불만을 증폭시키고, 정치적 양극화를 심화시키는 요인으로 작용할 수 있다.

우리나라의 현 정치 상황은 여야 간 극심한 대립으로 심각한 갈등이 유발되어 정치 불안과 사회적 분열을 일으키고 있다.
상대 당의 주장과 정책은 합리적인 근거 없이 모두 부정되는 감정적 대립이 극대화되고 있다.
윤석열 정부가 들어서고부터 정치 상대방의 말은 온통 부정되고 자기주장만이 옳다는 我田引水格 현상이 더욱 두드러졌다. 대화를 통한 소통이 실종되다시피 했다. 이는 政治가 아닌 【혼자만의 통치: 억지】인 것이다.
우리나라의 정치 불신 현상은 역사가 깊다. 1945년 해방 후 미군정 시절부터 미군정의 수뇌는 우리나라에 대한 인식이 절대적으로 부족한 상태에서 일본의 한국에 대한 인식을 그대로 지닌 채 대한민국을 일방적으로 통치했다. 자국의 일방적인 이익만을 위한 통치로 우리는 제주 4·3 사건이라는 비극을 경험했고, 이에 적극적으로 협조한 사람이 바로 이승만이었다는 것이다. 자기의 정치적 입지를 공고히 하기 위해 – 미군정과 함께 – 저질러서는 안 되는 慘劇에 함께 한 것이다. ①【우리나라 국민의 정치 불신】은 여기서부터 출발하지 않았겠는가 생각한다. 이승만 독재 정치는 4·19 혁명을 불러왔고, 또 윤보선과 장면으로 대표 되는 민주당 정권은 제 할 일도 제대로 못 하는, 물론 여러 가지 이유가 있었겠지만 무능함을 보여주면서 몇 무리의 군인들에게 국민의 안위를 맡기는 결과를 초래했다. 박정희를 우두머리로 하는 공화당 정권은 경제 성장을 최우선 정책으로 하는 【잘살아 보자】는 구호 아래, 국민은 인권은 뒷전이었다. 연이은 군사정권들은 언급할 가치도 없을 것이다. 1998년 김대중 정권이 들어서고 나서 비로소 인권의 가치가 무엇인지 알게 되는 계기를 제공했다고 볼 수 있다. 수많은 세월 속에서 우리 국민이 【정치를 불신할 수밖에 없는 환경에 놓였었다】고 할 것이다.

이 과정에서 더 심각한 것은 ② 【이익 분배의 차별화 정책: 경제적 불평등 심화】을 독재정권 하에서 저질러졌다는 것이다. 국민은 인권의 가치도 중시하지만, 먹고 사는 문제를 더 소중히 한다. 그런데 일제에 대대로 협력하고 독재정권에 협력한 사람들은 높은 권력과 많은 부를 움켜주게 되었고, 독립운동과 독재에 반대, 민주화 운동을 했던 지역과 사람들은 차별을 받아서 가난이 대물림되었다는 것이다. 이런 현상이 정의로운 민주국가에서 가당키나 한 일인가? 그러나 2025년 현재까지도 지속되어 온 사회 현상임이 분명하다. 하지만 2024년까지 우리나라 국민은 세계 10대 경제 대국이라는 -정확한 팩트인지는 잘 모르겠으나- 자부심을 품고, 또 K-문화가 세계에서 환영받는다는 기쁨 속에서 희망을 품고 근근이 살아가고 있었.

그런데 2024년 12월 3일 뜬금없는 윤 정부의 계엄 발표가 있었다. 마른하늘에 날벼락도 유분수이지, 지금이 비상시국이란 말인가? 어떤 점에서?

이런 현상이 어떻게 해서, 왜 생기게 되었는가도 분명히 밝혀져야 한다. 아무튼 이와 같은 흐름 속에서 국민의 정치 불신은 생길 수밖에 없었을 것이다.

③ 지역 갈등은 현 우리나라에서는 동·서 지역 갈등이라 하겠다. 이 문제 역시 【한 지역의 정통성 없는 군인 출신 독재자들이 저지른 만행】이라 하겠다. 그리고 세대 간의 갈등은 인류기 생겨나면서부터 있어 온 현상이 아닌가 생각한다.

정치 양극화 문제와 국민의 정치 불신은 단기간에 해소될 문제는 아니다. 그래서 【묵자라면 현 한국의 정치를 어떻게 헤쳐 나갔을까?】하는 점에서, 묵자의 10론인 天志와 明鬼, 尙賢과 尙同, 節用과 節葬 그리고 兼愛와 非攻, 非樂과 非命 등의 사상을 통해 현 우리나라가 헤쳐 나갈 방향을 모색해 본다.

2. 묵자의 처방

묵자를 다른 先秦諸子들과 비교하면, (1) **행동하는 사람**, (2) **일정한 틀을 벗어난 사람**, (3) **민중을 위해 스스로 고초를 자초하는 자**, (4) **평민 계급의 대변인** 등으로 표현할 수 있을 것이다.

1) 묵자의 치국론 : 天志와 明鬼
〈묵자의 天志·明鬼를 통한 처방전 정리〉
묵자의 천지와 명귀편을 통해서 우리는 무엇을 배워서 실천해야 하는가?
2025년 현재 우리나라에 正義(공정한 이익 추구)가 살아있는가? 묵자는 하늘이 바라는 것은 사람들이 【서로 아끼고 사랑하면서 서로 돕는 것】이다. 그러면서 남이 이루어 놓은 것을 권력으로 탈취하는 것을 비난하고 있다. 이런 행위는 【하늘의 뜻이 아니라는 것】이다. 天心은 民心이다. 그러므로 남의 것을 어떤 형식으로든지 빼앗는 것은, 民心을 따르지 않는다는 것으로 하늘의 벌을 받아야 한다는 것이다. 그런데 현 우리나라에서는 권력(정치·경제·문화 등)으로 민중의 정신적 물질적 재물을 착취하는 사태가 일상화되고 있다.

묵자는 민중의 耳目 즉 여론에 따른 정치를 강조한다. 그는 【民心은 天心】이고, 【사랑과 이익을 함께 온 국민이 나누자고 주장】하지만, 富益富貧益貧 체제를 굳히려는 집단이 남아 있는 대한민국의 현실이다. 또 조작된, 가짜뉴스로 인해 홍수 속에서 자기에게 유리한 점을 여론이라 호도한다. 이러한 현황이 어떤 점술가에 의해 밝혀지고 있다.

우리는 하늘이 바라는 정의 사회를 지향(天志와 明鬼)해야 한다. 곧 온 국민이 바라는 兼愛하고 交利하는 사회를 이룩해야 한다.
이는 【권력을 가진 자는 그렇지 못한 자를 힘써 돕고, 재물을 많이 가진 자는 그렇지 못한 자를 힘써 도우며, 깨친 자는 그렇지 못한 자를 도와 가르쳐 주어야 한다】는 것이다.
이와 같은 행위만이 나라가 【잘못된 가치관으로 혼란】할 때, 이를 바로잡을 수 있다고 묵자는 강조했다.

2) 묵자의 정치론 : 尙賢과 尙同

능력과 덕망을 갖춘 인재를 선발하고 등용하는 상현의 가치는 공정한 경쟁을 통해 사회 발전을 이끌어야 한다는 민주주의의 이상과 일맥상통한다. 즉 정치, 경제, 사회 각 분야에서 전문성이 존중되고, 능력 있는 인재가 통솔력을 발휘할 수 있도록 해야 한다는 것이다. 또한 尙賢의 가치는 공평하고 공정한 사회를 이룰 수 있도록 모든 국민에게 교육과 자기 계발의 기회를 균등하게 제공하여 능력 중심 사회의 토대를 마련하는 데에 있다.

〈묵자의 尙賢와 尙同을 통한 처방전 정리〉

우리나라의 정치 지도자는 국민을 위하고 아끼는 정치를 하고 있는가? 물론 몇몇은 진정으로 국민을 섬기고자 애쓰고 있을 것이다. 그렇다면 그나마 다행이다.

하지만 대다수 정치인은 그렇지 못하고 여전히 사리사욕에 빠져 국민을 우롱하고 있다. **정치란 【국민을 섬겨서 이롭게 하는 것】이라고** 묵자는 곳곳에서 강조한다. 그것이 정치인의 역할이라는 것이다.

우리나라의 어떤 정치인은 ① 자기를 비판하는 사람들의 의견을 들으려 하지도 않는다. 자기 말만이 옳다고 떠벌린다. 정점에 있는 지도자가 그렇게 하니, 그 하부 조직원들은 【입틀막】이라는 신조어를 생기게 했다. 묵자는 "지도자에게는 반드시 지도자의 뜻을 거스르며 고치도록 말하는 부하가 있어야 하며, 윗사람에게도 당당히 곧은 말을 하는 부하가 있어 진지하게 논쟁해야 그 조직이 오래 보존될 수 있다."라고 말했다. 곧 언론의 중요성과 함께하는 조직원들의 참된 봉사를 말하고 있다. 또 "지도자가 스스로 자신이 명철하고 지혜롭다고 여겨 政事를 묻지 않으며, 스스로 평안하고 강하다고 여겨 수비하지 않으며, 사방의 이웃 나라가 침략할 계책을 세우고 있는데도 경계할 줄 모르는 것이다." 묵자가 지적하는 정치 지도자가 우리나라에 있다. 그는 누구인가? 자신이 명석하다고 여겨, **자기 말을 늘어놓고 경청할 줄을 모르는 "윤격노"라는 지도자가** 있다. 참으로 개탄스러운 현상이 윤 정권 아래에서 일어난 것이다. 부끄러운 역사로 기억될 것이다.

② 권력은 나누어야 한다. 독점하면 부패하기 때문이다. 그러나 우리나라 정치권에서는 정치권력과 경제 권력을 한 손에 쥐려는 정치인이 있어 탄핵당했다. 묵자는 우려했다. 【권력을 탐하는 지도자는 남들과 권력을 함께 나누지

못하고, 재물을 아끼는 지도자는 남에게 이익을 나누어주지 못한다. 가진 권력을 남과 나누지 못하고, 이익을 나누지 않는다면, 천하의 현인일지라도 장차 어찌 권력자의 곁에 모여들겠는가?】 우리나라의 헌법상 대통령에게 권력이 모인다. 위급 시에는 장점으로 작용하지만, 평시에는 단점이 드러난다. 역대 대통령 중에서 가진 권력을 나눈 현명한 지도자는 거의 없다고 본다. 물론 권력을 나누려 시도한 지도자는 있었지만 결국 뜻을 이루지 못했다. 그러나 정말 뛰어난 지도라면 인위적으로 권력 분점을 시도해서 '**자기의 부족한 점을 보완**'하려 할 것이다. 그렇게 한다면 어질고 능력 있는 사람들이 주변에 모일 것이다.

그러면서 묵자는 "사람다운 지도자는 자신이 어려워도 남들을 편하게 해주며, 그렇지 못한 찌질한 지도자는 자신은 편하고 남을 어렵게 만든다."라고 말한다.

2025년에 찌질한 정치인 한 명 때문에 국민은 불안했고 두려워했다. 그러나 정작 당사자와 그 졸개들은 부끄러운 줄도 모르는 불나방과 같았다. 지금도! 【**자기의 자리보전과 사적인 이익을 위해**】 윗사람이 잘하든 못하든 제대로 사실대로 말하지 않아서 윗사람의 판단을 흐리게 하는 무리가 많다. '**지도자가 모든 권력과 부를 움켜쥐려 하니**' 생기는 현상이다. 즉 사람답고 능력 있는 사람이 함께하려 하지 않는다. 우리나라에 참된 公人이 있기는 한가?

이런 현상을 해소하기 위해, 묵자는 말한다. "**윗사람이 옳은 길로 가면 모두 옳다고 말하고, 윗사람이 그른 길로 가면 모두 그르다고 말한다. 이로써 윗사람에게 허물이 있으면 이를 간하여 바로 잡고 아랫사람이 일을 잘하면 그를 널리 천거하여 상하 간에 화동하되 패거리 짓지 아니한다.**"

묵자의 관리 등용 방법은 **기회균등한 인재등용**으로 다음과 같다. "옛날 성왕들은 어진 사람을 매우 숭상하고 능력 있는 사람을 임명하여 부렸으니, 부모와 형제라도 사사로움이 없었고 부귀한 사람이라고 치우지지 않았고 아첨하는 자를 편애하지 않고, 오직 어진 자라면 누구든지 등용하여 높여주며 부유하고 고귀하게 해주어 관장으로 삼았다."

우리나라 정치에서 두드러지는 것은 "**배우자와 자식의 일탈**" 문제이다. 역대 정권에서는 이런 문제가 드러나면 스스로 부끄러움을 알고 자기 탓으로 돌리며, 진실 여부를 떠나 부덕의 탓이란 표현을 하곤 했다. 그러나 요즘은 마누라 사랑에 푹 빠져 정신이 없다. 뭐가 뭔지를 모르는 것 같다. 정신 차리게

'회초리를 들어야 할 시점'이란 생각이다.

묵자는 【천하의 혼란】은 백성으로 비롯된 것이 아니고 【통치자의 능력 부족에서 생기는 것】으로 보아서 "겸애교리를 가치기준"으로 삼는 상현사능한 자가 다스리는 것이 천지의 뜻에 부합된다고 주장한다.
우리나라 정치를 바로잡는 방법은 현능자, 즉 인성이 어질고 능력 있는 사람을 지도자로 선택하는 것이다. 묵자는 어진 사람을 지도자로 선택하는 것이 정치의 근본이라고 말했다.
그러면서 萬事莫貴於義 즉 정의만큼 귀한 것은 세상에 없다는 것이다. 묵자가 말하는 【正義란 겸애 교리하는 것】이다. 그래서 겸애 교리를 가치관으로 하는 사람을 등용해야 한다는 주장이다. 또 지도자의 덕목으로 강조하는 것이 【상하 간의 소통을 통한 의견 통합】이다. 이는 자유 언론의 보장을 의미한다.

 3) 묵자의 치국론 : 兼愛와 非攻
〈묵자의 겸애와 비공을 통한 처방전 정리〉
우리 사회는 여러 가지 복합적인 원인으로 상호 불신이 깊어지고 있다. 이 원인 중에서 가장 주요한 원인은 정치 양극화와 경제적 불평등의 심화일 것이다. 정치권이 각 당의 유불리에 따라 상호 불신을 조장해서 편 가르기에 앞장서고 있다고 본다. 이에 대해서는 앞에서 언급했기에, 이제는 이의 해소책을 찾기 위해 묵자의 사상에 기대어 본다.

묵자는 세상이 혼란한 까닭을 【서로 사랑하지 않는데】서 찾았다. 즉 【오직 자기만 사랑할 줄 알고 다른 사람은 사랑하지 않으니, 그래서 '남의 이익을 해쳐서 자기를 이롭게 하기'(虧人自利), 그래서 천하가 혼란】하다는 것이다.
21세기 2025년 작금의 우리나라 정치인 중에는 남의 이익을 해쳐 자기만을 이롭게 하려는 사람들이 많다. 우리나라의 대통령 탄핵 현상도 이와 같은 점이 반영되었다. 정치 권력을 국민을 위한 봉사의 수단으로 활용하지 않고 개인의 치부만을 위한 수단으로 삼아서 국민 대다수의 이익을 해치려 했기에 탄핵이라는 사건이 발생한 것이 아닌가 생각한다.

묵자는 권력을 가진 자, 재물이 많은 자, 깨우친 자들 소위 【가진 자들이 솔선수범하며】 兼愛하고 交利 하면, 즉 온 국민과 함께한다는 자세를 견지하면 국민이 편안한 세상이 된다는 것이다. 결국 "말은 메아리가 없을 수 없고 德은 보답이 없을 수 없다." 내가 봉숭아를 던져주면 그는 자두로 갚는다는 것처럼, 남의 몸을 자기의 몸처럼 아끼고 사랑한다면 어찌 세상이 혼탁해지겠는가 하는 말이다.

겸애 교리란 각 분야의 재능 있는 전문가로서 서로 협동하자는 것"으로, 이는 서로의 '차이를 인정'하되, '차별하지 말자는 의미이다.
이는 현 사회에서 소외된 사회적 약자, 소수자의 권리를 존중하고 그들의 목소리에 귀 기울이는 포용적인 자세를 말하고 있다. 또 겸애 교리함으로써 개인주의적 가치관을 넘어 공동체 의식을 함양하고, 서로 협력하고 배려하는 사회 분위기를 조성해야 바야흐로 묵자가 말하는 正義社會가 이루어진다는 것이다.
또 묵자는 非攻 즉 전쟁을 배격하자고 주장하는데. 이는 공격적인 전쟁, 타국을 명분 없이 침략하지 말자는 것이고, 까닭 없이 작은 나라가 공격당하면, 이를 적극 도와야 한다고도 주장한다. 그러면서 국가는 事前에 전쟁에 대한 대비책을 철저히 세워야 한다는 有備無患을 강조한다.
그러면서 전쟁은 공격하는 쪽이나 공격당하는 쪽이나 둘 다 결국 손해라는 것이다. 그래서 전쟁에서 얻는 것은 없고 오히려 백성들의 삶만 더 피폐해진다는 것으로 '전쟁 무용론을 주장'한다.
21세기 2025년 현재 국제적으로 미국과 중국의 패권 경쟁, 러시아-우크라이나 전쟁 등 국제 정세의 불안정은 한국 경제에 부정적인 영향을 미치고 있고, 또 북한의 핵 위협은 한반도 긴장을 고조시키고 있다.
이러한 상황에서 우리나라의 일부 몰지각한 정치인들은 그들 개인의 私利私慾을 위해 국가와 국민을 혼란에 빠뜨릴 뻔했다. 다행히 대다수 국민의 용기와 단결이 이러한 혼란에서 국가를 지킨 것이다. 정말 우리나라 국민은 위대한 국민이다. 이제는 K - 민주주의를 내세워도 될 만하다.

 4) **묵자의 치국론 : 節用과 節葬**
 묵자의 절용 사상은 자원 낭비를 경계하고 검소한 생활을 강조한다. 이는 환경 보호와 지속 가능한 발전을 추구하는 현대 사회의 중요한 가치이다. 그는 불필요한 소비를 줄이고 공공재를 효율적으로 활용하여 사회 전체의 이익을 증진해야 한다고 주장한다.

〈묵자의 절용과 절장을 통한 처방전 정리〉
오늘날 우리나라는 경제 불평등이 깊어지면서 富益富 貧益貧 현상이 두드러지고 있다. 이는 정치 양극화 현상을 부채질한다. 어떤 정부이든 국민의 소득 증가에 최선을 다하지 않는 정부는 없을 것이다. 하지만 국민의 소득 증가보다는 권력을 활용해서 개인적인 致富를 하려는 몰염치한 정부가 21세기인 2023~2025년 사이의 우리나라에 등장했다. 이들에게 정치권력은 致富를 위한 수단이요 도구이다. 특이한 점은 그런 행위를 공공연히 저지르고도 부끄러워하지 않는다는 것이다.
이런 현상이 계속되면 일반 국민의 가치관은 어떻게 변하겠는가? 묵자가 경계하는 虧人自利(남을 해쳐서 자기의 이익을 챙기는 것) 현상이 일반화될 것이다. 경계하고 삼갈 일이다.

묵자 경제 정책의 최우선은 권력을 행사하는 통치자들의 향락을 위해 사치하고 낭비하는 것을 막는 것이다. 먼저 권력자들의 사치와 낭비를 막아야 국민의 부담이 줄어든다는 것이다.
즉 **【통치 계층의 비용 절감을 요구】**하며, **【"국가의 쓸모없는 비용을 없애는 것"】**이다. 또한 국민도 절제된 소비를 해야 함을 강조했다. 그러면서 ① 국민의 이용후생에 보탬이 되지 않는 것은 생산하지 말고, ② 재화는 그 본래 목적대로 소비되어야 하며, ③ 厚葬久喪으로 재물을 낭비하고 생산 노동 시간을 빼앗겨서는 안 된다는 것이다.
묵자는 한 나라의 경제는 수입원도 중요하지만, 절약노 중시해야 하며, **【節用, 節葬, 非樂은 모두 지출을 줄이자는 주장】**이다. 그러나 묵자도 수입원을 주장하는 데, 그것은 강력한 생산이다.
묵자는 생산력을 최대한 가동해서 생산량을 늘리는 데도 분업을 주장했다. 즉, 각 분야의 전문가가 되어 서로 협동함으로써 협업을 통한 생산량 증대를 꾀하자는 것이다.
묵자의 겸애 철학은 확실히 **【중요한 경제사상】**이다. **【겸애정신은 경제무역 활동의 공정과 공평 원칙에 부합한다.】** 즉 21세기의 국제 경제에 있어서 호혜 원칙에 따른 자유 무역은 대단히 중요하다. 그러나 2025년 현재 세계 경제는 무역 자유화에서 관세를 통한 자국 봉세주의로 가는 추세여서 상당히 우려될 만하다. 세계 경제는 무역 자유화를 통해 상호 호혜주의로 가야 한다. 이런 시점에서 묵자의 경제사상은 눈여겨볼 만하다. 즉 **겸애 철학이 경제사상으로 바뀌면,** 兼愛哲學은 "有力相營, 有道相敎, 有財相分"(「천지하, 겸애하」) 즉 "사람이 힘이 **있으면** 서로 돕고, 도리를 알면 서로 가르쳐 주고, 재물이 **있으면** 서로 나눈다."라는 것을 강조한다. 이것은 각국의 경제 협력, 기술 이전, 이익을 나눌 수 있음을 말하고 있다. 이는 단일 시장보다 개방적이고 **공정하게 경쟁하며 경지가 더 높다.**

우리는 "겸애 경제학"이 21세기의 경제 이념, 나아가 인류의 영원한 경제 이념으로 작용할 수 있다고 생각한다. 【**"겸애 노믹스"가 글로벌 경제의 균형 발전을 촉진하고 각국의 빈부 격차를 줄여 세계 평화, 세계 대동을 더욱 쉽게 만들 수 있다고 생각한다.**】 이는 묵자 철학이 세계 재건에 크게 기여할 것이다. 우리는 겸애 교리 정신을 통해 서로 사랑하고 아끼면서 여유가 있으면 서로 애써 나누려는 자세로 경제적 불평등을 완화시켜야 한다.

또 우리나라는 세계적으로 중요한 위치에 있다. 우리 주변에 4대 강국이 있다는 것은 오히려 【**나라의 경제 발전을 위한 지정학적 가치가 높다.**】 우리가 이를 활용해서 전략적 사고를 한다면 【**우리나라는 세계의 中心 國家 즉 진짜 中國이 될 것이다.**】

5) 묵자의 치국론 : 非樂과 非命

묵자는 국가가 음악을 즐기고 운명론을 탐닉하면 음악을 비판(非樂)하고 운명론을 비판(非命)해야 한다.

〈묵자의 非樂과 非命을 통한 처방전 정리〉

현대 사회에서 음악은 단순한 오락거리를 넘어 다양한 구실을 하며 우리 삶에 깊숙이 자리 잡고 있다. 음악은 사람의 다양한 감정(희노애락 등)을 표현하고 함께 공유하는 강력한 수단이기도 하다. 또 복잡다단한 현대 사회를 살아가는 인류에게 불안감이나 스트레스를 해소하고 심리적인 안정감을 얻는 데 있어 중요한 역할을 한다. 더군다나 국제화 시대인 현대에 각 문화권의 음악은 고유한 정체성을 지키고 다양성을 유지하는 데 이바지한다. 또 음악은 사회의 부조리, 불평등, 억압 등에 대한 비판적 메시지를 담아내고 사회 변화를 촉구하는 강력한 도구이기도 하다.

이처럼 음악은 현대 사회에서 개인의 내면세계부터 사회 전체에 이르기까지

다방면에 걸쳐 큰 영향을 미치고 있다.

우리나라의 운명이 어려움에 부닥칠 때마다, 음악은 큰 역할을 해왔고, 2025년 12월 3일 계엄 선포 이후에 민주시민을 결집하는데도 음악과 음악가들의 역할은 매우 중요했다.

인간의 삶에 음악의 효용은 부정할 수 없다. 그러나 묵자가 非樂을 주장한 것은 그가 살았던 시대적 제약 때문이었다. 즉 민중이 배고프고 헐벗은 상황에서 지배층은 권력을 이용해서 민중의 노동력을 착취하면서 음악을 즐기는 것을 해서는 안 된다는 것이다.
묵자는 말한다. 생활이 안정된 후에는 그것에 걸맞은 음악이 필요하다는 것이다.
현 우리나라 지배층의 일부는 자신들이 정치권력과 경제 권력을 차지한 것은 【운명】일 것이라 생각하는 사람도 있다.
【정치지도자라는 사람들이 무속과 일부 사이비 종교와의 영합을 통해 정치권력을 유지 지속하려는 시도】가 있었던 것으로 생각한다. 그것도 공공연하게! 이는 우리나라의 국격을 실추시키는 참으로 어리석은 짓거리이다.
잘못된 왜곡된 사고방식을 가진 정치인의 행위가 일반 국민의 일상적인 삶을 무너뜨릴 수 있다는 것을 이번 사태를 통해서 절절히 알게 되었다.
또 이들이 무속과 일부 사이비 종교와의 영합으로 추구하는 것은 무엇이겠는가? 바로 돈이다. 【그들의 神은 바로 돈】이라 생각한다. 달리 설명할 길이 없다. 천박한 사람들이다. 이런 정치인은 나라에서 추방하는 법이라도 만들었으면 하는 심정이다.

묵자는 운명은 태어날 때부터 정해져 있다는 운명론을 비판하면서, 운명론이란 "무능과 게으름의 핑계이며, 포악한 자들의 道이며, 천하에 커다란 해악이며, 어진 자의 말이 아니다."라고 강력히 주장했다. 그러면서 【삼가라! 天命은 없다. 오직 나는 사람을 높이고 말을 지어내지 않는다. 운명은 하늘에서 내리는 것이 아니고 '스스로 얻는 것'이다.】라고 말했다.
묵자의 非命論과 非樂論은 스스로 자주적이고 주체적인 삶을 자기 노력과 노동을 통해서 성취하자는 것으로 남에게 기대지 말고 독립적으로 살아가자는 매우 중요한 삶의 지침을 주었다.

우리는 이제 잠시 일그러졌던 삶을 다시 정상화하고, 자기 노동과 노력을 통해 자기 삶을 개척해야 한다. 이것이 묵자가 말하는 정해진 운명은 없다는 가르침이다.

묵자는 言行은 반드시 【삼표법】에 따라서 논리적이고 합리적으로 해야 한다고 말한다. 이는 역사적 사실을 근거로, 국민의 여론을 바탕으로, 나라와 국민을 이롭게 한다는 사실 판단을 근거로 말하고 글을 써야 한다는 묵자의 뛰어난 논법이다. 이 중에서 가장 중요한 것이 【국민의 여론을 중시하라는 묵자의 가르침】이다.

그런데 2023~2025년 초까지 우리나라 정치 지도자는 국민의 여론은 무시하고 점술가와 가짜뉴스에 몰입되어 국민을 위한 정치가 아닌, 국민을 상대적 【자기주장만을 하는 억지 정치】를 하였다. 곧 합리적인 사고를 하지 못하는 사람이었다.

묵자는 官無常貴, 民無終賤이라 했다. 대통령이나 고위 관직에 올랐다고 해서 항상 귀하지만은 않고, 일반 국민이라 해서 항상 벼슬하지 말라는 법은 없다는 것이다. 그러면서 능력이 출중하면 승진시키고, 능력이 부족하면 퇴출시켜야 한다는 것이다. 그래서 이번에 대통령이 탄핵되어 퇴출당했다.
묵자의 철학이 구체화된 것이다.

3. 한국 민주주의는 묵자가 제시한 방향으로 가야, 세계 제1의 정치 선진국과 경제 선진국이 되어 K - 문화를 세계에 알릴 수 있다.

묵자는 天志와 明鬼, 尙賢과 尙同, 兼愛와 非攻, 節用과 節葬 그리고 非樂과 非命을 통해 다음과 같이 한국이 나가야 할 방향을 제시하고 있다.

첫째, 2025년 현재 우리나라는 묵자가 天志편에서 말하는 正義 社會, 즉 공정으로서의 정의가 이루어지지 않고 있다. 윤석열 정부의 계엄 등의 헌정 질서를 어지럽히는 행위로 인해 정치적 경제적 사회적 혼란이 가중되고 있다. 민심은 천심인데, 여론을 조작하거나 아니면 자기 입맛에 맞는 여론만을 취사선택하는 어리석음을 저지름으로써 天心인 民心을 따르지 않았다. 그래서 대통령이라는 기관이 탄핵당하여 퇴출되었다.

묵자는 민중의 耳目을 통한 【여론을 따르는 정치를 강조】한다. 그러면서 권력을 장악함으로써 획득한 힘으로 남의 재물을 탈취해서는 안 되고, 【이익을 함께 온 국민이 나누는 정치를 주장】했다. 즉 【권력을 가진 자는 그렇지 못한 자를 힘써 돕고, 재물을 많이 가진 자는 그렇지 못한 자를 힘써 도우며, 깨친 자는 그렇지 못한 자를 도와 가르쳐 주어야 한다】라는 것이다. 이와 같은 행위만이 나라가 【잘못된 가치관으로 혼란】할 때, 이를 바로잡을 수 있다고 묵자는 강조했다. 하늘이 바라는 것은 【국민이 모두 서로서로 아끼고 사랑하며 돕자는 것】이다. 어쩌면 삶의 여정은 봉사 활동인지도 모른다.

둘째, 윤석열 정부의 관료 임명은 국민을 이롭게 하기 위한 행위가 아닌, 윤 정부와 그 패거리들의 사적 이익 추구를 위한 임명이 아니었는지 하는 생각이 들 정도로 졸렬한 인사들이 대부분이었다. 이 부분은 뉴스 매체를 통해 정확히 확인해 보면 알게 될 것이다. 정치란 국민을 섬겨, 그들을 이롭게 하기 위한 제도적 장치이다. 그런데 관료 임명을 자기 패거리들 밥벌이로 활용한다면 이는 국민의 분노를 사기에 충분했다.

정치 지도자가 스스로 자신이 명철하고 지혜롭다고 여겨 政事를 묻지 않거나, 또 지도자를 보필하는 참모들이 지도자의 뜻을 거스르며 고치도록 말하는 용기가 없다면 이는 밥 벌어먹는 식충이지, 국민을 위해 존재하는 공무원이라 할 수 없을 것이다. 그런데 이런 현상이 윤석열 정부에서 일어났다고 생각한다.

묵자는 尙賢論에서 민주정치의 기반은 【어질고 능력 있는 사람이 관리로 등용되어야 한다】고 주장한다. 그러면서 윗사람이 옳은 길로 가면 모두 옳다고 말하고, 윗사람이 그른 길로 가면 모두 그르다고 말하면서, 윗사람에게 허물이 있으면 이를 간하여 바로 잡는 용기가 필요하다고 말한다.

또 정치 지도자의 혈연이나 자기 이익에 맞는 사람만을 등용하지 말고, 국민을 이롭게 하는 사람이라면 자기와 뜻이 맞지 않는 사람이라도 등용하는 포용력이 있어야 한다고 말한다. 세상이 혼란한 것은 바로 【통치자의 능력 부족】에서 생기는 것이며, 이는 바로 관리 등용이 올바르지 못한 데서 생긴다. 그래서 묵자는 정의 사회를 이루는 방법론인 【겸애 교리를 가치 기준으로 하는 사람을 관리로 등용해야 한다】고 강조했다.

그러면서 상하 간의 소통, 즉 조직 내에서 소통뿐만 아니라, 국민과 끊임없는 소통만이 혼란에서 안정으로 가는 길이라고 강조했다.

셋째, 우리 사회는 여러 가지 복합적인 원인으로 상호 불신이 깊어지고 있다. 이 원인 중에서 가장 주요한 원인은 정치 양극화와 경제적 불평등의 심화일 것이다. 묵자는 겸애와 비공편에서, 그 원인을 【서로 사랑하지 않는데】서 찾았다. 즉 【오직 자기만 사랑할 줄 알고 다른 사람은 사랑하지 않으니, 그래서 '남의 이익을 해쳐서 자기를 이롭게 하기'(虧人自利), 그래서 천하가 혼란】하다는 것이다. 묵자는 권력을 가진 자, 재물이 많은 자, 깨우친 자들 소위 【가진 자들이 솔선수범하며】 兼愛하고 交利 하면, 즉 '온 국민과 함께 한다'는 자세를 견지하면 국민이 편안한 세상이 된다는 것이다. 결국 "**말은 메아리가 없을 수 없고 德은 보답이 없을 수 없다.**" 내가 봉숭아를 던져주면 그는 자두로 갚는다는 것처럼, '남의 몸을 자기의 몸처럼' 아끼고 사랑한다면 어찌 세상이 혼탁해지겠는가 하는 말이다.

그러면서 전쟁 방지는 저절로 될 수 없으니, 국가는 事前에 전쟁에 대한 대비책을 철저히 세워야 한다는 **有備無患을 강조**한다. 그러면서도 전쟁에서 얻는 것은 없고 오히려 백성들의 삶만 더 피폐해진다는 것으로 '전쟁 무용론을 주장'한다.

묵자는 위정자들이 "국민이 서로 사랑하고 아끼며 서로 돕도록 솔선수범하는 자세를 가진다면" 어찌 세상이 혼란해지겠느냐고 주장하면서 또 이런 겸애 교리하는 정신이 이웃 국가에도 적용된다면 전쟁은 일어나지 않을 것이라고 강조한다. 그러므로 서로를 이롭게 하는 겸애 교리 정신이야말로 세상을 안정시키는 지름길임을 說하고 있다. 우리나라도 위정자들이 국민이 겸애 교리하도록 설득하고 먼저 솔선수범한다면 안정 속에서 성장하게 될 것이다.

넷째, 묵자는 절용을 통한 경제 성장과 경제 평등 해소책을 제시하고 있다. 오늘날 우리나라는 경제 불평등이 깊어지면서 富益富 貧益貧 현상이 두드러지고 있다. 묵자 경제 정책의 최우선은 권력을 행사하는 통치자들의 향락을 위해 사치하고 낭비하는 것을 막는 것이다. 먼저 권력자들의 사치와 낭비를 막아야 국민의 부담이 줄어든다는 것이다. 묵자의 겸애 철학은 확실히 【중요한 경제사상】이다. 【겸애정신은 경제무역 활동의 공정과 공평 원칙에 부합한다.】 묵자는 "有力相營, 有道相教, 有財相分"(「천지하, 겸애하」) 즉 "사람이 힘이 있으면 서로 돕고, 도리를 알면 서로 가르쳐 주고, 재물이 있으면 서로 나눈다."라는 것을 주장한다. 이것은 각국의 경제 협력, 기술 이전, 이익을 나눌 수 있음을 말하고 있다. 이는 단일 시장보다 개방적이고 **공정하게 경쟁하며 경지가 더 높다.** 이는 비단 국가 간의 문제에서만이 아니고, 개인 사이에서도 적용되어야 할 삶의 가치이다.

또 우리나라는 세계적으로 중요한 위치에 있다. 우리 주변에 4대 강국이 있다는 것은 오히려 【나라의 경제 발전을 위한 지정학적 가치가 높다.】 우리가 이를 활용해서 전략적 사고를 한다면 【우리나라는 세계의 中心 國家 즉 진짜 中國이 될 것이다.】

다섯째, 묵자는 비악과 비명편에서 헛된 미신에 빠져서는 혼란만 가져온다며, 하늘의 뜻이 무엇인지를 정확히 알아야 할 것을 주장한다. 즉 【하늘이 바라는 것은 정의로운 사회를 만들라는 것】이다. 그래서 겸애와 교리로써 그것을 이룰 수 있다고 말한다. 그러면서 정해진 운명은 없으니, 각자의 노동과 노동을 통해 자기 삶을 개척하라고 주장한다.

우리 주변의 삶을 보면 지나치게 미신과 주술에 얽매여서 자기 삶을 타력에 의존하는 사람들이 의외로 많다. 참된 종교적 가르침조차도 자기 삶의 참고서로 여겨야 한다고 생각한다. 사람이 종교를 만들었지, 종교가 사람을 만들지는 않았을 것이다.

묵자는 자주적이고 주체적인 삶을 자기 노력과 노동을 통해서 성취하자는 것으로 남에게 기대지 말고 독립적으로 살아가자는 매우 중요한 삶의 지침을 주었다. 우리는 이제 잠시 일그러졌던 삶을 다시 정상화하고, 【자기 노동과 노력을 통해 자기 삶을 개척】해야 한다. 이것이 묵자가 말하는 【정해진 운명은 없다】는 가르침이다.

우리나라 국민이 상호 불신이 옅어지고, 경제적 불평등이 다소 해소되어서 【극심한 양극화를 벗어나는 방책】을 묵자가 제시했다고 생각한다. 다시 정리하면 어질고 능력 있는 정치 지도자기 선출되어서 국민이 서로 아끼고 사랑하며 서로를 도울 수 있는 사회적 분위기를 일으켜야 한다. 그러면서 정치의 방향은 '국민을 이롭게' 하는 데 초점을 두어야 한다. 이를 위해서는 상하 간의 의견 소통이 또한 매우 중요하기에 여론에 따르는 정치가 필요하다고 주장한다. 묵자는 官無常貴, 民無終賤이라 했다. 대통령이나 고위 관직에 올랐다고 해서 항상 귀하지만은 않고, 일반 국민이라 해서 항상 벼슬하지 말라는 법은 없다는 것이다. 그러면서 능력이 출중하면 승진시키고, 능력이 부족하면 퇴출시켜야 한다라고 말한다.

우리나라 정치인이나 국민이 모두 묵자 철학이 제시하는 방향으로 살아간다면 어찌 세계의 中心 國家가 되지 않겠는가? 그렇게 되면 저절로 K – 문화는 세계 보편 문화로 자리 잡을 것이다.

3. 《우리는 묵자 철학을 알아야 한다.》

【진우의 생각】

묵자 철학의 【宗旨는 정의 사회】 구현에 있다고 본다. 그래서 정의 사회를 이루기 위해서는 어떻게 해야 하는 가에 관한 【방법론으로 兼愛 交利 등을 제시】하고 있다. 그러면 묵자는 누구인가? 그는 우리와 혈통이 같은 동이족의 고죽국을 조상으로 하고 있다. 그래서 고조선의 건국이념인 弘益人間 정신을 이어받아 兼愛와 交利를 강조하고 있다고 생각해 본다.

宋 정초(1102~1162)가 지은 『通志』『씨족략』에 따르면 "墨氏는 고죽국의 후손으로 본래 墨胎氏인데 뒤에 墨氏로 고쳤으며, 전국시대에 송나라 墨翟이 책을 짓고 『墨子』라 했다"라고 기록되어 있다.

※ 殷(商)나라의 제후국이었던 고죽국의 왕자 백이씨의 성씨가 묵태씨였다. 『정의』는 『괄지지』를 인용해서 "고죽성이 평주 노룡현 남쪽 20리에 있는데, 은나라때 제후국인 고죽국인데 성이 묵태씨다"라고 말하고 있다. 『姓考』에서는 "고죽국의 후예가 묵태씨인데, 墨氏로 개정했다"고 말한다. 평주 노룡현은 明淸 때 【영평부였고, 지금은 하북성 노룡현】인데, 중국의 역대 학자들은 이 지역이 기자를 봉한 곳이자 【낙랑군 조선현이 있던 자리】라고 보았다. 또 백이·숙제는 고죽국의 왕자이며 성은 묵태씨였다. (『관자·소광편』과 『장자·도척편』, 『단군세기·을미52년』, 『사기·백이열전』 등 참고) 백이·숙제와 묵자는 같은 성을 가졌다.

이를 통해 보면, 고조선에 뿌리를 둔 고죽국의 후손으로 백이숙제와 묵자는 같은 동이족이며, 묵자는 춘추시대 송나라 사람의 후손이라 하겠다.

【묵자의 철학】은 결국 【고조선의 홍익인간 정신을 이어받아 겸애 교리 사상을 주장한 것】이 아닌가 생각한다.

【묵자 철학이 민주주의를 추구했음을 입증하는
『묵자』「尙同」의 글.】

묵자는 인민의 뜻을 하나로 모아, 즉 민심에 따라 정치를 해야 함을 주장하고 있다.

▶ "鄕長 唯能壹同鄕之義, 是以 鄕治也."【향장이 오직 '마을 사람들의 뜻을 하나로 모을 수 있기 때문에 마을이 다스려진다.'】

향장의 뜻을 따르라는 이유는 향장이 "마을 사람들의 뜻을 하나로 모을 수 있기 때문"이라는 것이다. 즉 향장의 뜻은 '마을 사람들의 모인 뜻'이다. 民心(마을 사람들의 모인 뜻)이 天心(향장의 뜻)이요, 천심이 민심이라는 비유와 같다.

【군주가 옳다고 여기는 것은 반드시 모두 옳다고 여기라】라고 하는 것은 군주(향장 등)의 말은 인민들의 모인 뜻이기 때문이다. 곧 일단 인민의 뜻이 하나로 모이면 이를 옳다고 여겨, 어기지 말라는 것이다. (尙同而下不比)

▶ 정치지도자이든 인민이든 하나로 모인 인민의 뜻을 거스르지 말고 따라야, 나라가 안정된다는 것으로 현대의 다수결 원리와 같다.

▶ 【聞善而不善, 皆以告其上. 上之所是, 必皆是之. 所非, 必皆非之. 上有過則規諫之. 下有善則傍薦之, 上同而不下比者】

1) 선한 것이나 불선한 것이나 들으면 모두 윗사람에게 알려라. "윗사람이 옳다고 하면 반드시 모두 옳다고 하고, 윗사람이 그르다 하면 반드시 모두 그르다고 해야 한다." 또 윗사람에게 허물이 있으면 그것을 규간하고, 아랫사람에게 잘한 것이 있으면 널리 추천해야 한다. 그래서 윗사람의 주도로 하나로 모인 의견을 따르되, 다시 아랫사람끼리 패거리를 짓지 아니한다.

▶ "上之所是, 必皆是之. 所非, 必皆非之". 이 문장을 "윗사람이 옳다고 하면 반드시 모두 옳다고 하고, 윗사람이 그르다 하면 반드시 모두 그르다고 해야 한다."로 해석해도 무방하다. 왜냐하면 【정치지도자】는 자기 주도로 인민과 소통하여 인민의 實情을 파악하면서 【모인 여론을 가지고 통치하는 사람】이므로, 그가 옳다고 하면 옳다고 따른다는 것은 인민의 결집된 여론을 따르는 것이다. 【정치지도자의 개인적인 의견을 따른다는 의미가 아니다.】

2) "上之所是, 必皆是之. 所非, 必皆非之" 이 문장을 "윗사람이 옳은 길로 가면 옳다고 하고, 그른 길로 가면 그르다고 한다."라고 해석해도 된다. 왜냐하면 1)의 이유도 있지만, 윗사람이 옳다고 하는 것을 무조건 옳다고 해석한

다는 것은 그야말로 전제 독재의 길이다. 그러나 이 문장에 이어, "上有過則規諫之. 下有善則傍薦之, 上同而不下比者"에서 윗사람이 잘못하면 규간해야 함을 말하고 있는데, 윗사람이 하는 일이 모두 옳다고 한다면 잘못할 일도 없는데 규간한다는 말이 되어 앞뒤 문장이 모순된다. 그래서 "윗사람이 옳은 길로 가면 옳다고 하고, 그른 길로 가면 그르다고 한다."라고 해석해야 한다고 하는 것이다.

《첫째 날》
묵자를 모르고서 정치사상을 論하지 말라!!

1장 묵자는 누구인가?

宋 정초가 지은 『통지』「씨족략」에 따르면, 묵자는 동이족이며 고죽국의 후손으로 전국시대 송나라 출신이다. 고죽국은 은나라 탕왕때 봉건된 나라이며, 기원전 650년경에 제나라 환공(관중)에 의해 멸망한 나라로 고려의 뿌리라고 한다. (『唐書』)
고죽국은 지금의 북경 근처이다.
묵자의 출생연도에 대해 정확한 기록은 없다. 단지 사마천의 『사기』에 "묵자는 공자(기원전 551~기원전479)와는 같은 시기이거나 그보다 조금 늦다고 했다."
전목(1895~1990)은 "기원전 479에서 381년경 사람"이라고 고증하고 있다. 그렇다면 공자와는 거의 70여 년 차이가 난다.
묵자는 출신성분도 정확지 않다. 그는 목수 출신으로 방어 무기를 발명하고 제작한 기술지인 깃민은 확실하나. (공수편 참조)
그는 초나라와 월나라에서 봉토를 주고, 귀족의 대우를 하겠다는 제의도 거절하고, 노동자의 검은 옷을 입고 전쟁 반대를 통해 백성들이 삼환이라는 고통에서 벗어나게 하는 데 온 생애를 바친 활동가요, 사상가였다. 즉 그는 평등사회 건설을 위한 사회 운동에 평생을 바쳤다.
『순자』「王霸」에 "그들 묵가는 【사해 평등】을 주장하며, 수고로운 노동자의 길을 왕의 부귀와도 바꾸려 하지 않았던 노동 숭배자들이었다고 한다."
그래서 순자는 묵자의 겸애를 "노동자의 道"라고 했다.

"論"이라는 제목의 글도 『묵자』라는 책에서 처음으로 발견할 수 있다.
"대안을 주장한다"라는 의미의 "辯"이라는 말을 처음 만나게 되는 것도 묵자에게서부터이다. 이는 『묵자』「공맹」편에서 "子墨子與程子辯"에서 알 수 있다.
묵자는 또 "다른 사람의 이론일지라도 이치가 합당하다면 수용한다"라는 개방적인 사람이다.

【묵자는 인류 최초의 반전 평화운동가이다.】
묵자가 활동하던 기원전 5세기는 周나라의 노예제적 봉건제도가 무너지기 시작한 춘추말 전국초이다. 이때는 우경과 철기를 이용한 농경의 시작으로 농업혁명이라 불릴 정도로 생산양이 증가하였다. 그래서 대지주와 대상인의 등장은 상대적으로 빈부의 격차를 불러왔고, 생산을 담당하던 농노들이 사적 노예로 전락했다. 이에 따라 겸병 전쟁이 끊이지 않았다.

【묵자는 "미신을 반대한 동양 최초의 과학자"이다.】 묵자는 미신을 반대한 실용주의자이며, 그가 말하는 천신 산천 귀신 사람 귀신 등은 모두 국가를 통치하고 【백성을 이롭게 하는 수단】이라고 생각했다. 제사도 복을 비는 행위가 아니라 이웃과 함께 모여 친해지기 위한 문화 양식으로 이해했다.

【묵자는 義를 위해 목숨을 버리라고 한 철학자이다.】
『묵자』 귀의편에서, "다른 말로 **내 말을 비난하는 것은 마치 달걀로 바위 치는 것과 같다. 내 말은 반석과도 같으니 깨뜨릴 수 없다**"라고 하면서 義를 지키라고 요구한다.
또 대취편에서, "한 사람을 죽여 천하가 보전된다고 하더라도 **무고한 한 사람을 죽이는 것은 천하를 이롭게 하는 것이라 할 수 없다**. 그러나 자기를 죽여 천하가 보전된다면 자기를 죽인 것은 천하를 이롭게 한 것이라 할 수 있다."
〈인권의 존엄성을 강조!〉

◆ 이 말의 뜻은 대다수 사람을 위해 소수를 희생시키는 것은 불가피하다는 서양의 공리주의와는 전혀 다른 말이다. 그러나 스스로 즉 殺身成仁의 자세로 세상을 위해 자신을 희생시키는 것은 다른 일이라는 것이다. 그만큼 묵자는 한 사람의 생명도 무고하게 죽여서는 안 된다는 점을 강조했다.
또 사람들은 천하를 얻는다 하더라도 자기 목숨과는 바꾸지 않으려 하면서도, 사람들이 말 한마디로 다투며 서로 죽이는 것은 의로움이 사람의 목숨보다도 귀중하기 때문이라고 한다. 즉 "萬事莫貴於義"라는 것이다.

묵자는 【삼표론과 비명론 그리고 비유론 등을 통해 구체제를 혁파】하라고 했다.
묵자는 유가의 군자는 述而不作 (循而不作) 즉 "옛것을 따를 뿐 새로 짓지 않는다"라는 점을 비판하였다. 그는 그렇다면 활을 만든 예와 수레를 만들었던 해중과 배를 만들었던 공수는 모두 소인이란 말인가 하면서 비판한 것이다.
또 유가들이 "군자는 古言古服해야 한다"라는 점을 비판했는데, 어떤 말을 하든지 어떤 복장을 하든지가 중요한 것이 아니라는 것이다.
즉 묵자는 말한다. 【옛날의 좋은 것을 계승 발전시키고 오늘날 좋은 것은 새로 창조해야 한다】는 것이다.
묵자는 경주편에서, "오늘날 선왕을 칭송하는 것은 천하 만민의 오늘 삶을 영위하는 【도구로서 칭송하는 것】이다."라고 했다. 즉 모든 인민에게 이로우므로 선왕을 기린다는 것이다.

【천하 만민을 두루 평등하게 사랑하라!】
공자가 말하는 성인의 道는 【천명을 받은 성인인 천자가 臣民을 다스린다】는 말씀이었으나, 묵자가 말하는 성인의 道는 【백성에 의해 선출된 천자가 하늘의 뜻을 실천한다】는 것이다. 그러면서 하늘의 뜻(天志)은 백성의 뜻과 민의 이익이라고 보았다.
孔墨은 다 같이 사회 평화와 민생을 걱정하지만, 공자는 【지배계급의 시각에서 시혜를】, 묵자는 【민중의 시각에서 각자 노력을 중시한다】는 점에서 차이가 있다.
◆ 공자는 천명을 仁(형이상)으로. 묵자는 天志를 義(형이하: 먹거리)로 인식하고 있다.

【운명론은 폭군이 지어낸 속임수】
묵자는 운명론을 부정했다. 그는 운명론은 지배자들 기득권 세력들이 민중을 속이려고 퍼뜨린 정치적 술수라고 주장했다. 민중이 개혁과 혁명에 소극적인 까닭은 운명론에 사로잡혀있기 때문이다. 그래서 운명론을 부정하지 않으면 진정한 의미에서 민중 해방은 이루어질 수 없다.
【※ 운명론을 거부하고 자기 노동과 노력으로 삶을 개척하려는 어진 사람을 선출해서 나라를 다스리게 하면 인민은 큰 이익을 얻게 된다.】
묵자 비명편에서, 【"삼가라! 천명은 없다. 오직 나는 사람을 높이고 말을 지어내지 않는다. 운명은 하늘에서 내리는 것이 아니고 스스로 얻는 것이다!"】

묵가는 【거자를 중심】으로 모두가 "불섶을 짊어지고 칼날을 밟으며 죽어도 돌아서지 않겠다"는 【강한 연대 의식을 가진 집단】이었다.

【상황에 맞는 정치】
묵자는 노문편에서, "나라가 혼란하면 **상현·상동**으로 정치하고, 나라가 가난하면 **절용·절장**으로 검소한 생활을, 나라가 술과 음악에 빠져있으면 **비악과 비명**으로 절제된 생활과 운명론을 없애도록 하며, 나라가 음란하고 禮가 없으면 **尊天事鬼**하도록 하며, 다른 나라를 속이고 침략하고 능욕하려 하면 **겸애와 비공**을 깨우쳐 주도록 하라"고 제자들을 가르쳤다.

《둘째 날》
묵자를 모르고서 정치사상을 論하지 말라!!

보수와 진보의 쌍벽
공자의 仁은 克己였으나, 묵자의 겸애는 극기가 아니다. 겸애는 【愛己를 부정하지 않고 그 안에 포함한다. 즉 겸애는 자기애를 포함하는 개념】이다. 묵자는 義를 이로움으로 보았기에 극기를 말하지 않았다.
◆ 의로우면 이롭지만, 이롭다고 해서 모두 의로운 것은 아니다.

〈천하가 孔墨에 기울다.〉
묵가는 춘추전국시대 제자백가 중에서 儒家와 쌍벽을 이루던 학파였다. 『한비자』 현학편
회남왕 유안이 기원전 122년에 『회남자』를 편찬할 때까지도 묵가들이 활발하게 활동한 듯하다. 그런데 사마천이 기원전 92년에 쓴 『사기』 「노자한비열

전」에는 단 24자만 보일 뿐이다. **이와 같이 된 까닭은** 기원전 1세기경 동중서의 건의로 한무제가 유교를 국교로 삼으면서(기원전 136년) 전멸했다는 주장은 신빙성이 있어 보인다.
회남왕 유안이 한무제에게 역적으로 몰려 죽은 해인 기원전 122년 이후부터 묵가들의 활동이 사라졌다. 그러다가 2천여 년이 지난 1783년 명대의 『도장본』인 도가들의 경전 속에서 묵가의 어록이 발견되었다.
『맹자』 등문공 하에서, "양자와 묵자의 말이 천하에 가득하니, 천하의 여론은 양자로 돌아가지 않으면 묵자로 돌아간다."라고 했다.
『여씨춘추』 유도편에, "공묵의 제자 무리들이 천하에 가득했다."
『여씨춘추』 당염편에, 공자와 묵자의 후학 중에서 천하에 이름을 날리고 영달한 사람이 많아 그 수를 셀 수 없을 정도였다.
『회남자』 주술훈편에, 공자와 묵자는 선왕의 도술을 닦고 육예에 통달하여 입으로는 선왕의 말(시경 서경 인용)을 하고, 몸으로는 성왕의 뜻을 전했다. 그들을 따라 복역한 자는 수십 인에 불과했으나 그들의 道는 천자의 지위를 누렸고 천하를 유묵에 기울게 했다.
◆ 이상의 글들을 살펴보면, 당대에 묵가의 세력이 상당했음을 알 수 있다. 그런데 지배층에서 민중의 평등을 설파하는 이론을 수용하려 했겠는가?

〈묵가의 유가 비판〉
묵가들은 보수적인 유가들을 혹독하게 비판했다. 그들은 유가의 형식적이고 비합리적인 행태와 古言古服을 지키려는, 즉 述而不作하려는 유가들을 어리석게 보았다. 그래서 맹자는 묵자와 양자를 타도하지 않으면 공자의 道가 설 수 없다고 공언했다. 그래서 한무제 때 유교가 국교가 되자 묵자를 멸절시키려 했다. 그 후에 묵자는 자취를 감추었다.
묵자/ 공맹편을 보면. "공자는 『시경』과 『서경』에 해박하고 예악에 밝으며 만사를 깊이 안다고 하면서 천자가 되어야 할 분이라고 하였습니다. 이는 남의 장부를 보고 자기가 부자라고 착각하는 것입니다."
▶ 아는 것도 중요하지만 【실전하는 것이 더욱 중요하다】는 뜻이다.
◆ 공자가 『시경』과 『서경』을 직접 저술한 사람도 아니다. 그런데 그것에 해박하다고 해서 어찌 천자가 될 분이라고 하느냐며 힐난하고 있다. 공자가 『시경』과 『서경』을 직접 저술한 사람 사람이냐는 것이다.

〈군주는 가치의 표준이 되지 못한다.〉
묵자가 하늘(天)을 강조한 것은 【가치의 표준으로 필요】했기 때문이다. 칸트가 하느님을 요청한 것과 같다.
즉 【가치의 표준】은 천자 군주 부모 스승이 아니라 하늘의 뜻인 【天志 곧 義】이다.
묵자/천지중에, "의로움은 결국 하늘로부터 나오는 것이다. … 하늘은 아울러 평등하게 그들을 사랑하고 만물을 서로 자라게 하여 이롭게 하고 있다."
묵자/법의에서, 하늘을 법도로 삼은 것보다 더 좋은 것은 없다. (莫若法天)

〈공자의 학문으로는 민중을 도울 수 없다.〉
묵자는 평등주의자이며 **대동 사회를 지향**했으므로 노예제적 종법 질서와 소강 사회를 지향하는 周禮에 찬성할 수 없었다.
특히 묵자는 옛날 【周나라의 노예제로 돌아가자는 공자의 가르침은 민중의 이익에 반하는 것으로 판단】했다. 그러므로 述而不作만 외치는 그에게 새것도 중요하다고 주장했다.
◆ 주공 단은 신분을 10등급으로 나누는 혈연에 따른 종법제도를 만든 사람이다. 이런 신분계급사회를 동경한 공자는 신분제의 붕괴가 실현되는 당대의 현실을 보지 못한 사람이다.

묵자/공맹편에, "유가들이 세상을 망치는 네 가지 정치(4政)가 있다고 하면서, 하늘과 귀신을 공경하지 않고, 후장구상을 하며, 노래와 악기로 생업을 삼고 그리고 운명을 수용하는 것이다."라고 비판하고 있다.
◆ 즉 운명론을 배척하고 자기 노동과 노력으로 세상을 부유케 해야 한다고 주장하면서, 부유해지려면 상례를 간단히 하고 검소한 생활을 해야 한다는 것이다.

〈장님은 흑백을 가릴 줄 모른다.〉
유가들의 최종 목표는 군자가 되는 것이다. 군자란 대부 이상의 관리를 지칭한다. 그러므로 유사들은 군자 준비생인데, 요즘 언어로 표현하면 고시 준비생들이다.
묵자는 이러한 군자 또는 군자 지망생들을 "작은 것은 알지만 큰 것을 모르며, 검은 것과 흰 것에 대해 말하지만, 그것을 섞어놓으면 가려낼 줄 모르는 장님과 같다."라고 비판한다. 즉 작은 불의를 보고는 비난하지만 정작 남의 나라를 침략하는 큰 불의를 보고는 칭송하고 의로운 일이라고 말하니, 이는 군자들이 정의와 불의를 구분하지도 못하는 혼란에 빠져있다.

또 어짊과 어질지 못함을 섞어놓으면 분별하지도 못하고, 천하의 군자들이 仁을 알지 못한다는 것은 仁이라는 명칭을 모른다는 것이 아니라, 仁을 행할 줄을 모른다는 것이다. 눈먼 봉사도 남들과 똑같이 검고 희다는 이름을 말할 수는 있지만, 사실은 그 물건의 색깔을 분별할 수 없는 것과 같다.

그렇다면 묵가는 仁義를 무엇으로 판단하는가? 하늘의 밝은 법도(天志: 義)로 잰다.

묵자/비공편에, "군자는 물을 거울로 삼지 않고 사람을 거울로 삼는다고 했다. 물을 거울로 삼으면 얼굴 모습은 볼 수 있으나, 사람(역사)을 거울로 삼으면 사람의 길흉을 알 수 있다."

〈묵가들은 노동을 매우 중시한다.〉
그래서 자기 노동과 노력을 통해 생산된 것을 자기 소유라 생각한다.

묵자/비유편에, "유가들은 운명을 내세우며 게으르고 가난하면서도 고고한 척하며, 생산 활동을 천시하고 오만하고 안일을 탐한다. 먹고 마시는 것을 탐내면서도 노동은 싫어하여 헐벗고 굶주려 죽고 얼어 죽어도 거기서 벗어날 길이 없다. 이것은 거지와 같다…"

묵자/수신편에, 군자는 힘써 일하고 날마다 분발하고 이상을 향하여 날마다 정진하며 정중하고 공경한 품행을 날마다 닦아 나간다. 군자의 道는 가난할 때는 청렴을 보여주고, 부유할 때는 의로움을 보여주고, 살아있을 때는 서로 아껴주고, 죽었을 때는 슬픔을 보여주는 것이다. 이 네 가지 행실은 헛된 거짓으로 되는 것이 아니며 자기 자신을 먼저 반성해야 한다. (反之身者也: 反求諸己) 즉 자신을 되돌아봐야 한다!

〈유가는 두드려야 울리는 종인가?〉 (不叩不鳴)
유가들은 나라에 道가 있으면 나아가 벼슬을 하고, 나라에 道가 없으면 물러나 은둔힌다. 이러한 행동을 하는 자를 군자라 한다.

묵가는 반대로 【道가 행해지지 않으면 찾아가 道를 펴는 것이 하늘의 뜻을 펴는 것】을 의로움이라 한다.

묵가는 道가 없는 나라를 찾아가 목숨을 걸고 전쟁 중지를 요구했다. (공수편) 또 전쟁이 일어나면 제자들을 이끌고 방어에 나섰고, 그들은 道가 있는 나라를 찾아가 벼슬자리를 요구하지도 않았고 오히려 한 고을을 봉해준다고 해도 義에 맞지 않기에 거절했다.
묵자/공맹편에, "군자란 물으면 대답하고 묻지 않으면 가만히 있어야 하며,. 또 두드리면 울리고 두드리지 않으면 울지 않아야 한다"라는 말에, 【"나라가 혼란에 빠지면 나라를 위해서 나서야 하며, 두드리지 않아도 울어야 하는 것"】, 이것이 군자의 도리라고 말한다.

묵자/귀의편에, 친구를 방문했더니, 오늘날 천하에는 義를 행하는 사람이 없는데 홀로 義를 행하고 있으니 그만두라는 충고를 받는다. 이에 묵자는 【천하에 義를 행하는 사람이 없으니 더욱더 義를 행해야 한다】고 반박한다.
◆ 이는 유가와는 대조적이다. 유가는 천하에 道가 행해지지 않으면, 물러나 은둔하는 것을 군자의 품성이라 말하고 있다.
공자의 仁愛는 신분차별적이다.

〈묵자의 사랑은 공자의 사랑과 다르다.〉
공자는 근친애이며, 묵자는 이웃사랑이다. 공자는 【혈연공동체를 지향】했고, 묵자는 【인류 공동체를 지향】했기 때문이다. 묵자의 가르침은 한마디로 말하면 "天下無人"이다. 이는 혈연을 초월한다. 그래서 맹자는 묵자를 아비 없는 놈이라고 비난했다.
◆ 공자는 사람 개개인의 어짊(仁)을 통해서 동심원적으로 사회에 이바지하는 것을 원했고, 묵자는 공동체적 측면에서 공동체의 번영을 위해서는 서로 아끼고 나누는 마음을 가져야 한다는 측면에서 겸애 교리를 주장하며, 이것이 하늘의 뜻인 義라고 외쳤다. 공묵의 주장의 목표는 공동체의 안정을 기한다는 점에서 같다고 보나, 공동체의 안정과 번영을 이루는 방법에 있어 다르다고 본다.
◆ 묵자/대취편에, 유가들이 노비를 사랑하는 것은 사람을 사랑하는 것이지만, 그것은 노비의 이로움을 고려해서 생긴 것이다. (노비로 인한 이익을 고려한 것이다) 노비로 인한 이로움을 고려하지 않고 남자 노비를 사랑하고 아꼈다면 진정한 사람 사랑이며, 여자 노비를 사랑했다면 진정한 "愛人"이다. 묵자는 노비에 대한 사랑을 버려 천하가 이롭다 해도 그 사랑을 버릴 수 없었던 것이다.
◆ 묵자의 사람 사랑은 그야말로 참사랑이다. 노비에 대한 인간으로서의 사

랑, 노비를 통한 이익을 사랑하지 않고 사람 그 자체를 사랑한 것이다.
묵자의 겸애는 【인간 각자의 주체적인 평등한 상호 사랑】이다.
묵자의 겸애는 혈연적 신분 관계를 초월한 공동체 안에서의 사회 관계적 사랑이다.
묵자/경 경설에서, "어짊(仁)은 개별적인 사랑이다. 어짊은 자기애이지만 자기를 이용하기 위한 것이 아니다. 말(馬)을 사랑하는 것과는 다르다."
◆ 겸애는 자기의 이익을 위해서 남을 사랑하는 것이 아니다.
묵자/대취에, "의리상 가까운 사람에게만 후하게 대하는 것은 평등하게 하는 것이 아니고, 좋아하는 사람에게 편파적으로 대하는 것이다." "천하에 남이란 없다. 이것이 묵자의 말이다. 오직 이것뿐이다."
묵자/소취에, "한 사람을 사랑하지 않았어도 사람을 사랑하지 않은 것이라고 말할 수 있다."
묵자는 兼의 부분인 體를 잣대의 눈금에 비유했다. 눈금이 없으면 자(尺:자척)는 성립할 수 없다. 그렇다고 눈금만으로 자가 될 수 없다. 이는 겸과 체 즉 공동체와 개인으로 환원할 수 있을 것이다. 공동체는 그 성원인 개인들이 소외되지 않는 것을 조건으로 결속되어야 한다. (동학론의 各知不移者也 개개인들이 서로가 소외되지 않음을 안다. 즉 동귀일체라는 것이다.)
◆ 묵자가 소망했던 겸애 공동체도 각 개개인이 소외되지 않고 【동귀일체하는 대동 사회】이다.
◆ 공동체 안에서 점 즉 개체가 소멸해버리면 강력한 군주제적 전체주의 국가가 된다.
◆ 묵자 사상이 【공동체의 이익만을 위해서 개인을 소외시킨다는 주장은 묵자의 경·경설 등을 다시 읽어야 한다.】
묵자/경·경설 상에, "개체, 전체를 나눈 것이다. 개체라는 것은 비롯된 싹이다. 마치 둘 중의 하나 또는 길이에 있어 점과 같은 것이다."
仁은 克己를 요하지만, 겸애는 愛己를 포함하는 겸애이다.
묵자는 義를 利로움으로 보았으므로 극기를 말하지 않았다. 이것이 공묵의 가장 중요한 차이점이나.

〈평등한 사랑은 공동체의 필수조건〉
유가들의 사랑은 근친애적이다. 가까운 것부터 먼 것으로 지향한다.
겸애는 각 개인에 대한 평등한 사랑, 공동체적 사랑을 의미하며, 이는 사람에 대한 보편적인 인류애이다.
유가들은 이 "인류애적 사랑은 있을 수 없는 허구이다"라고 비판한다.
◆ 유가들은 인간과 인간의 '차이'를 언급하면서 이 차이를 신분계급으로 고정시켜 차별화한다. 사람과 사람이 사람이라는 점에서 차이는 언제부터 생겨났는가? 원래 동등한 존재였다.
仁은 안, 義는 밖이라는 주장은 잘못이다.
묵자는 義를 공자의 仁과 대립시켰다. 예컨대 묵자는 관자의 '仁內義外說'을 부정했다. 그러나 맹자는 이를 수용하면서 묵자의 겸애를 허구라 본 것이다. 하지만 공맹의 도통을 이은 한유(768~824)는 양립해야 한다고 보았다.
묵자 경·경설 하에, "仁은 마음(內)이요 義는 행동(外)이라 하지만, 이는 망언이다. 얼굴을 안팎으로 나누는 것을 말한 것이다. (어찌 얼굴을 안과 밖으로 나누어서 말할 수 있겠느냐는 말이다) 仁은 愛이요, 義는 利이다. 愛와 利는 나의 마음이요, 사랑한 것과 이롭게 한 것은 너에 대한 행동이다. 【사랑과 이로움이 안과 밖이 될 수 없으며 사랑한 것과 이롭게 한 것도 역시 안과 밖이 될 수 없다.】"
◆ 맹자는 묵자가 體愛와 겸애를 구분하는 것을 반대한다. 맹자는 어버이에 대한 사랑이 밖으로 표현되면 이웃과 군주에 대한 사랑이 된다는 것이다. 즉 겸애도 체애의 확장에 불과한 것이므로 둘이 아니고 하나라는 것이다. 《개체에서 전체로 확산》
◆ 공맹은 仁을 '개체에서 전체로의 확산'을 주장하는 개체주의적 관점이고, 묵자는 공동체의 발전과 안정을 위해서는 '사회적인 측면'에서 전체를 아우르는 겸애를 주장했다.

《셋째 날》
묵자를 모르고서 정치사상을 論하지 말라!!

묵자의 天은 섭리에 가깝다. 그래서 묵자는 역사의 주체는 神이 아니고, 인간 자신이라고 주장한다. 즉 민중의 뜻이 바로 하늘의 뜻이다.
동양 사회에서는 예로부터 자연 현상의 배후에는 영혼 즉 신이 있어 인간의 운명을 좌우한다고 믿고 제사 의식을 공동체의 중요한 행사로 지켜왔다.
조선의 단군신화나 주나라의 후직신화는 자기 조상이 천자라는 천신하강 신화이며, 농경사회에 널리 퍼진 龍神은 란생설화이다.
동양 고대사를 보면 대체로 수렵 유목 계통의 동이족이 어로 농업계통의 한족을 문화적으로 지배했다고 추측한다.
중국이란 쑨원이 중화민국이란 나라를 건국해서 현재 중국이라 불리는 것이지, 원래 중국 민족이란 존재하지 않는 것이다.
순임금이 동이족이라는 『맹자』「이루하」의 기록에 대해 학계의 반론은 없다. 『맹자』의 기록이 사실이라면 순의 조상인 황제 헌원도 동이족일 것이다.
※ 공자 맹자의 말이라면 따져보지도 않고 깜박 죽는다. 어리석은 사람들!
순임금의 신하인 고요(기원전 2280년)는 "하늘은 백성의 눈과 귀를 통해서만 보고 듣는다"라고 했다.
서경/우서에, "하늘이 눈과 귀가 밝은 것은 백성의 눈과 귀가 밝기 때문이다."라고 기록되어 있다.
서경/주서에, 【"민중이 하고자 하면 하늘은 반드시 따를 것이다."】라고 기록되어 있다.
서경/주서에, 【"하늘이 보는 것은 민중을 통해서 보는 것이며, 하늘이 듣는 것은 민중을 통해서 듣는 것이다."】라고 기록되어 있다.
◆ 이와 같은 글을 통해 알 수 있는 것은 오래전부터 【민심은 천심이요, 천심은 민심에서 비롯된 것】이라는 점이다.

공자에게 天은 天子에게 天命을 내려주는 【천자의 수호신】이지만, 묵자의 경우 天은 【민중의 수호신】이었다.
▶ 민심은 천심이라면, 하늘이 민중의 수호신이라는 말이 더 논리적이다.
『禮記』에, 하나라의 道는 천명을 존중하고 귀신을 섬겼으나, 神을 공경하되 멀리했고, 사람을 가까이하고 충실했다. 【은나라의 道】는 神을 높이기만 하여 백성들에게 신을 섬기도록 했다. 【귀신을 앞세우고 인간의 禮는 뒤로 했다.】 【주나라의 道는 禮를 높이고 귀신을 섬겼다.】 신을 공경하되, 사람을 가까이하고 충실했다. 결국 하나라는 尊命을, 은나라는 尊神을 주나라는 尊禮를 했다.
공자는 가부장 사회에서 지배계급에 협조하여 출세하려는 경향이 강했으므로 지배적인 天神을 신앙했고, 老莊은 지배계급에 참여할 수도, 출세도 포기했기에 비주류의 페미니즘적인 여신과 친숙하다.

〈동양의 유물론〉
공자가 활동하던 춘추시대는 다양한 신을 모시던 시대였다. 그래서 공자도 『논어』에서 神不可知論을 펴고 있다. 당시는 전란이 빈번하여 천자의 권위와 함께 神의 권위도 실추된 것은 유물론적 경향이 널리 퍼졌기 때문일 것이다. 사실 소박유물론은 공자 이전부터 널리 퍼져 있었다.
기원전 780년에 지진이 일어나자, 주나라 대부 백양보는 "양기가 올바른 자리를 잃고 음기에 눌린 탓이라고 설명했다."(『국어』「周語」상)
기원전 644년에 송나라에 5개의 운석이 떨어졌는데 이에 대해 대부 숙흥은 "神의 진노가 아니라 【음양조화의 자연현상】일 뿐"이라고 말했다. 『좌전』「희공」 이렇듯 음양론이 지배계급에도 널리 퍼져 있었다.
대체로 유물론이 서양사상이고 마르크스를 연상하지만 그렇지 않다. 고대로부터 기존 체제를 부정하는 개혁론자들이 대체로 유물론적 경향이 있는 것은 동서양을 막론하는 마찬가지였다.
왕권신수설을 부정하기 위해서는 神을 부정해야 한다. 춘추전국시대에 왕권천명론을 부인하며 變法을 주장한 패도주의자들은 대부분 유물론적이었다.
특히 관자라 불리는 관중은 서양의 탈레스보다 100여 년 앞서 만물의 본원은 물이라고 주장했고, 天地의 근원은 氣라고 말했다.
이처럼 天은 인격신이 아니라, 【음양의 조화에 불과하다】는 생각이 춘추시대에도 널리 퍼져 있었다.
◆ 『순자』「天論」에, "하늘은 변함없는 道를 운행하고 땅은 변함없는 도리를 행하고 군자는 변함없이 그것을 체현할 뿐이다. … 道를 따르고 배반하지 않으면 하늘도 재앙을 내릴 수 없다. … 【기우제를 지내면 비가 오는 것은 무슨 까닭일까? 아무런 까닭이 없다. 기우제를 지내지 않아도 비가 오는 것과 같다."】

〈神本에서 人本으로〉
관자와 순자의 천인분이설은 전승되어 天과 人은 서로 미치지 않는다로 되어 天은 【天으로서의 기능'을 人은 '人으로서의 기능'을 할 뿐】이라는 데에 이른다. 이것이 훗날 신본주의를 후퇴시키고 人本주의를 강화하는 동력으로 작용한다.
기원전 706년(『좌전』「환공6년」) 隨나라의 명신 계량은 【"백성은 神의 주인"】이라고 주장했고, 기원전 662년에 주나라 태사 은은 【"民을 따르면 나라가 흥하고 神을 따르면 나라가 망한다"】라고 말했다.
또 『시경』에도 요순 때나 주 초기에도 敬神하면서도 인간 중심적이었음을 알 수 있다. 그래서 공자 이전부터 "제사는 神을 위한 것이 아니라, 백성을 위한 것"으로 되어있었다.
◆ 기원전 8세기에서 6세기에 동양에서는 이와 같은 神本주의는 엷어지고 人本주의가 중심을 이루고 있었는데, 현재에 이르기까지 서양신에 대한 열정이 한국에서 뜨겁게 느껴지는 것은 시대착오적이 아닌가 한다.
서경/우서에, "하늘이 총명한 것은 우리 백성이 총명하기 때문이며, 하늘이 밝고 두려운 것은 백성이 밝고 두려운 것이다."

〈묵자의 人本주의〉
묵자는 상현에서, "하늘은 빈부 귀천을 가리지 않고, 가까이 있는 자와 멀리 떨어진 자 등을 차별하지 않고, 현명한 자를 숭상하고 현명하지 못한 자는 억누르고 내친다."
◆ 이는 출생시의 신분에 구애됨이 없이, 현명의 정도에 따라 관직에 등용하기도 퇴출시키기도 한다는 것이다. 등용의 기회**평등주의**.
묵자의 천지 중에, "하늘이 바라는 것은 '힘 가진 자는 서로 도와주고', '도리를 가진 자는 서로 가르쳐 인도하고', '재물을 가진 자는 서로 나누어 주어야 한다'는 것이다."
◆ 상부상조하는 정신을 말하고 있다. 크로포트킨은 『상호부조론』에서 만물이 생존하고 번영하는 것은 서로를 돕기 때문이라고 했다. 묵자의 상부상조론은 크로포트킨의 상호부조론과 유사하다.
묵자의 '義로운 사회 건설'을 위한 행동강령인 兼愛에서 兼은 別의 반대 개념이다. 즉 유가의 仁은 개인적이며 차별적인 사랑인 體愛이다고 묵자는 비판한다.
묵자의 겸애는 사회관계 속에서 이웃을 내 몸같이 사랑하라는 것으로 이는 수운의 無極大道에서의 同歸一體論과 같다. 無極大道는 兼愛論과 상통한다. 무극대도도 구별하는 개념이 아니다. 즉 무극대도는 天下無人과도 상통한다고 본다.
【겸애는 '소외되는 이가 없는 사회'를 이루는 첩경이다.】
묵자의 義는 영구불변의 관념론적인 도리가 아니라, 민중의 이익이다. 즉 正義는 민중과 관계없이 미리 정해진 것이 아니라, 【민중이 결정하는 민중의

이익】이다.

옛날 민중이 선출한 군주들은 하늘의 뜻인 義를 숭상하고 실천강령인 겸애했기에, 즉 의롭게 민중에게 이로운 것을 행하고, 민중에게 해로운 것은 행하지 않았기에 성왕이라 불리었다. 묵자는 義를 행하여 민중에게 이로움을 준 군주는 칭송했으나, 그렇지 못한 군주는 퇴출시켜야 한다고 했다.

그러면서 萬事莫貴於義로서, "자기를 죽여 천하가 보존된다면 그것은 천하를 이롭게 한 것이라고 말했다."

◆ 묵자의 天志는 민중이 경험을 통해 얻은 민중의 이익이다. 묵자는 소위 경험론자라 할 수 있다. 【묵자의 삼표론은 義를 걸러주는 그물망이다.】

묵자는 하늘의 뜻이 민중의 뜻이므로 하늘의 뜻을 실현하기 위해서는 "인간을 소외로부터 해방"(各知不移: 同歸一體)시켜야 한다는 것이다.

묵자가 말하는 義는 민중의 사회 경제 정치적 이익이다. 곧 민중의 利益.

◆ 義로운 사회 건설을 위한 방법으로 **묵자는 서로 협동해야 한다고 겸애 하에서 말했다.** 곧 【**義로운 사회는 협동하는 사회**】라는 것이다. 그래서 묵자는 자기 능력과 재능에 어울리는 전문가가 되어 협동하자는 것이다.

묵자/대취에서, 묵자는 말한다. "한 사람을 죽여 천하가 보존된다고 하더라도 무고한 한 사람을 죽이는 것은 천하를 이롭게 하는 것이라고 할 수 없다. 그러나 자기를 죽여 천하가 보존된다면 자기를 죽이는 것은 천하를 이롭게 한 것이라 할 수 있다."

◆ 공동체 다수를 위해서는 소수의 희생은 불가피하다는 서양의 공리주의와의 다른 점을 말하고 있다. 또 殺身成仁의 정신을 말하면서 의로운 사회를 이루기 위한 率先垂範을 강조한다.

묵자의 사상을 한마디로 표현한다면 "天下無人 사상"이다.라고 할 수도 있다.

兼을 추구한다면 義正이요, 차별을 추구한다면 力正(패도)이다. 《천지하》

◆ 묵자는 고대 사상가 중에서 유일하게 "인간만이 노동을 하는 동물"임을 발견했다. 이는 인간이 자주적인 존재라는 선언이다. 이는 **인간은** 【**자유의지를 가진 존재**】라는 것이다. 이어서 묵자는 자주 의식을 가지고 주체적인 행동을 할 수 있는 존재인 【**사람은 자기 노동과 노력을 통하여 삶을 개척하는 존재라는 운명론을 부정**】한다. 그러기 때문에 사람마다 義가 달라서 이를 통합할 정장이 필요한 것이며, 이를 위한 수단으로 상고제가 필요했다.

묵자/비악에, "사람은 짐승과는 달리 노동에 의지해야만 살아갈 수 있고 노동하지 않으면 살아갈 수 없는 존재다"라고 했다.
《묵자/비명중에, "삼가라 천명은 없다. 오직 나는 사람을 높이고 말을 지어내지 않는다. 【운명은 하늘에서 내리는 것이 아니고 스스로 얻는 것】이다."라고 했다.
묵자/경설하에, "나는 나를 부린다. 내가 나를 부리지 못하면 남이 나를 부린다."
◆ 隨處作主를 연상시킨다. 각자가 자기의 주인이 되라는 말이다. 니체의 거리의 파토스도 이 말이다. 귀족 근성을 갖고 초인으로서 삶을 개척하자는 것이다.
◆ 얼마나 통쾌한 지적인가! 이는 천자의 자리는 天命에 의한 것이라는 당시의 통념을 철저히 파괴하는 말이다. 즉 천자의 자리는 인민의 자유의지에 의해서 선출된 자리라는 암시가 숨겨져 있다.》
◆ 묵자 비악의 사람은 노동하는 존재라는 글은 인간의 자주의식과 주체성을 밝힌 것이고, 비명에서의 운명이나 천명은 없다는 말도 인간의 자주성을 언급한 것이다. 곧 인간은 자주적인 주체의식을 가진 존재로서 각자의 義를 가진 존재라는 것이다. 《삼가라 천명은 없다. 스스로 얻는 것이다.》 이 얼마나 고귀한 말인가!
묵자가 원하는 세계는 천하 만민이 평등한 공동체인 天下無人의 대동사회였다. 묵자의 대동사회는 소외된 민중이 주인이 되는 사회이다.
묵자/대취편에, "천하를 위해 우임금을 후대하는 것은 우임금 개인을 우대하는 것이 아니고, 우임금이 실행한 "인민의 이익을 위한 업적을 우대"하는 것이다."

《넷째 날》
묵자를 모르고서 정치사상을 論하지 말라!!

칠학사상
묵자는 天志 즉 하늘의 뜻은 義라고 하면서, 義는 利라고 했다. 하늘이 바라는 것은 백성들에게 이로운 것이라는 것으로 이것이 의롭다고 한 것이다.
사람은 죽음을 아는 존재이다. 그래서 어쩌면 불멸을 찾는지도 모른다. 삶의 불안을 대체시켜 줄 종교. 이 종교에서 삶의 불안을 위안받는다.

동양 사상은 변화무쌍한 현상계 속에서 영원한 존재의 근원을 찾으려 했다. 여기서 변화무쌍은 "道可道 非常道의 常에 있다."
관자는 서양의 탈레스보다도 100여 년 앞서 "만물의 본원은 물"이며 "천지의 운동을 기운"이라고 했다.
관자/수지에, "물은 무엇인가? 만물의 본원이며 모든 생물의 종실이다."(水者何也 萬物之本原也 諸生之宗室也)
관자/ 승마에, "춘하추동 사시는 음양의 추이이며 시절의 장단은 음양의 이용이며 낮과 밤이 바뀌는 것은 음양의 조화이다."
관자/내업에, "모든 사물의 正氣, 이것이 있어야 생명을 유지한다."
관자/추언에, 道가 하늘에 있으면 해(태양)요, 사람에게 있으면 마음이다. 그러므로 氣가 있으면 살고 기가 없으면 죽는다."
◆ 즉 氣는 운동한다. 電子는 알갱이(입자)이면서 파동(운동)한다. 음과 양은 한 몸이다. 순수한 음과 순수한 양은 존재하지 않는다.
묵자는 천제의 인격성을 적극적으로 인정했으나 또 음양론을 말한다.
◆ 묵자가 天과 鬼神을 언급한 것은 민중의 깨침을 위한 방편이라 생각한다. 기세춘 선생의 묵자 천론에 적극적으로 동조하고 싶지 않다.
묵자/사과에, 무릇 하늘과 땅 사이를 두르고 사해의 만물을 감싸는 하늘과 땅의 마음인 음양의 조화가 없는 곳이 없으니, 아무리 지극한 성인도 바꿀 수 없다.
【노자 · 장자 · 순자 『주역』도 天을 비인격적인 자연의 氣로 보는 天氣論을 주장한다.】 氣중심론. 특히 『주역』은 음양이기론을 대칭구조로 전개하여 자연과 인간사를 설명한다. 그러면서 "陰陽不測之謂神"이라 말한다.
◆ 사람이 알지 못한 현상을 신비롭다고 한 것이다. 그래서 수운 선생이 "不然其然"을 말하고 있다고 본다.
이를 통해서 보면 전국시대에는 천명론보다는 천기론이 압도하고 있음을 알 수 있다. 곧 【神은 물질 밖의 어떤 존재가 아니라 "물질의 작용"에 불과하다고 보는 유물론자들의 주장이 주도적이었다.】

◆ 量子力學이 아직 정확히 파악되지 못한 것도 신비롭기는 마찬가지라, 이 또한 물질의 작용에 불과하다. 아직 사람들이 정확히 모를 뿐이다.
노자/42장에, "萬物負陰而抱陽 沖氣以爲和"
장자/제물론에, "天은 만물을 총칭하는 말이다. 天이란 함이없이(無爲) 저절로 되는 것(自然)을 말할 뿐이다."
장자/지북유에, "道에서 정신이 생겨나고 형체는 精에서 생긴다. 이로써 만물의 형상이 생기는 것이니, 천하를 통틀어 하나의 氣일 뿐이다."
추연은 오행의 相勝相克說 즉 五德終始說를 주장한다.
백호통의/오행에, "오행은 서로 돌아가며 상생하므로 시작과 끝이 있다. ... 오행이 서로 상극하는 까닭은 천지의 본성이다."

〈묵자의 우주론〉
동양에서는 서양과 달리 존재의 근원 또는 본체에 대한 논란이 별로 없었다. 왜냐하면 존재의 근원을 天地의 氣의 작용이나 이치로 보았기 때문이다. 고대의 동양 사상은 본래 실용적이었으므로 형이상학에는 별로 주목하지 않았다. 【『시경』『서경』『춘추』에도 정치 윤리 등 인간관계론에 대한 기록이 있을 뿐 존재론이나 인식론에 대한 언급은 보이지 않는다.】
◆ 만물의 생멸을 천지 간의 작용이라 보니, 존재론을 언급할 까닭이 없었다. 묵자는 영원하고 무한한 세계를 宇라고 한다면, 해와 달과 별이 아침저녁으로 사라졌다가 나타나고 오늘도 내일도 영원히 계속되는 시간의 세계를 宙라고 본 것이다. 묵자는 【시간을 공간과 분리하지 않고 공간의 운동이라고 생각했다.】
묵자/경상상에, 시간이란 옛날부터 지금, 아침부터 저녁까지이고, 공간이란 동서남북 상하를 말한다. (久, 古今旦暮 宇, 東西南北)

〈서양의 존재론〉
그리스인들은 만물의 현상 뒤에 숨어있는 【"존재"의 근원에 관심을 가졌다.】
서양의 철학사는 日蝕(일식)을 예언한 탈레스로부터 시작한다. 그는 세계 만물의 근원을 물이라고 했다.
헤라클레이토스는 만물의 근원을 불이라 하면서 유전한다고 했다.
데모크리토스는 원자론을 주장했다.
플라톤은 이데아 설을 주장했고, 그는 실재(reality)와 현상(appearance)을 구별했다. 감각으로 느끼는 사물들은 실재가 아닌 현상일 뿐이라는 것이다.
아리스토텔레스는 플라톤이 형상과 질료를 이원론적으로 보는 것에 反해서 형상을 질료에 내재하는 본질이라고 보는 일원론을 주장했다.

플라톤은 재미있는 말을 했는데, 창조주는 모든 별에게 영혼을 각각 하나씩 부여했는데, 그 영혼을 받아 태어난 인간이 바르게 살다 죽으면 별 속에서 영원한 안식을 얻는다는 것이다. 하지만 악하게 살면 여자로 태어나고 여자가 악하게 살면 짐승으로 태어난다고 했다. 그리고 이런 윤회를 통해서 결국 이성이 승리한다는 것이다.

인류 최초의 경험론적 인식론
2500년 전에 묵자는 하느님과 귀신의 존재를 증명하고, 운명이 존재하지 않음을 인식론적으로 증명하려 했다. 서양에서는 토마스 아퀴나스의 중세에서 신의 존재 증명을 하려고 애썼다.

묵자는 사실 판단과 가치판단을 구분하고, **사실 판단은 민중의 이목에 따라야 한다고 주장했다.** 즉 【'삼표론에 근거'】해야 한다는 것이다. 이것은 경험만이 사실 판단의 기준이 된다는 것이다.

묵자/명귀하에, "이것은 아마도 있고 없음을 밝혀 알 방법으로는 반드시 '여러 사람의 눈과 귀로 보고 들은 것을 근거'로 '있고 없음을 판단하는 표준'으로 삼아야 할 것이다."

〈운명의 존재〉
묵자/비명중, "그러면 왜 인민들은 보고 들은 실상을 고찰하지 않는가? 옛날부터 지금까지 사람이 생겨난 이래 일찍이 운명이라는 것을 본 적이 있는가? 또 운명의 목소리를 들어 본 사람이 있는가? 자고이래로 그런 사람은 없다. … 어찌 운명이 있다고 말할 수 있겠는가?"

〈同異는 相補한다.〉
묵자는 有無와 同異를 대립하면서도 상보적인 관계임을 강조한다.
◆ 나는 이 말은 太極이라고 생각한다. 음양이 분리된 형상인가? 아니다 상보적인 상태에 있다.
양자역학의 상보성 원리를 발표한 보어는 "대립적인 것은 상보적인 것이다."라고 말했다.
◆ 이는 음양론의 다른 말이다.
묵자/경상, "같음과 다름은 상보한다. 유무처럼 모순이 아니다."
◆ 노자는 "유무는 상생하고 상관적 대립전화한다"라고 했다.

묵자/경상에, "화동, 서로 다른 것들이 한길로 동반하는 것이다."
묵자/대취, "다른 것이 있기에 무엇이 같다고 말할 수 있는 것이다."
묵자/경·경설하, 앎, 【"모르는 것이 있음을 아는 것이다."】
▶ 소크라테스의 말과 유사하다.

묵자의 가치 기준은 【天志인 義】에 있다.
묵자는 의로운 사회 건설이 하늘의 뜻이라 했고, 하늘의 뜻이기에 사람은 이를 이루기 위해 노력해야 한다. 곧 겸애 교리해야 한다는 것이다.
동양의 易 사상이란 사물은 항상 변한다는 常 사상이다. 그 변화하는 常이 진리라는 것이다. 묵자는 사람의 마음은 백지와 같으나 **후천적으로 물들여진 것이라는 【소염론】을 주장**한다. 즉 묵자는 경험적 인식론자이다.
유가에는 **格物致知**만이 있다. 즉 사물을 인식하는 것은 사물의 이치를 궁구해서 아는 것이라는 것이다.
묵가들에게 "앎은 취사선택을 위한 것"이다. 즉 시비 이해를 가리는 방편이다.
곧 지식은 경험을 통해서 아는 것이 선험적이 아니라는 것이다. 그래서 【"장님은 흑백을 말할 수는 있지만 흑백을 분별하여 선택할 수는 없다."】 곧 책 등을 통해서 흑과 백의 관념을 알 수는 있지만, 흑백을 실질적으로 구별하지는 못한다는 것이다.
유가들은 관념적으로는 알지만, 실재의 경험이 없으므로 시비선악을 선택할 수 있는 지혜가 없다는 것이다. 그래서 유가들은 입으로는 仁을 말하지만 정작 仁을 모른다는 것이다.

〈인성론〉
【人性論】을 처음으로 거론한 것은 묵자이다. 자공이 말했듯 공자는 인성에 대해 말한 바 없다. 후에 맹자가 묵자의 소염을 반대하고 성선설을 주장했다. 묵자의 소염론에 따르면, 【사람의 마음은 백지와 같아서 후천적으로 환경에 의해 물들여진다】라는 것이다. 즉 【사회관계에서 물들여지는 상대적인 것】으로 규정한다.

묵자/소염에, "파란 물감에 물들이면 파래지고, 노란 물감에 물들이면 노래진다. 넣는 물감이 변하면 그 색깔도 변한다. 다섯 가지 물감을 넣으면 다섯 가지 색이 된다. 그러니 물들이는 것을 신중히 하지 않을 수 없다. ... 행실과 도리와 성품은 물들 여지는 것이다."

묵자/대취, 【"천성은 스스로 바르게 되는 것이 아니고, 바르게 물들어야만 바르게 되는 것이다."】

묵자의 인성학습론은 당시 '민중들이 義 또는 도리라 생각하는 것들이 사실 노예제적 윤리도덕에 의해 습관적으로 물들여진 것'일 뿐, 선험적인 진리이거나 절대적인 것이 아니라는 것이다.
◆ 전제군주의 통치도 천명에 의한 절대적인 것이 아닌 습관적으로 받아들여진, 즉 물들여진 지배자들의 이데올로기라는 것이다.

묵자/절장하, "만약 후장구상이 과연 성왕의 道가 아니라면, 대체 중국의 군자들이 그러한 법도를 그치지 않고 지키는 것을 무엇으로 설명해야 하는가? 묵자가 말했다. 이것은 사람들이 그들의 습관을 편리하게 생각하고 자기들의 풍속을 옳은 것으로 여기기 때문이다."

◆ 義나 도리에 맞지 않은 것을 그대로 따르는 것은 몸에 익은 습관을 편리하게 여기고, 풍속을 따르는 것도 풍습을 옳은 것이라 여기기 때문이라는 것이다. 묵자는 이와 같은 것들을 바꾸는 것이 쉽지 않음을 말하고 있다.

묵자/대취, "물들여진 습관이 이미 만들어져 있다면 나는 그 습관대로 행동한다. 습관이 하는 대로 따라서 나는 행동한 것이다. 만약 물들여진 습관이 아직 만들어져 있지 않다면 내가 습관을 만들어 낸다. 그리고 그 습관에 의지하여 나는 행동한다. ... 천성은 스스로 바르게 되는 것이 아니고, 바르게 물들어야만 바르게 되는 것이다."

〈가치론〉
문화나 종교적 신념 등은 좋고 나쁨으로 가치판단을 할 수 없을 것이다. 그것은 수천 년 동안 인류가 각각 다른 환경과 그 환경에 적응하며 살아온 역사에서 자연스럽게 형성된 정신적 영역이다. 다만 그것들이 문화와 사고의 차이를 낳고 가치 지향에도 영향을 주기 때문에 주목하는 것이다.
묵자는 【天志만이 가치의 근원이며 표준】이라고 주장했다. 그러면 그 天志

를 어떻게 알 수 있는가? 묵자는 모든 존재판단과 가치판단의 "기준으로 삼표"를 제시한다. 첫째 표준은 하늘의 뜻을 실행했다고 믿는 聖王의 역사적 경험을, 둘째 표준은 인민의 이목에 따르는 것(여론)이며, 셋째는 인민의 이용후생에 이로운 것을 따른다는 것이다. 즉 근본 근원 실용이 기준이 된다.

묵자/법의, "하늘을 법도로 삼는 것보다 더 좋은 것은 없다."

묵자/비명 상, "말에는 반드시 판단기준을 세워야 한다. 말함에 판단기준이 없으면 是非利害의 분별을 제대로 할 수 없기 때문이다."

〈삼표론의 의의〉
첫째, 【가치의 근원】이 君師父가 아니라, 【백성의 뜻에 있다'】는 것이다. 이는 봉건 지배체제를 부정하는 혁명적인 선언이다. 공자가 들으면 큰일 날 만한 선언이다.
묵자의 삼표론은 당시 지배자들의 이데올로기인 君師父에 의한 삼정을 반대하고, 본받을 표준은 【오직 인민의 뜻과 이익뿐'이라고 선언】한 것이다.
◆ 묵자의 삼표론은 궁극적으로 인민의 뜻인 여론을 존중하고, 인민에 이로운 일인가의 여부가 언행의 기준이 되어야 한다는 것이다.
묵자는 道나 仁 등의 관념적인 가치보다는 【인민의 실질적인 이익을 최고의 가치로 규정】한 것이다. 묵자는 하늘의 뜻(天志)을 백성의 뜻이라 여기가 이는 義의 실현에 두었다. 그리고 이 義로운 사회 건설을 위한 사회적 행동강령으로 겸애와 교리를 제시하였다.

묵자/경상, "어짊, 개별적인 사랑이다."

묵자/ 경·경설 상, 義는 利다. 義는 뜻으로써 천하를 아름답게 하고 힘껏 이롭게 하는 것이다. 반드시 재화일 필요는 없다. (不必用)

◆ 利는 물질적인 것뿐만 아니라 정신적인 것도 포함한다는 것이다. 일부 학자는 묵자 사상을 유물론이라고 한다. 이는 利를 중시한다는 데서 그런 주장을 하는데, 이는 반드시 그렇지 않다. 정신적인 만족도 利에 포함되기 때문이다.

묵자/경상. "이로움, 얻으면 기쁜 것이다. 해로움, 얻으면 싫은 것이다." 興利除害

묵자는 【"인민이 가치의 주체임"을 선언】했다. 그는 궁극적인 가치를 인간 주체 외부에 있는 보편적 관념으로서 神, 道, 자연법 등 타자에서 찾지 않고 【주체로서 민중의 뜻과 利에서 구했다.】

묵자/경·경설, "저울(權), 욕심이 바르게 된 것은 이익을 저울질한 것이요, 미움이 바르게 된 것은 손해를 저울질한 것이다. 저울질하는 것은 양쪽에 치우치지 말아야 한다."

◆ 묵자는 權 즉 저울질하는 기준으로 대취와 소취에서 언급하면서, 인민의 利를 權(저울)으로 삼았다.
묵자는 가치판단을 사실 판단의 기초 위에서만 가능하다고 생각했다. 즉 경험론적으로 사람이 보고 들은 것을 바탕으로 【인민에게 이로운 가와 실용적인 가에 판단의 기준】을 두었으며, 이를 바탕으로 가치 여부를 판단해야 한다는 것이다.
◆ 묵자는 인민에게 利로운 것이면 무조건 義라고 생각한 것은 아니다. 그는 하늘의 뜻인 義를 기준으로, 이롭더라도 義롭지 않다면 해서는 안 된다고 주장한다.

묵자/경주자, "녹(재물: 利)을 버리고 義로움을 숭상한 자는 이 사람 고석자에게서 보았구나!"

묵자/노문, "사람에게 이로운 것이어야 훌륭한 기술이라고 말하는 것이며, 사람에게 이롭지 않은 것은 졸렬하다고 말하는 것이다."

한비자/외저설자편, 《초왕이 묵자의 제자인 전구에게 물었다. "묵자는 세상의 유명한 학자이며 품행도 훌륭한데 변론은 어찌 능하지 못한가?" 전구가 말했다. "초나라 사람이 정나라에 가서 진주를 팔려고 좋은 상자에 담아 보여주었습니다. 그런데 정나라 사람들은 상자만 사고 진주는 되돌려 주더랍니다. 지금 세상의 변론가들은 모두 변설과 꾸민 말로 인도하니, 군주들은 그 무늬만 보고 그 실용은 잊어버립니다. 묵자의 언설은 선왕의 道를 전하고 성답게 하는 것." 이것이 正名이다.

〈관자·묵자의 명실론〉
관자의 名實一致論에서 名은 名分 내지 法度를 뜻하고, 實은 재화를 뜻한다. 곧 관자에서는 "위에서 제시한 命과 實이 일치해야 한다"는 것이다. 결국 백성을 재화로써 만족시켜야 한다는 것이다.
【묵자의 명실상부론은 논리학적 의미로 발전했다.】
관자/구수, "名을 갖추어 實을 나타내고, 實에 의거하여 名을 정한다. 그러므로 名實은 상생하고 서로를 반성하여 마음을 다스린다. 名과 實이 합당하면 다스려지고 부당하면 어지럽다. 名은 實에서 생기고, 實은 德에서 생기며 德은 理에서 생기고, 理는 지혜에서 생기며 지혜는 합당한 것에서 생긴다."
관자/치미, "【민이 불복하는 것】은 인성 때문이 아니라, 【민생이 피폐하기 때문】이다. ... 그러므로 명분을 낮추고 실질을 높이는 것이 聖人이다."
◆ 【民이 불복하는 것은 빈곤 때문】이라는 것이다. 먼저 백성을 배부르게 하는 것이 정치의 제일 목표가 되어야 한다.
묵자/대취, "성인들에게 급선무는 사람들로 하여금 名實이 일치하도록 하는 일이다. 말(名)은 반드시 사실(實)이 아니며, 사실은 반드시 말이 아니다." 명실을 일치시켜야 한다는 말이다.

〈순자의 정명론〉
순자는 化性起僞論에서 無爲를 반대하고 【僞야말로 善한 것이라고 주장】한다. 그는 名은 세상을 바르게 하는 수단이라는 것이다. "인간의 이기적인 마음을 다스리려면 禮를 수단으로 하는 작위를 통해서 가능하다"는 것이다.
순자/정명, "제왕이 **名을 만드는 것은 이름을 확정하여 사실을 분별하고** 도를 행하고 뜻을 소통시켜 민을 통솔하여 통일하고자 함이다." ... 본래 **명칭이란 옳은 것이 없으며 명명하기로 약속한 것뿐**이다. 약속이 정해지고 습속을 이루면 마땅하다고 말하고 약속과 다르면 마땅치 않다고 말한다. 또한 名에는 본래 實이 없으며 명명하기로 약속한 것뿐이다." 즉 【名이란 사람들 사이의 약속일 뿐】이다.

〈동중서의 貴名論〉
유교의 창시자라 할 수 있는 동중서는 공자의 正名論을 교리화했다. 그는 금

문학의 시조라 불리는 학자로서, 그의 저서 『춘추번로』에서 "名에 도리가 있다면서, 【實보다 名을 중시】하는 貴名주의를 주창했다." 동중서는 정명에 대해 '신분과 직분의 명은 天命'이므로 命에 따른 분수를 지킨다라고 했다.
◆ 아마도 수구 보수주의자인 것 같다.
동중서의 귀명주의는 【文字 숭배주의를 낳았고】 이것이 당시에도 크게 유행했고 오늘날까지도 이어오고 있다. 그래서 후세의 학자들은 【儒敎를 名敎】라고 부른다.
◆ 하지만 묵가에서 【名은 實을 드러내는 수단에 불과】하다. (以名擧實) 그래서 운명론을 부정하면서 정해진 운명은 없고 누구나 평등한 존재로서 각자 부지런히 노력해서 그 【차이(實)을 드러내는 것이 중요하다】고 보았다.
춘추번로/심찰명호, "곡직을 가리려면 먹줄로 재는 것보다 좋은 방법은 없다. 시비를 가리려면 명으로 재는 것보다 좋은 방법은 없다." 名分우선주의.

〈명제의 타당성과 사실의 진정성〉
묵자는 논리상 명제는 옳으나 사실은 그렇지 않은 것이 있음을 밝혀낸다. 그러므로 명제의 타당성만이 아니라 〈사실의 진정성이 있어야 진리〉라고 주장할 수 있다는 것이다. 묵자는 명제는 사실의 진정성에 제한되어야 하므로 작은 것을 취해야 한다고 주장한다.
묵자/소취, "대저 사물에는 어떤 것은 명제가 옳으면 사실도 그런 것이 있는가 하면, 어떤 것은 명제는 옳으나 사실은 그렇지 않은 것이 있다. 또 어떤 것은 명제가 어떤 경우는 사실에 두루 통하고 다른 경우는 두루 통하지 않는 것이 있으며, 어떤 것은 한 경우는 옳지만, 다른 한 경우는 그른 것이 있다. 그러므로 명제는 어느 경우나 항상 써서는 안 된다.

〈삼물론〉
담론이 하늘의 뜻과 부합하는지를 판별하기 위해서는 名과 實이 일치하는 바른 담론이어야 한다. 그러므로 명제의 타당성과 진실성이 충돌할 때 이것을 판별하는 기준이 三表論이라면, 三物論은 우선 명제의 타당성을 담보하기 위한 것이다. 그러므로 담론이 가치 있는 義가 되려면 실질적인 '삼표' 이외에 형식적 조건인 '삼물'이 구비되어야 한다. 【'삼물'이란 조건(故), 조리(理), 유추(類) 등 세 가지이다.】
말(辭)은 조건으로 생겨서, 조리로 자라고, 유추를 펴야만 사실과 합치되는 바른말이 된다. 조건(故)이란 필요조건과 충분조건을 말하고, 조리(理)는 논리 규칙을 말하며, 유추(類)는 귀납과 연역을 말한다.

묵자/대취, "대저 명제는 조건(故)으로 생기고, 조리(理)로 자라고 유추(類)로 편다. 이처럼 【조건 조리 유추 등 삼물이 갖추어져야 명제의 논리가 선다.】 명제를 세웠으나 그것이 생긴 조건(필요조건과 충분조건)이 분명치 않다면 망령된 것이다. 사람들은 길이 없으면 다닐 수 없다. 아무리 노력해도 길이 분명치 않다면 막힐 것은 뻔한 노릇이다. 대저 명제는 유추해 나가는 것이므로 유추가 밝지 못하면 반드시 막히는 것이다."

묵자/경·경설상, "조건(故), 그것을 얻으면 이루어지는 것이다. 필요조건, 【그것이 있다고 해서 반드시 그렇게 되는 것은 아니다. 그것이 없으면 반드시 그렇게 되지 않는다.】 충분조건, 【그것이 있으면 반드시 그렇게 되고 그것이 없으면 반드시 그렇게 되지 않는다.】 어떤 것이 나타나면 그것이 나타나는 것과 같다."

◆ 내 몸을 유지하는데 밥 한 공기는 필요하다. 하지만 공부하는 데 소요되는 열량을 내는 데는 충분하지 않다.

조리(理)

사물은 자기가 직접 보고 들어 느낀 것과 언술을 통해 관념적으로 아는 것은 반드시 같지 않다. 그러므로 사물을 설명하는 언술은 **상대방과 【공유하는 논리 법칙】, 즉 조리가 반드시 필요하다.** 언술은 조리에 맞아야 상대방을 설득할 수 있다.

묵자/경하, "物, 그러한 것과 그것을 아는 것과 남들에게 알린 것 등 이 세 가지는 반드시 같지 않다."

묵자/소취, "대저 사물은 같은 점이 있다고 해도 모두 그것을 같다고 말할 수 없다."

묵자/경 경설 하, "나는 이것이 그렇지 않기 때문에 이것도 그렇다는 것을 의심한다." "다른 종류는 비교할 수 없다."

묵자의 名實論은 서양의 논리실증주의와 명칭도 같고 목적도 같은 것이다. 즉 【名은 논리에, 實은 실증에 해당】한다. 그러므로 묵자의 명실론은 名의 타당성과 實의 진실성을 밝혀내기 위한 논리실증학인 것이다. 또한 명실론은 명실의 일치를 강조하지만, 【實을 중시한다는 점에서 실증주의와 가깝다】고 할 수 있다.

◆ 實은 常의 성질을 띠기에 끊임없이 변한다. 그래서 名도 일정할 수가 없다.
묵자의 삼표론은 먼저 명제는 민중의 눈과 귀의 사실성에 기초한 참이어야 한다. (직접성) 다음은 성왕들이 검증한 바 있는 역사적 경험에 의한 타당성이 간접적으로 검증되어야 하며, (간접성) 또 실천에 의해 민중의 이익으로 실용성이 검증되어야 한다. (쓸모성)
◆ 【묵자의 언론관은 삼표법에 그 준거】를 둔다.

《여섯째 날》
묵자를 모르고서 정치사상을 論하지 말라!!

〈정치사상〉
묵자는 백성이 주인(百姓爲人)이라고 선언하고, 천하의 義를 통합하기 위해 천자를 선출했다고 말한다.
홉스의 사회계약설은 절대군주에게 인민의 권한을 위임한다. 그러나 묵자는 홉스와 달리 인민의 권리를 절대군주에게 위임하지 않고, "정치를 잘하면 계속 유지하게 하지만 그렇지 못하면 퇴출시킨다."라는 것이다. 이점이 홉스와 묵자가 다른 점이다.

【민주적 정치론】
〈천부 평등권〉
묵자의 정치사상의 특징은 【평등론과 대동사회를 추구】한다는 것이다.
묵자 사상은 의로운 사회 건설을 이루기 위해서는 겸애하고 교리해야 한다는 것이다. 兼은 '아우름' '평등'의 뜻이다. 兼의 반대는 '개체'와 '차별'이다.
'겸상애 교상리'하는 정치를 義政이라 하고, 차별의 정치를 力政이라 하면서 폭력의 정치라 말한다.
그래서 공맹의 정치를 仁政이라 하고, 묵자의 정치론을 兼政이라 말한다.
묵자/천지하, "하늘의 뜻에 순종하는 자는 두루 함께하고, 하늘의 뜻에 반대하는 자는 차별한다. 함께하는 것을 道로 하는 것은 義正이요, 차별을 道로 하는 것은 力正이다."
묵자/겸애하, "함께 하는 것(兼)은 성왕의 道이며, 왕공대인이 편안할 수 있는 수단이며, 만민의 의식주가 풍족할 수 있는 수단이다. ... 따라서 만민에게 크게 이롭다."
오늘날 자유주의나 사회주의나 평등은 당연히 자유의 평등을 의미한다. 그러나 가난한 자들은 공산주의를 반대하면서도 심정적으로는 소득의 평등을 요구한다.
　묵자는 평등론의 근원을 天志 즉 하늘의 뜻에 둔다. 그러므로 그의 평등론은 신분 빈부로 인한 차이를 인정하면서도 그것 때문에 차별받지 않는 기회의 평등이다. 즉 【그는 인권의 평등을 주장한 것이지 소득의 평등을 주장한 것은 아니다.】
◆ 묵자는 개인의 능력에 따른 【차이를 인정】하고 있다. 그러면서 餘而分을 주장한다. 여유가 있으면 빈곤자와 함께한다는 것이다.
묵자/법의, "천하의 크고 작은 모든 나라는 모두 하늘의 고을이다. 사람은 어린이나 어른이나 귀하거나 천하거나 모두 똑같은 하늘의 신하이다." 즉 평등한 존재라는 것이다.
묵자/상현중, "비록 하늘은 가난한 자와 부유한 자, 귀한 자와 천한 자, 먼저와 가까운 자, 측근자와 소원한 자를 차별하지 않지만, 어진 자는 들어 높이고 어질지 못한 자는 억누르고 내친다. (賢者擧而尙之, 不肖者而廢之)"
◆ 성왕은 받들고 높이지만 폭왕은 억누르고 내친다는 것이다. 매우 중요한 주장이다.
묵자/상현 상, "덕 있는 자는 벼슬자리에 앉히고 어진 이를 숭상했다. 비록 농업이나 상공업에 종사하는 천한 사람일지라도 능력이 있으면 그들을 등용한다. 따라서 관리라 해서 항상 귀한 것이 아니고, 백성이라 해서 항상 천하지는 않았다."
◆ 출신 성분에 삶이 좌우되던 신분계급사회에 이와 같은 출신성분에 상관없이 능력에 따라 등용해야 한다는 주장은 혁명적인 선언이었을 것이다.
맹자가 평등론을 주장하는 묵가들을 부모도 모르는 금수라고 비난했다. 맹자는 【부모와 자식이 사회적으로 평등하다는 것을 상상도 할 수 없었기 때문】이다.
맹자/진심상, "묵자는 겸애하므로 머리끝에서 발끝까지 닳아 없어지더라도 천하가 이롭다면 한다."
맹자/등문공하, "묵자의 겸애는 부모가 없다. 부모가 없고 군주가 없으면 금수일 뿐이다."

禮治를 주장하는 순자는 묵자의 겸애는 국가와 사회의 존립을 위한 관건을 모르는 것이라고 비판한다. 그는 【사회에 상하의 차별이 없으면 집단생활을 할 수 없고 국가의 존립이 불가능하다고 생각】했다. 그래서 묵자의 평등주의를 비판한 것이다.

순자/非12지자, "천하를 통일하고 나라와 가문을 세우는 성패의 관건을 모르고 공적과 실용을 숭상하고 검약을 장려하며 차등을 가볍게 본다. 그래서 분별과 차이를 용납하여 군주와 신하를 분별하기에는 부족한 것이 묵자와 송견의 학설이다."

순자/왕제, "귀천을 동등하게 하면 두루 나누지 못하고 세력이 똑같으면 통일할 수 없고 【무리가 평등하면 부릴 수 없다.】 천하와 봉국을 보전하려면 【반드시 상하의 차등이 있어야 하니】, 현명한 임금이 일어나서 나라에 차등의 제도를 세운 것이다. 대저 둘 다 귀하면 서로 섬길 수 없고 둘 다 천하면 서로 부릴 수 없는 것이 자연의 이치인 것이다."

순자/부국, "묵자는 크게는 천하를 소유하고 작게는 한 나라를 차지한다면 관리와 부리는 사람을 적게 하고, 관직도 줄이고 오로지 공적을 숭상하고 수고롭게 노동하며 백성과 함께 평등하게 사업에 종사하며 성과는 똑같이 분배할 것을 주장한다. 그러나 이렇게 되면 위엄이 없어질 것이며 형벌을 시행할 수 없을 것이다."

◆ 묵자는 【성과를 노력에 따라 분배할 것을 주장】한다. 즉 【차등을 두어야 한다는 것】이다. 즉 소득의 평등 분배를 주장한 것이 아니다. 그래서 능력이 있으면 승진시키고 능력이 미치지 못하면 억누르고 내친다는 것이다. 묵자는 【능력의 차이는 인정하되, 이에 따라 차별해서는 안 된다는 주장이다.】 현대의 존 롤스의 주장과 맥을 같이 한다고 생각한다.

〈인민주권론〉

묵자는 백성이 주권자라고 선언하고, 천하의 義를 통합하기 위해 천자를 선출했다고 말한다.

묵자/상동하, "옛날 하늘이 처음으로 인민을 낳아 아직 통치자가 없을 때에는 인민들이 주권자(百姓爲人)였다. 그러나 진실로 인민이 주권자가 되면 … 이에 모두가 자기의 義는 옳다고 하고 남의 義는 그르다고 함으로써 심하게는 전쟁이 일어나고 적게는 분쟁이 일어났다. 그리하여 천하 인민이 하고자 하는 것은 천하 사람들의 義를 하나로 통합시키는 것이었다. 이런 까닭에 어진 자를 선출하여 천자로 삼았던 것이다."
◆ 백성들이 자기의 義만을 옳다고 여기는 것은 인민들이 각자 주체적이며 자주적인 의견을 갖고 있다는 뜻이다.

〈사회계약설〉
기원전 5세기에 묵자에게서 18세기의 루소가 말한 사회계약설의 소박한 원형을 볼 수 있다는 것은 놀라운 일이다. 이것은 유가인 공자의 왕권 천명론에 비하면 하늘과 땅 차이만큼 진보적인 것이다.
묵자/ 경상, "君, 臣萌通約也 군주는 백성들의 일반적인 계약이다."
묵자/상동중, "만약 상하가 뜻을 달리하면 위에서 상을 준 사람을 인민들은 도리어 비난할 것이다. 나라의 의리를 통일, 화동케 하고자 정장을 선출한 것이다. 이로써 상하의 마음이 뚫리어 소통하기를 기대했다."
◆ 인민들의 선택으로 정장을 뽑은 것은 인민들 간의 소통을 통해 화동케 하기 위한 것이다.

〈언론과 신분 이동〉
묵자는 하늘의 뜻에 따라 大同할 것을 주장했고, 가치의 다양성을 인정한 열린 민주주의자였다. 그는 同과 異를 상보적인 것으로 보았고, 【大同은 小異들이 한 무리로 모이는 것】이라고 말했다.
▶ 대동은 小異의 합이라는 것은 결국 불교의 空 개념과 유사하다.
묵자/상동중, "무릇 잘한 것을 보고 들으면 반드시 윗사람에게 고하도록 하며 좋지 못한 것을 보고 들어도 역시 반드시 윗사람에게 알리도록 하며, 윗사람이 하는 것이 옳으면 반드시 옳다고 하고, 윗사람이 하는 것이 그르면 반드시 그르다고 말하노록 했다. 또한 아랫사람늘이 좋은 일을 하면 그것을 널리 천거하고 윗사람에게 허물이 있으면 그것을 간하여 바로잡았다."
◆ "윗사람이 옳다고 하는 것은 반드시 옳다고 말한다"라고 해석하면 "上有過 規諫之"는 성립되기 어렵다. 【윗사람이 현명하여서 하는 일마다 옳게 하는데 어찌 허물이 있을 수 있겠는가?】
묵자/경상, "비판, 악한 행실을 밝히는 것이다."
묵자/경하, "비판이 그르다고 함은 모순이다. 그른 것이 아닌 것에 대해 말하는 것이다."
묵자/상현상, "비록 농업이나 상공업에 종사한 사람일지라도 능력이 있으면 그들을 등용했다. ... 따라서 관리라 해서 언제까지나 귀한 것이 아니고, 백성이라해서 언제까지나 천하지 않았다."
묵자/경설하, 【"자리의 높고 낮음을 취하는 것은 善 不善(일을 잘하고 못하고)에 따라 헤아려야 한다.】 산과 못처럼 항상 높고 항상 낮은 것이 아니다. 아래에 처했다 해도 일을 잘하면 윗사람보다 일을 잘하면 아랫사람을 윗자리로 청해야 한다."
◆ 혈연에 따른 신분의 세습이 아닌 또 관직에 등용되는 것도 신분에 얽매지 않는, 능력에 따라 일을 잘하면 등용되고 또 승진도 하는 신분 이동을 말하고 있다. 춘추전국시대에 이와 같은 주장을 한 사상가가 있었다는 것이 놀랍다.

〈중앙집권관료제〉
시대의 변혁기에도 유가들은 신분의 이동과 국가의 중앙집권화 및 관료제화를 반대했으나, 묵가들은 환영했다. 【묵가들은 尙同을 통해서 인민들의 뜻이 하나로 통합되기를 바랬다. 이와 같은 주장을 통해 묵가는 중앙집권화를 추구했다는 점을 알 수 있다.】
기원전 3세기에 맹자는 관직의 세습을 찬성했고, 순자는 묵자의 尙賢使能 즉 "어진 이를 높이고 능력 있는 자를 부린다"를 수용하여 세습을 반대했다.
묵자/상동상, "오직 (인민에 의해 뽑힌) 천자만이 능히 천하의 뜻을 和同시킬 수 있으며 이로써 천하가 다스려지는 것이다."
묵자/상동중, "옛 성왕은 천하의 義를 통일 화동으로써 살핌으로 정장으로 선출되었다. 따라서 상하의 마음이 뚫리어 소통했다."
◆ 이 말은 선출된 【'正長】은 상하 간의 뜻을 서로 화동케 하고 【소통을 잘 시키는 사람】'이라는 뜻이다. 또 상과 벌이 올바르게 시행된 것은 모두 화동의 덕이다.

《일곱째 날》
묵자를 모르고서 정치사상을 論하지 말라!!

〈공동체론〉
묵자는 자신의 사상을 "天下無人"이라는 "천하에 남이란 없다"로 요약했다.

【대동 사회】大同社會는『예기』「예운」에 나오는 이상 사회를 말한다.

『禮記』라는 책은 한 나라 유향이 전국시대부터 전한 초까지 백가들의 『예경』에 관한 글 131편을 모아 『예기』로 편찬한 것이다.
그리고 『예기』의 대동사상이 누구 작품인지에 대해서는 정설이 없다. 기세춘 선생은 예치를 주장한 순자의 글이라 본다.
공자가 지향하는 이상사회는 소강사회이다. 소강사회도 물론 공동체를 지향하지만, 대동사회와 같은 '천하위공(天下爲公)'의 공동체가 아니라 '천하위가(天下爲家; 예치를 앞세운 제왕의 家가 천하를 주도하는 사회이고 이 家들이 모여서 國을 이룬다)'의 사회이다.
大同의 同은 平과 和의 뜻이며, 【大同社會는 평등 평화사회】를 의미한다.
◆ "大同의 同은 平과 和의 뜻"에서 【平은 인권의 평등함을 뜻하며, 和는 차이의 조화를 뜻한다】고 생각한다. 결국 사람은 출생에서 차이가 있더라도, 사람됨에 있어서는 평등하며, 이를 차별하지 말고 조화롭게 살아야 한다는 의미로 본다.
『예기』에서의 대동사회는 "天下爲公" 즉 "천하는 어느 가문의 私物이 아니고 만민의 公物"이라는 강령을 기본 테제로 한다.

조선의 정여립도 이와 같은 주장을 했다가 죽임을 당했다.
또 순자와 동시대 사람인 여불위도 이와 같은 "천하위공"을 주장했다가 수난을 당했다.
여불위가 말하는 "천하위공"은 대동사상의 바탕을 이루고 있다. 여불위가 활동하던 시기는 尙同과 兼愛를 주장하는 묵가들이 여전히 활동하던 시기였다. 여불위는 유가 묵가 법가 명가 등의 도움으로 기원전 239에 『呂氏春秋』를 폈는데, 그는 이 책에서 "大同이란 천지 만물이 일신동체라는 뜻이며, 천하는 한 사람의 것이 아니라 천하 만인의 것"이라고 설명했다.
◆ 여불위의 『呂氏春秋』는 결국 묵자의 "天下無人 사상"이 바탕한다고 할 수 있다.
여씨춘추/유시, "천지만물은 한 사람의 몸과 같다. 이것을 일러 大同이라 말한다."
여씨춘추/ 귀공, "옛 선왕들이 천하를 다스림은 반드시 먼저 공평함을 내세웠다. 공평하면 천하가 평등하고, 평등하면 공평하다,... 천하는 한 사람의 천하가 아니라, 천하 모든 사람의 천하이다."
육도/발계, "사람과 더불어 아픔을 같이하고 서로 보호해 주며, ... 천하에 이로운 것은 천하 모든 사람이 문을 열고 맞이하며, 천하에 해로운 것은 천하 모든 사람이 문을 닫고 막는다. 천하는 한 사람의 천하가 아니라 천하 만민의 천하이다."
◆ 이 문장은 **강태공의 글**이라 한다. 천하는 모든 사람의 公物임을 말하면서 **如民同樂을** 주장하고 있다.
중국에서 대동사회에 대한 언급이 다시 시작된 것은 청나라 말기 사회가 극히 혼란한 시기였다. 이때 태평천국의 난을 일으킨 홍수전과 강유위 쑨원 등 반봉건 투쟁의 혁명가들이 주장했다.
특히 농민혁명을 일으킨 홍수전은 기독교의 평등사상과 대동사상을 결합하여 '천하가 한 가족처럼 다 함께 형통하고 태평한 태평천국'의 건설을 외치며 이것이 바로 '천하위공의 대동사회'라 선전했다.
강유위는 **거란세에서 승평세로 다시 태평세로의 발전 단계를** 제시했다.
거란세는 봉건 사회를, 승평세는 자본주의적 자유주의 사회를, 태평세는 사회주의 사회로 보았다. 특히 대동 사회를 태평세로 보았고, 至平, 至公, 至仁, 至治의 일체 평등의 무계급 무사유의 평등사회로 묘사하고 있다.
◆ 묵자의 안생생한 대동 사회는 강유위가 표현한 태평세와는 다르다고 본다. 강유위의 이상 세계인 태평세는 그야말로 유토피아이다. 즉 【**묵자가 그리는 세계는 無所有한 사회가 아닌, 개인의 능력에 따른 차이에서 발생하는 소득의 불균형은 인정하되, 餘而分으로 여유 있는 자는 가난한 자에게 나누어주기를 힘쓰라는 것으로 《소득의 평등을 추구하지 않는다.》**】

〈안생생 사회〉
『예기』의 대동사회에 대한 기록과 묵자의 천하무인의 안생생 사회에 대한 기록을 살펴보면 너무도 비슷하다.
『예기』「예운」의 "천하는 만민의 것"(天下爲公)이란 말은 묵자의 "천하에 남은 없다"(天下無人) "백성이 주권자"(百姓爲人)라는 말과 일치한다.
『예기』「예운」의 "몸소 노동하지 않은 것을 부끄러워했으나 반드시 자기만을 위하지는 않는다"(力惡其不出於身也 不必爲己)는 말은 묵자의 노동 주의와 일치한다. 그래서 기세춘 선생은 『예기』의 대동 사회는 유가의 사상이 아니라 묵자의 이상 사회인 안생생한 사회를 설명한 것으로 본다.

묵자는 【평등공동체를 지향한 공화주의자】였다. 묵자의 尙同論은 大同을 숭상한다는 뜻이다. 또 묵자의 "安生生社會"는 "안락하고 편안한 삶"을 추구하는 사회이다.

《묵자의 안생생 사회》
겸애, 묵자/천지하, "하늘의 뜻을 순종하는 자는 두루 兼하고, 하늘의 뜻을 배반하는 자는 別한다. 兼을 道로 하는 것은 義正이요, 차별을 道로 하는 것는 力正이다."
민주평등, 묵자/경상, "군주, 백성들이 계약한 것이다."
묵자/상동하, "옛날 하늘이 처음으로 인민을 낳아 정장이 없을 때에는 인민이 주권자였다. 그러나 진실로 주권자가 되면 ... 모두가 자기의 義는 옳다고 하고 남의 義는 그르다 함으로써 심하게는 전쟁이 일어나고 적게는 분쟁이 일어났다. 그리하여 천하 인민은 천하의 義를 일치시키고자 어진 이를 선출하여 천자로 삼았던 것이다."

〈공동체〉
묵자/대취, "천하에 남은 없다."
묵자/겸애중, "두루 평등하게 서로 사랑하고 서로 이롭게 하는 방법은 어떻게 해야 하는가? ... 남의 나라 보기를 제 나라 보듯이 하고, 남의 가문 보기를 제 가문 보듯이 하며, 남 보기를 제 몸같이 보라."
묵자/겸애하, "귀밝은 장님과 눈 밝은 귀머거리가 협동하면 장님도 볼 수 있고 귀머거리도 들을 수 있다. ... 그러므로 처자가 없는 늙은이도 부양을 받을 수 있어 수명을 다할 수 있고, 부모가 없는 어리고 약한 고아들도 의지하여 살 곳이 있어 장성할 수 있는 것이다."
◆ 《이 글은 【겸애는 곧 尙同임을 표현한 것】이다. 사람이 모든 면에서 완전할 수는 없다. 그러므로 부족한 부분은 서로 보완하면서 살자는 묵자의 주장이다. 이것이 곧 義라는 것이다. 서로 부족한 부분을 보완하면서 돕고 사는 것이 묵자의 義로서 이는 하늘의 뜻이다.》

〈복지 사회〉
묵자/절용중, "무릇 천하의 공인들은... 각각 제 기술(제 능력에 맞게)에 따라 일을 하라. 그리하여 백성들의 수요가 충분하게 공급되면 거기서 그쳐라!"
묵자/상현하, "어질게 되는 것은 무엇인가? 그것은 【힘이 있으면 부지런히 인민을 돕고, 재물이 있으면 힘써 인민에게 나누어주고, 도리가 있으면, 권면하여 가르치는 것】이다. 이리하면 배고픈 자는 먹을 것을 얻을 것이며, 헐벗은 자는 옷을 얻을 것이요, 피로한 자는 쉴 것이다. 또 어지러운 것은 다스려질 것이다. 이것을 안생생이라 한다."
◆ 여기서 중요한 것이 묵자는 【"移卽分"】이라 했다. 이는 "餘卽分"으로 있으면 힘써 나누라는 것이지, 생산된 것을 똑같이 나누라는 의미는 아니다.

〈공유〉
절용, 묵자/대취, "성인은 재물을 자기 집에 저장하지 않는다. 私有를 반대하기 때문이다. … 저장하는 것은 자기 자신을 사랑하는 것이지만 자기와 인민을 동시에 사랑하는 것이 아니다. … 재물을 저장하여는 욕심을 줄이지 않는다면 아무리 도둑을 줄이려 해도 붙일 방법이 없다."
◆ "聖人不爲其室臧之 故非於臧" 이 문장에 대한 해석이 제각각이다. 성인은 자기 집에 재물을 거두어두려 하지 않는다. 저장하는 것을 반대하기 때문이다. 기세춘 선생의 해석은 私有를 반대하고 公有하고자 함이라는 데, 이는 잘못된 해석이라고 본다. 묵자는 《상현하》에서 "있으면 나누어야 함"을 제시하고 있다. 【私有를 긍정하고 있다.】 여유가 있는 자는 나누어서 함께 잘살자는 것으로 '사회민주주의' 개념에 가깝다 하겠다.
묵자/절용상, "성왕의 정치는 정령을 펴 산업을 일으키고 백성들로 하여금 재화를 사용토록 하되 비실용적인 것을 생산하는 일이 없게 했다. 그리하여 재화를 소비하는 데 낭비가 없으므로 백성의 노동력이 지치지 않으면서도 이익은 더욱 커지는 것이다."

〈평화〉
묵자/법의, "하늘은 반드시 사람들이 서로 사랑하고 서로 이롭게 하기를 바라며, 서로 미워하고 해치는 것을 바라지 않는다."
묵자/비공, "큰 나라가 의롭지 않으면 협동하여 그것을 걱정해 주고, 큰 나라가 작은 나라를 공격하면 협동하여 작은 나라를 구원해 주어라. … 공격과 전쟁하는 노력과 비용으로 나라를 다스린다면 생산은 배로 커질 것이다."
노장은 신농시대의 원시 공산사회를 지향했고, 묵자는 요순시대의 대동사회를, 공자는 삼대의 소강사회를 지향했다고 볼 수 있다.

〈소강사회〉
『예기』의 소강사회
공자가 지향하는 이상 사회는 【소강사회】이다. 소강사회도 공동체를 지향하지만 대동사회와는 달리, 평등 공동체가 아닌 【혈연을 중심으로 하는 '가부장적 차별 공동체'】라는 점에서 묵자의 '사회적 평등 공동체'와는 다르다. 묵자가 추구하는 【대동 사회의 통치 이념은 兼愛】인데 반해, 유가가 추구하는 【소강사회의 통치 이념은 仁禮】이다.
『예기』「예운」에서는 대동사회를 주장한 것이 아니라, 대동사회가 소강사회로 대체될 수밖에 없는 필연성과 당위성을 설명하고 있다.
소강사회는 천하가 한 가문의 소유(天下爲家)인 봉건 사회(강유위의 거란세)이며 공자와 유가들이 지향하는 禮治사회임을 알 수 있다.
◆ 禮治사회에서 禮는 士계급 이상을 대상으로 하는 개념이고, 일반 민중은 刑으로 다스리는 통치 대상자에 머물러있음을 전제로 한다. 곧 예치사회는 이분화된 양반과 상놈의 세상을 지향하고 이를 당연한 것으로 받아들인다.
『예기』의 소강사회(우 탕 문무 시대)

〈禮治〉
예기/예운, "오늘날은 대도가 쇠미해지니 천하는 가문의 사유물(신분세습)이 되었다."
공동체 → 가족주의, "저마다 자기 부모만을 사랑하고 자기 자식만을 어여삐 여기며 재물과 노동은 자기만을 위한 것이 되었다."
평등사회 → 신분사회, "대인은 세습을 禮로 삼았으며 성곽과 못을 만들어 굳게 지키고 禮義를 만들어 기강을 세웠다. 이로써 군신이 바르고 부자가 돈독하고 형제가 화목하고 부부가 회합했다."
공유제 → 사유제, "용감하고 지혜 있는 자를 어질다 칭송하니 모두가 자기만을 위하여 공을 세우려 하였다. 禮로써 제도를 설정하고 정전제가 수립됐다."
평화 → 전쟁 → 군주제, "이에 세상에는 간특한 모의가 일어나니 전쟁이 일어났다. 우 탕 문무와 성왕과 주공 등이 이 어지러움을 수습했으므로 천자로 선출됐다. 이들 여섯 군자들은 몸소 禮를 실천하고 禮로써 다스렸다. 즉 마땅함을 드러내고(義), 믿음을 쌓고(信), 허물을 밝히고(知), 어진 마음을 본받아(仁) 겸양토록(禮) 가르쳐 백성들에게 오상(五常)의 道를 보여준 것이다.

만약 이러한 道를 어기는 자가 세력을 가지면 모두에게 큰 재앙이 될 것이므로 제거했다. 이것을 일러 소강(小康)이라 말한다.

〈공자의 혈연적 천하 일가론〉
고대부터 지금까지 중국의 정치 도덕 등 모든 사상의 핵심은 **나라를 한 가문처럼 만든다는 데 있다**. 유가의 이상 사회는 대종족 공동체였으며, 이것은 종법질서인 주례를 대강령으로 하는 소강사회였다. 즉 유가는 혈연을 중심으로 하는 소강사회를 지향했다.
이에 반해 한비자 등 법가는 가문을 정치 도덕의 표준으로 삼는 것에 반대하여, 개인은 가문 중심이 아닌 국가에 속해서 국가의 법으로 다스려져야 한다고 주장했다. 즉 "군주는 가문의 대표가 아니라 천하 만민의 지배자"여야 한다는 것이다.
그러나 청나라까지도 【"국가는 한 가문의 확대판"】이라는 생각에 孝를 최고의 가치로 생각했지, 국가에 대한 忠을 우선시하지 않았다.
그래서 조상 숭배가 통치의 근간이 되었다. 종묘사직은 한 가문의 조상에 대한 제사 의식으로 통치의 수단이었다.
공자의 기본 테제는 【復禮로서 西周시대의 법도로 돌아가자는 복고사상】이다. 곧 서주의 노예제적 봉건제도를 끝까지 지키자는 주장이었다. 이는 국가를 한 가문의 공동체로 만들자는 것이다.
동중서의 『춘추번로』에 【군위신강, 부위자강, 부위부강은 한 왕조(한 가문)의 유지를 위한 지침이고 강령】이다.

《여덟째 날》
묵자를 모르고서 정치사상을 論하지 말라!!

〈경제사상〉
동양인은 서양인보다 통섭적 사고를 한다. 반면 구체적 분석적 사고는 서양인과 비교하면 관심이 덜하다.
商人은 3500여 년전의 商나라 사람을 칭한다.
묵자는 공자와 달리 경제를 중시한 實事求是의 사상가였다. 그래서 인민의 경제적 이익을 중시했다. '義는 利다'는 것은 '공정한 이익은 義라는 의미'이기도 한다.
묵자/비악, "백성들에게는 세 가지 환난이 있다. 굶주린 자가 먹을 수 없고, 헐벗은 자가 입을 수 없고 수고한 자가 쉴 곳이 없는 것이다."
묵자/칠환, "풍년이 든 때에는 인민들이 어질고 착하지만, 흉년이 들면 인민들은 인색하고 포악해지는 것이다. 어찌 인민들이 항심(恒心)을 가질 수 있겠는가? … 따라서 '식량은 나라의 보물'이다. … 나라에 삼년 치의 양식이 비축되지 못하면 나라는 이미 자기 나라가 아니며 집안에 삼년 치의 식량이 비축되지 못하면 자식은 이미 자기 자식이 아니다."
◆ 공자는 『논어』에서 군사와 식량 그리고 믿음 중에서 믿음(信)이 가장 중요한 것이라 말했지만, **묵자는 【먹을 것(食)이 가장 중요하다】고 한 점에서 두 사상가의 관점이 갈린다.**

〈묵자의 가격론〉
1776년 【아담 스미스는 『국부론』】에서, 부의 창조자는 【노동】이며 그것이 사유재산의 본질임을 최초로 발견했다.
◆ 곧 【사유재산을 만드는 것은 개인의 노동이라는 것으로 노동가치설】이다. 이는 『묵자』「비악」에서 "사람이 동물과 다른 점은 노동하는 데 있다"라고 주장한 점과 그 맥락이 같다.
생산자들의 자기를 위한 이익 활동이 【보이지 않는 손'】에 의해 사회의 이익을 증진시킨다는 【예정조화설】을 주장함으로써 자본주의 경제의 이론적 기초를 제공했다.
스미스는 가격론을 정립했다. **시장가격은 수요와 공급에 의해 결정되며 자연가격을 향해 끊임없이 변동된다.**
리카도의 주장으로는 비교우위론(Comparative advantage), 노동가치설(Labor theory of value), 차액지대론(Differential rent theory) 등이 있다.
이 중에서 노동가치설은 "모든 물건을 가치 있게 만든 것은 노동"이란 주장이다. 이 노동가치설은 마르크스에게 영향을 주었다.
즉 그의 노동가치설은 생산물의 가치는 그것에 투하된 **【노동의 양에 따라 결정】**된다는 이론이다.

현대 주류 경제학 관점에서 【노동가치설은 시대에 맞지 않는 낡은 이론】이다. "가격은 공급자(노동자)가 아니라 **수요자(소비자) 입장에서 결정된다**"고 본다. 합리적인 경제주체는 한계 효용이 한계 비용과 같아지는 지점을 선택한다. 한계효용학파에 따르면 노동자가 얼마나 힘들게 노동을 했는지는 중요하지 않다. 【고객이 얼마나 만족했느냐에 따라서 가격이 결정】된다는 것이다.

〈"묵자의 가격론"(묵자/경·경설하.)〉
① 물건을 사는 것은 값이 비싸지 않을 때이다. 가격이 오르고 내림을 말한다.
② 매매 가격은 돈과 물건이 서로의 값을 매기는 것을 의미한다. (돈의 가치와 물건의 가치로 거래가 이루어진다) 돈의 값이 떨어지면 물건이 귀하지 않고, (이 경우 돈을 기피하고 물건을 선호하므로 물가가 상승하고 물건 공급이 많아지기 때문이다), 돈의 가격이 올라가면 물건이 교역되지 않는다. (물건을 기피하고 돈을 선호하므로 물건값이 하락하고 공급이 줄어들기 때문이다)
③ 돈의 가치가 변하지 않더라도 물건값이 변할 수 있다. 풍년 또는 흉년에 따라 물건 공급이 변화되고 그것이 화폐 가치를 변화시키는 것이다. 마치 자전(동전)을 팔고 모전(금화)을 사는 것과 같다.
④ 【가격이 마땅하면 매매가 이루어진다. 이것은 수요와 공급이 합치된 것을 말한다.】
⑤ 【가격이란 수요와 공급이 합치된 것을 말한다.】 합치됐다는 것은 팔고 사지 않을 이유가 제거된 것이다. 거래하지 않을 이유가 제거되면 거래가 이루어지고 값이 정해진다. 가격이 마땅한가, 아닌가는 거래에 응할 것인지 여부를 결정한다. 마치 망한 나라에서 집을 팔고 딸자식을 시집보내는 것과 같다.

〈절용론〉
묵자가 말하는 절용은 우리가 아는 일반적인 절용과 함의가 다르다. 묵자는 "옛사람이 아는 절약은 오늘날 내가 깨달은 절용이 아니다"라고 말하고 있다. 근본적으로 묵자는 백성이 굶어죽고 얼어죽는 것은 '**지배계급의 낭비 문화 때문**'으로 보았다. 이는 절검만을 말하는 것이 아니라 【절도 있는 소비'를 내포하고 있다.】 즉 ① 인민의 '이용후생'에 보탬이 되지 않는 것은 생산하지 말라는 것이며, ② 재화는 그 '본래의 목적대로 소비'되어야 한다는 것이다. 즉 초과소비로서 사치하거나 낭비하는 것을 말한다. ③ '厚葬久喪'하지 말라는 것이다.

위와 같은 내용은 묵자의 대취, 절용상 절용 중을 보면 알 수 있다.

회남왕 유안은 『회남자』에서 "묵가들의 이러한 절용은 우임금의 절장과 절용의 기풍을 이어받은 것"이라 했다.

그러나 【순자】는 신흥 관료와 자본가의 입장을 지지했으므로 묵자의 절용론을 실용에 눈이 가려 문화를 보지 못한다고 비판하면서, 【절용을 주장하는 묵자의 주장은 나라를 더욱 가난하게 할 뿐이라고 주장한다.】 ▶ 소비를 촉진시키지 못하기 때문에. 그는 문화적 소비가 생산을 더욱 촉진시킬 것으로 본 것이다.

이는 순자/ 해폐편과 부국편 등에 나타나 있다.

장자도 묵자의 절용론을, "인간의 본성을 억제하고 절용을 내세워 음악과 장례와 문화를 비판하는 것은 사람을 기쁘게 하는 것이 아니라, 사람의 인정에 反하여 천하에 아무것도 행하기 어려운 것이므로 왕도라 할 수 없다"라는 것이다.

장자/천하, "삶은 고달프고 죽음은 박하게 하니 '묵자의 道는 너무 각박한 것'이다. 사람들을 근심스럽고 슬프게 하니 묵가의 道는 행하기 어렵다. 이처럼 천하 인심에 반하니 천하가 감당할 수 없고, 비록 묵자 홀로 실행한다 해도 왕도와는 거리가 먼 것이다."라고 했다.

순자와 장자는 묵자를 곡해하고 있다.

【묵자의 절용론】은 【단순히 절약을 강조한 것이 아니다. 그는 재화의 용도에 맞도록 절도 있는 소비를 말하는 절용을 주장할 뿐이다. 그는 오히려 풍족한 재화의 공급을 주장했다.】

묵자의 안생생 사회 건설은 인민의 풍요로운 생활을 위해서 【절도 있는 소비와 자기 노동을 통한 노력을 강조】하고 있다.

사기/태사공자서, "묵자의 절검은 준수하기 어렵다. 이처럼 그의 사업을 두루 따를 수는 없을지라도 산업에 힘쓰고 소비를 절도 있게 하라는 그의 말은 폐할 수 없을 것이다. ... 만약 묵자의 평등이 천하에 시행된다면 존비의 구별이 없어질 것이다."

【사마천은 『사기』에서 묵가의 절검과 평등론을 반대하면서도 "산업과 절도 있는 소비를 강조"한 부분은 폐할 수 없다고 말했다.】

관자는 백성들로부터 거두어들이는 것에 법도를 정해야 한다고 말했고, 【공자】는 군사보다 곡식을 중시했고 부를 바랐으나 【균분을 주장】했다.
노자는 세금의 과함을 얘기했고.
맹자는 예의보다 먼저 굶주림을 걱정했다.
이처럼 모든 사상가가 백성의 생활을 외면하거나 배불리 먹기를 바라지 않은 사상가는 없다. 그러나 공자는 부를 바라면서도 利를 천민의 소관 사항이라고 보았으며, 특히 맹자는 善과 利를 대립시켜 利를 추구하는 것을 惡으로 규정하고 도둑의 道라고 했다. 그는 너도나도 利를 추구하면 나라가 위태롭다고 생각했다.
그러나 **묵자의 생각은** 달랐다. 그는 물질과 利를 귀하게 여기고 물질적인 진보를 중시했다. 【삶은 곧 食의 해결이 우선】이라는 것이다.
묵자/노문, "가령 천하가 농사짓는 법을 모른다고 가정하면 그것을 사람들에게 가르치는 것과 사람들에게 가르치지 않고 손수 홀로 농사를 짓는 것은 그 공적이 어느 것이 크겠는가?"
◆ 묵자는 위 문장을 통해 "깨달은 자는 힘써 가르침을 주어야 한다"는 점을 강조하고 있다. 묵자 자신이 천하를 주유하면서 힘써 가르침을 주는 이유를 설명하고 있다.
묵자/경주, "비유 담장을 쌓는 것과 같다. ... "제각기 능한 일로 협동"해야 담장을 쌓을 수 있다. 의로운 일을 행하는 것도 이와 같아서 ... 제각기 능한 일을 해내면 의로운 일이 이루어진다."
묵자/비악, "왕공대인은 아침 일찍부터 정사를 보고, 사군자는 힘써 관부를 다스리고, 농부는 ... , 부인들은 길쌈하는 것, 그것이 그들이 맡은 직분이다."
◆ 이 문장은 사람들이 "자기가 능한 분야에서의 역할"에 최선을 다해야 함을 말하고 있다. 묵자 상동론에서의 천자 경대부 대부 향장 리장 등의 하이어라키는 신분계급에 따른 구분이 아니라, "역할에 따른 직능직급"이다. 이는 "고정된 직급이 아니라 능력이 출중하면 승진되기도 하고 능력이 못미치면 퇴출되기도 하는 것"이다. 묵자 사상이 현대에 버금가는 뛰어난 사상임을 알 수 있는 문장이다.

〈신분세습의 반대〉
묵자는 周代에 확립된 봉건제도의 근간인 녹위의 세습제도를 반대했다.
◆ 기세춘 선생은 묵자가 재산의 私有를 반대하고 公有를 주장한다고 하나,

이는 기선생의 편견으로 보인다. 원문 해석을 나름대로 한 것으로 보인다.

묵자/ 상현, "비록 하늘은 가난한 자와 부유한 자, 귀한 자와 천한 자, 먼 자와 가까운 자, 측근과 소원한 자를 차별하지 않지만, 어진 이는 등용하여 높이고 어질지 못한 자는 억누르고 내친다."

묵자/경설하, 【자리의 높고 낮음을 취하는 것은 善과 不善에 따라 헤아려야 한다.】 산과 못처럼 항상 높고 항상 낮은 것은 아니다. 아래에 처했다 해도 윗사람보다 일을 잘하면(善), 아랫사람을 윗자리로 청해야 한다."

묵자/대취, "聖人不爲其室臧之 故非於臧" 이 문장에 대한 해석에 있어 기선생은 "성인은 재물을 자기 집에 저장하지 않는다. 그러므로 私有를 비난한다."로 해석한다.

◆ 하지만, 이 문장 해석이 참 어렵다. 묵자 사상의 전체적인 맥락에서 해석하면, "성인은 자기 집을 위해서 저장하지 않는다. 그러므로 저장하는 것을 비난한다" 즉 私有를 목적으로 재물을 비축하지 않는다는 것이다. 인민들이 삼환에 시달리는 데, 성인이 베풀지 못하고 자기 집에 재물을 비축해서는 안 된다는 의미로 해석되지, 사유재산을 반대한다고까지 읽히지 않는다.

예기/예운, "재물을 땅에 버리는 낭비를 싫어하지만, 결코 자기만을 위하여 소유하지 않으며, (不必藏於己) 노동하지 않는 것을 부끄러워했으나 반드시 자기만을 위하지 않는다."(不必爲己)

◆ 위 문장을 私有를 부정하고 公有를 주장하는 문장으로 해석하는 것은 지나친 확대 오류해석이다. 묵자는 "移卽分"을 주장했다. 즉 "餘卽分"으로 "여유 있으면 힘써 나누자"라는 것이다.

서양의 19세기 학자 프루동은 【소유는 도적질이다】라고 주장했으며, 마르크스는 【사적 소유는 인간소외의 원인이며 결과다】고 했다. 루소도 일찍이 【사회불평등의 근본은 토지 소유에 있다】라고 주장했다.

묵자 /절용상, "묵자는 산업을 일으키어 재화를 풍족하게 사용토록 하되 이용후생에 도움이 되지 않는 것은 결코 해서는 안 된다는 것이며, 그래서 "불필요한 물건은 생산하지 않으니 재화의 낭비가 없다"는 것이다. 그럼으로써 백성들이 불필요하게 노동하지 않아도 된다는 것이다."

순자/부국, "묵자가 공적을 숭상하고 수고롭게 노동을 하며 백성과 함께 평등하게 사업에 종사하며 성과를 똑같이 분배할 것이니 이렇게 하면 위엄이 없어진다. 위엄이 없어지면 형벌을 시행할 수 없을 것이다. 그러므로 묵자의 주장을 성실히 실행한다면 천하는 검약을 숭상하여 더욱 가난해질 것이며 전쟁을 비난하면서도 날마다 다투게 될 것이며 죽도록 고생해도 더욱 공은 없을 것이다."

◆ 묵자는 초과 생산을 하여 과소비하게 되면 불필요한 노동력만 손실하게 된다는 것이며, 순자는 소비하기 위해서 생산하자는 것인데 지나치게 절약하게 되면 풍요의 즐거움도 보지 못하여 삶이 더욱 각박해진다는 것이다. 【묵자의 절용은 지배층의 지나친 소비로 인해 불필요한 낭비를 줄이고, 그럼으로써 생산자의 노동력 낭비를 막자는 것이다. 그리하여 절제된 필요한 소비만을 하자는 것이다. 이렇게 해야 삼환의 고통 속에서 살아가는 민중에게 도움이 된다는 것이다.】 그런데 순자는 묵자에 대해 비난을 위한 비난을 함으로써 묵자를 평생 검약한 생활을 강조하는 사람으로 평하고 있다. 묵자도 여유 있으면 나누어 쓰는 즐거움을 말하고 있다.

《아홉째 날》
묵자를 모르고서 정치사상을 論하지 말라!!

사회·문화사상
〈인간만이 노동하는 동물이다.〉

묵자는 그 어느 사상가보다 소외된 민중을 생각하는 민중적 사상가였다. 그는 배고픈 자가 밥을 얻고, 헐벗은 자가 입을 옷을 얻고, 일하고 피곤한 자가 쉴 곳을 얻으며, 전쟁과 어지러운 세상의 평화를 위해 자기희생을 하며 몸소 투쟁한 활동하는 사상가였다.
묵자/非樂上, "백성들에게는 세 가지 환난이 있다. 굶주린 자가 먹을 수 없고, 헐벗은 자가 입을 수 없고, 수고한 자가 쉴 곳이 없는 것이다."
묵자는 노동의 의미와 중요성을 일깨운 춘추전국시대 유일한 사상가였다. 그는 동물들과 달리 인간만이 '노동해야 살아갈 수 있는 존재'라고 설파했다. 그래서 그는 노력 없는 부귀를 반대했다.
묵자/非樂上, "사람은 이들 짐승과는 달리 노동에 의지해야만 살아갈 수 있고 노동하지 않으면 살아갈 수 없는 존재다."
『한서』「예문지」에 "묵가들은 대개 종묘지기와 노동하는 천민 출신들이었다"라고 기록되어 있다. 그러므로 묵가들은 생산 노동을 천시하고 싫어하는 유가들을 거지와 같은 존재라고 비난한다. 또 묵가는 노동하지 않는 노예 소유자들은 스스로는 살아갈 수 없고, 노예에 의지해야만 살아갈 수 있는 존재로 생각했다.
묵자/貴義, "약은 한낱 풀뿌리에 불과하지만, 天子가 그것을 먹고 병이 나을 수 있다면 어찌 한 개의 풀뿌리라 하여 먹지 않겠습니까?"
◆ 이 문장은 '흔하디흔한 풀뿌리라도 세상에 유익한 것이라면 좋은 것 아니겠는가?'라고 하고 있다. 즉 '천한 백성이라도 국정에 도움이 되는 인물이라면 등용해야 하지 않겠는가?'라고 주장하고 있다.
묵자/非儒下, "또한 유가들은 禮와 음악을 번거롭게 꾸며 인민들을 방탕하게 만들며 오랜 복상과 거짓 슬픔으로 죽은 부모를 속이고 운명을 내세우며 게으르고 가난하면서도 고고한 척하며 생산 활동을 천시하며 오만하고 안일을 탐한다. '먹고 마시는 것은 탐하면서 노동은 싫어하여,' 헐벗고 굶주려 굶어 죽고 얼어죽어도 거기에서 벗어날 길이 없다. 이것은 거지와 같으니… 남의 법을 빌어 살찌고 남의 밭을 의지하여 술 취하는 자들이다."
◆ 이 문장은 유가의 습성을 적나라하게 기술한 문장이다. 위와 같은 유가들의 습성 때문에 묵자는 이의 시정을 위해서 민중을 위하는 새로운 사상을 세상에 드러낸 것이다.

장자는 묵가가 '노동을 숭상하는 우임금의 기풍'을 계승한 집단으로 여겼다.
장자/천하, 《묵자가 道에 대해 이르기를 "옛날 우임금이 홍수를 막기 위해 손수 삼태기와 따비를 잡고 천하의 하천을 모아 바다로 흐르게 하는 공사를 했는데 정강이와 장딴지에 털이 다 닳았으며 소낙비에 목욕하고 사나운 바람에 빗질하며 만국을 안정시키고자 노력하였다"고 했다. 우임금은 위대한 성인인데도 이처럼 천하를 위해 육체노동을 했다. 묵자는 후세의 묵가들에게 털가죽과 갈옷을 입고 나막신과 짚신을 신고 밤낮으로 쉬지 않고 〈스스로 수고하는 것을 도리〉로 삼도록 했다. 그리고 또 이르기를 "이처럼 할 수 없다면 **우임금의 道가 아니며 묵가가 될 수 없다**"고 했다.》
◆ 위 장자 천하편의 글은 "묵자의 道를 한마디로 표현한 글"이라 생각한다. 묵자는 【**묵가가 되려면 率先垂範하여 스스로를 희생하여 만민을 위해 노력하는 자**】라고 선언하였다.
묵자는 재화의 부족을 기술 부족과 노동자의 게으름으로 보지 않고, 헐벗고 굶주림의 이유는 '모두 사회의 잘못된 제도와 문화에 있다'고 보았다.
묵자의 소망은 강제되지 않는 한가한 노동, 자기의 창조를 위한 노동을 하며 풍요로운 생활을 할 수 있는, 압제와 착취가 없는 사회를 원했다.
◆ 묵자는 자기의 노동과 노력으로 생산된 몫을 공평하고 공정하게 소유할 수 있는 사회, 그래서 여유가 있으면 힘써 남을 돕는 그런 대동 사회를 원했다.
묵자/대취, "그들이 노비를 사랑하는 것은 愛人이지만, 그것은 노비의 이로움을 고려해서 생긴 것이다. 노비의 이로움을 고려하지 않고 남자 노비를 사랑했다면 진정한 愛人이며, 여자 노비를 사랑했다면 진정한 愛人이다. 묵자는 노비에 대한 사랑을 버려 천하가 이롭다해도 그 사랑을 버릴 수 없었을 것이다."
◆ 지배층이 노비를 사랑하는 것, 즉 아끼는 것은 그 노비라는 사람을 아끼는 것이 아니라, 그 '노비로 인하여 생기는 이익을 사랑한 것이다'라고 비판하고 있다. 묵자는 노비에 대한 사랑은 그 사람에 대한 사랑이어야 함을 주장하고 있다. 이 문장에서 묵자는 天下無人를 말하고 있다. 사람을 사람 그 자체로서 사랑하고 아껴야 한다는 것이다. 현대의 人權論과 무엇이 다른가?
묵자는 소비를 재화의 목적대로 사용함으로써 인간의 이용후생을 위한 합목적적 소비와 반대로 재화의 본래 목적을 초과하여 사용함으로써 인간을 이롭게 하지 않는 파괴적인 소비(초과소비)로 구별했다.
묵자의 절용은 유가들의 절검과는 다르다. 순자를 포함한 유가들의 절용은 도덕적 의무로서 절검이거나 부국의 방책으로서 절약을 의미할 뿐이다. 그러나 묵자의 절용은 절검의 의미와 함께 물질적 재화는 그 본래 목적인 **인민의 이용후생에 사용되어야 한다는** '절도 있는 소비'라는 의미를 내포하는 독특한 개념이다.
묵자/절용상, "이용후생에 보탬이 되지 않은 낭비는 버린다. …. 무릇 이러한 재화의 생산은 생활에 유익한 것이 아니면 만들지 말아야 한다."
묵자는 인간이 자신을 위해 사용 가치를 생산하는 것이 아니라, 지배자들의 무용한 초과 소비를 위해 상품을 생산하는 '소외된 노동자'를 발견했다. 그러면서 묵자는 말한다. **내가 자신의 주인이 되지 못하면 종속된 삶을 살게 된다고!**
묵자/경상하, "나는 나를 부린다. 내가 나를 부리지 못하면 남이 나를 물들여 부린다."(我使我 我不使亦使我)
◆ 결국 묵자는 【자신이 자신의 주인이 되라】고 가르친다. **인민주권론**이다.
묵자는 당시 유가들의 禮樂을 반대했다. 묵자는 민중에게 이로운 음악이라면 어찌 비난하겠느냐고 반문한다.

묵자/공맹, 공맹자가 말했다. "나라가 어지러워지면 다스리고 나라가 다스려지면 禮樂을 만들고, 나라가 가난하면 생업에 종사하고, 나라가 부해지면 예악을 만드는 것입니다. 묵자가 말했다. 나라가 태평한 것은 힘써 판결하고 다스렸기 때문이다. 정치에 힘쓰지 않았다면 나라의 다스림도 없는 것이다. … 이는 비유컨대 【목마르게 되자 그제야 샘을 파고 죽고 나서야 의사를 찾는 것】과 같다."

묵자/非樂上, "음악을 비난하는 까닭은 … 위를 상고해 볼 때 성왕의 법도에 맞지 않고 아래를 살펴볼 때 '인민의 이익에 맞지 않기 때문'이다. … 도리어 인민의 이익에 부합됐기 때문이다. 그런즉 악기가 도리어 '인민의 이익에 맞다면' 나는 수레와 배처럼 감히 '음악을 비난하지 않을 것'이다."

또 묵자는 厚葬久喪하는 당시 유가들의 풍습을 반대했다. 이는 인민들의 노동력을 낭비하는 문화라는 것이다.

그러나 장자는 묵가들은 천하에 좋은 사람들이며 才士들이지만, 세상의 인정과는 거리가 먼 너무 각박하다고 비평했다.

장자/천하, "살아생전에 노래하지 않고 죽어도 服을 입지 않았다. 묵자는 두루 사랑하고 평등하며 이롭게 한다고 주장하며 전쟁을 반대했다. 그의 道는 노엽게 하지 않고 배우기를 좋아하고 널리 펴 차등이 없는 것을 좋아했다. … 노래할 때 노래하지 않고, 곡할 때 곡하지 않고 즐거울 때 음악을 하지 않는 것이 과연 인정에 맞는 법도인가? 그들은 살아서는 근면하라고 하고 죽어서도 야박하니 그들의 道는 크게 각박한 것이다. … 그렇지만 묵자는 참으로 천하의 호인이며 장차 다시는 만날 수 없는 사람일 것이다. 과연 비록 몸이 고목이 되어도 그치지 않았으니 才士로구나!"

《열흘째 날》
묵자를 모르고서 정치사상을 論하지 말라!!

〈반전평화론〉
【묵자는 전쟁으로 인한 재화의 낭비와 노동 손실을 지적하고, 전쟁 비용으로 적국에게 경제 원조를 해서 적국의 인민을 도와주는 것이 하늘의 뜻인 義를 실천하는 것】이라 했다.

공자나 맹자 그리고 손자도 전쟁을 천자가 제후를 징계하는 정치 행위로 인식했다.

묵자는 전쟁을 노예주들이 노예를 얻기 위한 살인 행위로 규정하였다.

묵자는 군주와 국가, 도리와 진리 등 그 어떤 보편적인 이념보다도 '인간의 생명과 민중의 이익'을 더 중시한 사상가였다. 그는 天下無人을 주장하면서 "남의 나라를 내 나라처럼 사랑하라"고 가르쳤다. 이와 같은 사상가가 인류 역사상 존재했던가!

하늘의 뜻은 '義로운 사회 건설'이다. 이를 이루기 위해서 사람들은 겸애하고 교리해야 한다는 것이다.

묵자/대취, "한 사람을 죽여 천하가 보존됐다고 해도 살인은 천하를 이롭게 하는 것이라고 말할 수 없다. 그러나 자기를 죽여 천하가 보전됐다면 자기를 죽인 것은 천하를 이롭게 한 것이라고 말할 수 있다."

◆ 천하 "대다수의 인민에게 이익이 된다면 소수의 희생은 불가피하다"라는 서양의 공리주의와는 근본적으로 차이가 있는 주장이다. 이유 없이 한 사람을 죽이는 것은 인륜에 反하는 행위라는 것이나, 스스로 솔선수범해서 천하를 위해 희생하는 것은 인류를 이롭게 하는 것으로 긍정한다는 것이다.

묵자/겸애중, "두루 평등하게 서로 사랑하고 서로 이롭게 하는 방법은 어떻게 해야 하는가? 묵자의 말은 남의 나라 보기를 제 나라 보듯 하고, 남의 가문 보기를 제 가문 보듯 하며, 남 보기를 제 몸같이 보라는 것이다."

묵자/법의, 是以知天欲 "이로써 하늘이 바라는 것을 알 수 있다. 서로 사랑하고 서로 이롭게 하기를 바라고, 서로 미워하고 해치는 것을 바라지 않는 것이다."

묵자/천지중, "하늘은 사람들에게 힘을 가진 자는 서로 도와주고, 도리를 가진 자는 서로 가르쳐 인도하고, 재물을 가진 자는 서로 나누어 주기를 바란다."

◆ 이 문장이야말로 묵자의 사상을 확연히 드러난 표현이다. 있는 자, 가진 자가 그보다 못한 자와 함께 공존하는 방법은 서로 나누라는 것이다. 즉 같은 사람으로서 함께 섬기고 있고 가졌다면 나누어 쓰라는 것이다. 公有하라는 뜻은 절대 아니다.

묵자/경설하, "전쟁은 민중을 물들여 시킨 것이며 의롭지 못한 것도 민중을 물들여 시킨 것이다."

전쟁은 재화를 그 본래 목적대로 사용하는 것이 아니라, 본래 목적과는 달리 파괴하는 것이다.

묵자/비공하, "대저 사람을 죽이는 것이 사람에게 이롭다는 것은 야박하다. 또 전쟁의 낭비를 계산해 보면 이것이야말로 삶의 근본을 해치는 것으로 천하 인민의 재물과 이용을 고갈시킴이 다 셀 수조차 없다. 그러므로 전쟁은 인민의 이익에 맞지 않는 것이다."

묵자/비공상, "어떤 한 사람이 남의 과수원에 들어가서 복숭아와 자두를 훔쳤다면 모든 사람은 그를 비난할 것이며 위에서 정사를 다스리는 사람은 그를 잡아 처벌할 것이다. 왜 그럴까? 그것은 남을 해쳐 자기를 이롭게 했기 때문이다. … 그런데 남의 나라를 공격하는 것에 이르면 비난할 줄을 모르고 따르고 기리며 도리어 의롭다고 말한다. 이것을 볼 때 오늘날 천하의 군자들은 과연 義와 不義를 분별하여 알고 있다고 말 할 수 있겠는가?"

◆ 개인이 남의 것을 탐내 훔치면 비난하면서도, 전쟁으로 남의 나라를 침략하여 무고한 인민을 죽이는 것은 오히려 칭찬하는가 하는 말이다. 묵자는 "虧人自利를 비판"하고 있다.

〈묵자의 반전운동〉
공자는 관료를 지향하는 사람으로 귀족주의적이다. 벼슬에서 쫓겨난 후 13년을 벼슬 찾아 주유했다. 그러나 【묵자는 땅을 봉하겠다는 제후의 제의도 거절하고 민중의 편에서 죽음을 무릅쓰고 반전운동을 했다.】

묵자/공수, "공수반은 초나라를 위하여 성을 공격할 수 있는 무기인 운제가 완성되자 송나라를 공격하려고 했다. 묵자가 그 소식을 듣고 제나라를 출발하여 열흘 낮 열흘 밤을 걸어서 초나라 도읍인 영에 도착하여 공수반을 만났다. … 묵자가 초나라 왕을 알현하고 말했다."

◆ 묵자는 위 문장에서 알 수 있듯이 아무런 이유 없이 남의 나라를 침략하는 것은 정당하지 못하며, 설령 침략하더라도 그 침략에 대한 대비가 되어있음을 인식시켜 침략 의지를 꺾었다. 묵자는 항상 말했다. 침략에 대한 대비를 철저히 해야 한다고 즉 有備無患 정신을 강조했다.

묵지/비공하, "큰 나라가 의롭지 않으면 협동하여 그것을 걱정해 주고, 큰 나라가 작은 나라를 공격하면 협동하여 작은 나라를 구원해 주며, 작은 나라의 성곽이 온전치 못하면 그것을 보수해주고 곡식이 모자라면 그것을 나누어주고 옷감이 부족하면 그것을 나누어 주어야 할 것이다. …… 공격과 전쟁을 하는 노력과 비용으로 나라를 다스린다면 생산은 배로 커질 것이며 군대를 동원하는 막대한 비용으로 제후들의 곤란을 구해 안정시켜주면 이로써 얻어지는 이익은 참으로 클 것이다."
◆ 묵자의 정신은 "있으면 나누고, 이웃이 부족하면 도와주어야 한다"는 것이다. 이는 곧 협동 정신이다. 협동은 인민 개개인이 주체가 되어 자주적으로 행하는 것이다. 묵자는 경주편에서 義를 설명하면서 이렇듯 "개개인이 재능에 따라 전문가가 되어 서로 부족한 점을 채우는 것이 義라고 강조"했다.

묵자/노문, "노나라 도공이 묵자에게 말했다. 나는 제나라가 우리를 공격할까 걱정입니다. 구제할 방도가 없겠습니까? 묵자가 말했다. … 내가 주군에게 원하는 것은 위로 하늘을 존숭하고 귀신을 섬기며 아래로는 인민을 사랑하고 이롭게 하며 물산을 풍부하게 하며 외교 사령을 겸손하게 하여 사방의 제후들과 禮로써 두루 사귀면 온 인민이 일어나 제나라의 침략을 방어할 것이니 걱정하는 것은 구제될 수 있습니다."
◆ 군주가 하늘의 뜻인 義를 행해서 인민들을 利롭게 하는데, 어떤 인민들이 국가의 위난 시기에 함께 힘을 모으지 않겠느냐는 것으로, 노나라 도공을 힐책하고 있다.

묵자의 철학과 그의 사상이 2,000여 년 동안 자취를 감추었었는데, 이는 유가들 특히 지배층의 탄압 때문일 것이라 생각한다.
또 묵자는 송아나를 위해 초나라의 침략을 막아주었는데도 송나라 사람들은 그를 고마워하기는커녕 냉대를 했다고 한다.

묵자/공수, "묵자는 송나라를 위해 초나라의 공격을 중지시키고 돌아가는 길에 송나라를 지나게 되었는데 마침 비가 내려서 그곳 마을 문 안에서 비를 피하고자 했다. 그러나 마을 문지기는 그를 들여보내 주지 않았다. 그래서 옛말에 이르기를, '사람들은 다스림이 신묘한 이의 공은 모르고, 싸움에 밝은 이의 공로는 알아 준다'고 말하는 것이다."
◆ 사람들은 지금도 전쟁의 파괴와 희생을 막기 위해서 애쓰는 사람의 공로는 잘 모르고, 전쟁이 나서 승리한 자를 영웅으로 기린다.

4. 《묵자 강의 1.》

안녕하십니까?
반갑습니다. 저는 묵자를 연구하는 박진우입니다.
최선웅 교수님의 배려로 오늘 묵자 사상에 관해 말씀드릴 수 있게 되어 매우 기쁩니다.
이 묵자 사상이 우리나라뿐만 아니라 전 세계에 편만해서 서로 사랑하고 서로 돕는, 그래서 두루 편안한 세상이 되었으면 하는 마음입니다.
그럼, 지금부터 묵자 사상의 대강에 대해 살펴보겠습니다.

묵자는 유가의 수직적인(고정된 신분 질서) 사고로는 인민이 삼환(헐벗고 배고프고 쉴 곳조차 없는 고통)이라는 어려움을 벗어날 수 없다고 보고, **"수평적인 관계 의식에서만 민중이 살길을 찾을 수 있다"**고 본 사상가요 활동가였습니다.

◆ 묵자를 말하기 전에 21세기 중국의 철학자 조기빈 선생은 그의 저서 『論語新探』에서
※ 【공자의 기본적인 인식에는 군자와 소인, 통치계급과 피통치계급 사이의 위계에 대해 확고한 구분이 있을 뿐이다.】
※ 【공자의 사고에는 '人'만이었지, '民'(생산계층)에 대한 인간적인 인식은 결여되어 있다.】 공자에게 있어 人은 정치의 주체이며, 民은 정치의 객체이다.
※ 그런데 묵자는 공자가 말하는 복례를 받아들인 군자가 아니라, 예를 중시하면서도 육체노동을 중시하는 소인 계층이 아닌가 말하고 있다. 왜냐하면 묵자는 육예(禮 樂 射 御 書 數)에 능통에 했으면서도 유가의 지나친 형식주의와 비능률적인 행태를 비판하면서 묵자 사상을 발전시켰기 때문이다.

묵자라는 사람의 출생지나 이름, 그리고 직업 등에 관한 정확한 기록은 분명하지 않다. 그러나 그의 『묵자』라는 책의 내용이나 기타 묵자가 언급된 고서를 보면 주로 노나라에서 활동한 사람으로 이름은 '묵적'이고, 수공업에 종사

한 사람이 아니겠는가 하는 정도이다.

※ 묵자는 시경과 서경에 많이 인용하고, 육례 즉 禮 樂 射 御 書 數에 능통했다.

2. 묵자의 주요 사상
1) 묵자 사상은 正義論이며, 또 정의의 실천 방법론이다. 그는 말한다. 【"내가 나를 다스리지 못하면, 남이 나를 다스리게 된다."】 즉 사람의 자주성과 주체성을 주장하고, 그러면서 그는 "사람마다 각각 자기가 옳다"면서 서로 다투기에 싸움이 생기게 된다. 그래서 서로 다름을 '兼愛'로써 통합하자는 것인데, 이것이 바로 '尙同' 정신이다. 곧 "民主主義"를 말하고 있다.
묵자는 正義란 하늘의 뜻이며, 곧 잘못된 것을 바로잡고(正), 사람을 이롭게 하는 것(利)이다. 또 그 정의란 성왕의 사적(역사), 인민이 보고 들은 것(여론), 인민에게 유용한 것. 이 세 가지에 부합(삼표법)된 것을 바탕으로 삼아야 한다. 그래서 【묵자가 말하는 正義】는 영구불변의 관념론이 아닌, 【시대의 흐름에 따라 변할 수 있다】는 것이다. 묵자의 사상은 "사람을 서로 도와서 이롭게 한다"라는 점에서 고조선의 건국이념인 "홍익인간 사상"과 그 맥을 같이 한다.

2) 묵자는 "천하에 남이란 없다!"(天下無人)면서, 세상에 존재하는 누구나 평등하다는 것이다. 춘추전국시대는 혈연에 따른 종법제가 여전히 위세를 떨치던 시대였다. 이런 시기에 신분 계급을 초월한, 사람은 누구나 평등한 존재라고 하는 주장은 혁명적인 선언이라 할 수 있을 것이다.

3) 묵자의 정의 실천 방법이며, **평등을 이루는 중심 사상으로 겸애 교리는**

매우 중요하다. 겸애 교리란 【힘 있는 자가 힘없는 자를 도우며, 재물을 가진자가 그렇지 못한 자를 도우며, 깨우친 자가 깨우치지 못한 자를 돕는 것】을 말한다. 더불어 【남의 나라 보기를 자기 나라같이 보고, 남의 가문 보기를 자기 가문같이 보고, 남 보기를 자기 몸같이 보라는 것이다.】 곧 겸애는 自己愛이며 利他愛이다. 愛己愛他이다.
※ 타인을 사랑함은 나를 사랑하는 것이다. 도킨스의 '이타적 행위가 결국 이

기적 행위'라는 것이다.

그러면서 묵자는 **겸애의 이로움과 해로움에 대해** 말한다. 【다른 사람을 사랑하는 자는 다른 사람이 반드시 그를 따라 사랑하고, 다른 사람을 이롭게 하는 자는 다른 사람이 반드시 그를 따라 이롭게 한다.
다른 사람을 미워하는 자는 다른 사람이 반드시 그를 따라 미워하고, 다른 사람을 해치는 자는 다른 사람이 반드시 그를 따라 해친다】라고.
노자『도덕경』77장의 【損有餘而補不足은 겸애 교리를 표현】하고 있다.
또 묵자의 겸애 교리는 非攻論과 함께 한다. 겸애는 '서로 사랑으로 돕자'라는 것인데, 어찌 전쟁을 좋아하겠는가.

4) **묵자는 반전 평화론을 강력히 주장한다**. 그는 不義한 전쟁은 방어하고 실천에 옮겼다. 그러나 겸병을 위한 공격적인 전쟁은 적극적으로 반대했다.
【전쟁】은 인민의 생활을 더욱 피폐하게 만들기에 【해서는 안 될 행위】로 규정하고 있다. 즉 그는 非攻편에서, "사람을 죽이는 것이 사람에게 이롭다는 것은 야박하다. 또 전쟁의 낭비를 계산해 보면 이것이야말로 삶의 근본을 해치는 것으로 천하 인민의 財用을 고갈시킴이 이루 셀 수조차 없다. 그러므로 전쟁은 인민을 이롭게 하는 것이 아니다"라고 기술하고 있다.

묵자는 땅을 떼어주겠다는 제후들의 제의도 거절하고 민중의 편에 서서 죽음을 무릅쓰고 반전 운동을 한 투쟁가였다. 또 그는 전쟁을 막기 위한 방어뿐만 아니라, 의식 개혁 운동을 함께 한 유세객이었다. 그는 놀랍게도 전쟁으로 인한 재화의 낭비와 노동 손실을 지적하고, 전쟁 비용으로 적국에 경제 원조를 해서 적국의 인민을 도와주는 것이 하늘의 뜻인 正義이며 평화의 길이라고 설득했다.

묵자가 이처럼 방어 전쟁과 의식 개혁 운동을 병행한 것은 군주와 국가, 도리와 진리 등 그 【어떤 보편적인 이념보다도 인간의 생명과 민중의 이익을 더 중시한 사상가】였기 때문이다. 그는 대취편에서, "한 사람을 죽여 천하가 보존된다고 하더라도 (무고한) 살인은 천하를 이롭게 하는 것이라고 말할 수 없다"라고 주장했다. 그는 "네 이웃을 남같이 사랑하는 것"이 겸애 정신이라고 누누이 강조한 【인권 운동가】이다.

묵자는 이웃을, 남의 나라를 겸애 정신으로 사랑하고, 교리 정신으로 서로를 이롭게 하려 한다면, 어찌 전쟁이 필요하겠는가 하면서, 전쟁은 이겨도 상처만 남고 막대한 비용 낭비를 초래하기에 해서는 안 될 행위로 보았다. 전쟁은 하늘의 뜻인 正義에 反하는 不義라는 것이다.
【묵자는 전쟁에 대해 정치적·경제적·사회적으로 연구한 전쟁 이론가요 반전을 조직적으로 전개한 평화운동가이다.】

5) 묵자는 【사람은 노동한다는 점에서 다른 동물과 다르다】는 노동의 의미와 중요성을 발견한 인류 최초의 사상가였다. 그는 【사람은 짐승과는 달리 노동에 의지해야만 살아갈 수 있고 노동하지 않으면 살아갈 수 없는 존재다.】라고 주장하면서, 자기 노동과 노력 없이 남을 해쳐서 자기의 이익으로 삼거나 노동과 노력 없는 부귀를 극구 반대했다. 그는 【자기 노동을 중시했으면 실천만이 살길이라 강조했다.】

6) 묵자는 운명론을 부정하면서, 자기 운명, 즉 인간의 역사는 미리 결정된 것이 아니라 인간 스스로의 선택이라고 말한다. 주체적이고 자주적인 인간이기에 자기 운명은 자기의 노동과 노력을 통한 자기 선택이라는 것이다. 그러면서 말한다. 【삼가라! 天命은 없다! 오직 나는 사람을 높이고 말을 지어내지 않는다. (운명은)하늘에서 내리는 것이 아니고 스스로 얻는 것이다."】

7) 묵자는 尙賢을 말한다. 이는 유가의 尊賢과 다르다. 尊賢은 유가의 종법제(신분제에 따른)에 따른 현인을 존중해서 등용하는 방식이고, 尙賢은 신분 등과 관계없이 어질고 능력이 있으면 누구나 등용해야 한다는 점에서 유가와 다르다.】 즉 "비록 농업이나 상공업에 종사하는 사람일지라도 능력이 있으면 등용해서 벼슬을 높여주고 녹봉을 무겁게 해 준다"라고 말한다.
그러면서 "관리라 해서 언제까지나 귀한 것이 아니고, 백성이라 해서 언제까지나 천하지는 않았으며, 유능하면 등용되며 무능하면 쫓겨났다"라고 말했다. 현대말로 능력에 따른 사회를 지향하므로 어질고 능력이 있으면 등용되어 대통령도 되고, 그렇지 못하면 대통령이 되었더라도 탄핵되어 파면될 수도 있다는 것이다.

8) 묵자는 비판을 긍정적으로 생각한다. 다만 비판하되, 대안을 가지고 비판하라는 것이다. 무작정 비난하지 말라는 것이다. 그러면서 【언론의 중요성을 말한다.】 그 원문을 싣는다. "(선출된) 군주는 반드시 군왕의 뜻을 거스르는 (직언을 하는) 신하가 있어야 하고, 윗사람에게는 반드시 바른말로 따지는 아

랫사람이 있어, 의견이 갈리어 오랫동안 논쟁하고, 서로 경계하며 충고해야만 나라를 오랫동안 보존할 수 있다."라고 말했다. 즉 그는 윗사람이 옳은 길로 가면 옳다고 말하고 그른 길로 가면 그르다고 말해야 한다면서, 윗사람이 잘못을 하면 規諫, 즉 잘잘못 고치도록 간해야 한다는 것이다. 그러면서 그 規諫도 삼표법(역사적 사실, 인민의 여론, 인민에게 유익됨)을 따져서 해야 한다고 주장한다. 이와 같은 주장은 21세기 현대에도 통용될 수 있는 주장이라 할 것이다.

묵자는 "비판이란 잘못된 행실을 밝히는 것이다"라면서, 비판의 필요성을 강조한다.

9) 상동의 상고제는 전국의 행정조직을 통한 민원해결 제도이다. 묵자는 上告制를 통해 상하 간의 소통을 강조한다. 전국의 행정망을 통해서 인민들의 動靜을 잘 살피고 그들의 實情을 알아서 해결해 준다는 것이다. 그러면서 上同而不下比를 말한다. 즉 위아래가 '소통을 통해 하나의 의사로 결정된 것'을 다시 파행해서는 안 된다는 것이다. 이는 【위아래 사람들이 소통을 통해 민주적으로 결정된 사안(正長의 역할)】을 다시 패거리를 이뤄 문제로 삼아서는 안 된다는 통합 정신을 말한다. 그러면서 【尙同은 "장강과 황허의 물은 한 근원에서 나온 물이 아니며, 천 냥의 값진 가죽 옷은 한 마리의 여우 가죽이 아니다." 이 원문에서 언급되는 것처럼 尙同은 제각각 자기 능력에 따른 직업을 가진 사람들이 자기 영역에서의 역할에 따라 서로 협동하여 하나의 통일된 실체를 형성해 가는 것이다. 이것이 바로 민주론 이다. 다양한 의견을 하나로 통일시켜 가는 제도 곧 상동이다.】 즉 상하 간의 의사소통을 통해(上下情請爲通) '천하의 뜻을 하나로 모으는 것'이 상동이다.

상동 체계는 인민 개개인이 자유의지를 지닌 평등한 주체로서의 행위를 통해 다양한 여론을 수렴하는 민주주의적 색채가 매우 강한 제도이다. 이는 아래로부터의 민의를 수렴해서 공동체 구성원의 이익을 보장하기 위한 수단이요 과정이다.

10) 묵자가 **꿈꾸는 사회는 안생생한 대동사회**[22]였다.

---

22) 대동사회란 【『예기』 「예운」, "大道가 행해지니 천하는 만민의 것(百姓爲人)이 됐고, 어질고 유능한 자가 선출되어(尙賢) 신의 있고 화목하게 됐다. 자기 부모만 사랑하지 않고 자기 자식만 자애하지 않고(兼愛), 늙은이는 수명을 다하고 젊은이는 재능을 다하고 어린

묵자는 '**노동**'을 중시한다. 그래서 그는 힘들여 일하는 자는 살고, 힘들여 일하지 않는 자는 살지 못한다고 말할 정도이다. 그러면서 남이 이룬 성과를 훔치는 것을 경계한다. 즉 묵자는 노동에 대한 정당한 대가는 사회적으로 보장되어야 하며, 노동에 대한 【기여도에 따라 분배】되어야 한다고 강조한다. 묵자는 【능력에 따라】 벼슬을 주어 현명한 사람을 존중하여야 하며 비록 천한 출신이라도 능력이 있으면 등용해야 한다고 주장하였다.

묵자가 가장 강조하는 것은 【사회적 분업】이다. 즉 능력에 따른 사회적 분업을 강조하면서, "무릇 지혜로운 사람은 자신의 능력이 이르는 바를 헤아려 일에 종사한다"고 말했다. 그러면서 군자와 천인은 혈연에 의한 세습이 아니라 능력에 따라 구분되어야 한다. 그러면서 사람들은 각각 잘하는 일에 종사하여 전문가가 되어야 함을 강조했다. 한 마디로 묵자는 모든 개인은 자신이 잘하는 일에 종사하여야 하며, 능력에 따라 사회적 분업이 이루어져야 효율적이라고 생각했다. 이것이 곧 겸애로서 상동이다.

묵자 정치사상의 특색은 평등론과 대동(大同은 小異로 되어있다) 사회론이라고 할 수 있다. 묵자 평등론의 근원은 하늘의 뜻에 두는 천부인권론이다. 그러므로 그의 평등론은 신분·빈부로 인해 차별받지 않은 기회의 평등이다. 즉 그는 인권의 평등을 주장한 것이지, 소득의 평등을 주장한 것이 아니다. 그는 【餘卽分】이라 하면서 여유 있으면 나누자는 주장을 한다.

3. 결 어

이상으로 묵자 철학의 대강을 알아보았습니다. 묵자는 정의롭고 평등한 공동체인 대동사회를 추구했습니다. 19세기 프랑스 사상가 【토크빌은 평등은 민주】라 했습니다. 그러므로 묵자는 민주 사상가라 말할 수 있을 것이다. 20세기 민주주의 사상가인 【로버트 달은 민주주의는 "조건과 상황이 적합하다"면 시기와 관계없이 이룰 수 있는 이념】이라고 말했습니다. 2500여 년 전의 묵자의 사상이 어찌 현대어의 민주(평등)사회와 복지개념을 갖춘 대동사회를 말하고 있다고 하지 않겠는가!

이는 무럭무럭 자랐으며, 홀아비·과부·늙은이·병자도 모두 편히 부양받았다. 남자는 직분이 있고 여자는 시집갈 수 있었다. 재물을 낭비하는 것을 싫어했지만(節用) 자기만을 위해 소유하지 않았으며(交利), 노동하지 않는 것을 싫어했으나(非命·非樂), 반드시 자기만을 위하지 않았다. 간특한 모의가 통하지 않았으니, 대문을 닫지 않고 살았다(安生生社會). 이것을 일러 大同이라 말한다."】

(사람들 간에 서로 이롭게 하자는 묵자의 정의론, 이의 실천방법으로서의 겸애와 교리 얼마나 아름다운, 세상 살맛 나게 하는 주장인가!)

◆ "우리는 함께 살아야 한다."
어느 서양 사회생태학 연구자들이 라다크 지역의 어떤 마을에서, 조용한 분위기에서 연구를 진행하기 위해 방이 더 하나 필요하다고 느꼈다. 기존에 얻은 집은 어린아이들이 많아 시끄러웠기 때문에 옆집의 방을 하나 더 얻으려는 것이다.
그런데 옆집 주인은 고집스럽게 방을 빌려줄 수 없다며 거절했다. 그 이유는 기존 집 주인이 나의 이웃이며 공동체의 일원인데, 그들의 동의 없이는 방을 빌려줄 수 없다는 것이다. 라다크 사람들에게 【최우선의 고려 사항】은 돈을 버는 것보다 【이웃들과 좋은 관계를 유지하는 것】이었다. 즉 공동체 내에서의 【'共存'을 우선】시하는 것이다.
소규모의 공동체에서 상대의 마음을 상하게 하거나 화를 내서는 안 된다는 배려가 전통적인 관습이 되어 있는 것 같다. 사람들은 마찰이나 갈등이 생길 만한 상황을 만들지 않는다. 이와같은 배려심이 공동체에 더 깊은 안정감을 준다.
【이웃은 '함께 사는 존재'라는 의식】이 내면화되어 있는 라다크 주민들...
또 마을 공동체마다 마을협의회가 있어, 각 마을의 대표들이 돌아가면서 議長 역할을 한다. 법률 체계라는 것이 완벽할 수는 없겠지만, 작고 긴밀하게 짜인 공동체에 기반을 두고 사람들이 자율적인 조정 과정을 통해 문제를 해결하도록 하는, 이 라다크의 체계보다 더 효과적인 방법은 없을 것이다. 분쟁을 해결하는 사람들이 그것에 연루된 당사자들을 잘 알고 있는 경우에(사건 당사자들이 이웃 사람들이기에 서로를 잘 아는 관계) 그 판단과 결론이 공정할 수 있다는 것이다. 오히려 그런 친밀함이 더 합리적인 결정을 하도록 한 것이다. 작은 규모일수록 보다 인간적인 형태의 사회정의를 기대할 수 있을 뿐만 아니라, 큰 규모의 공동체에서는 일상적으로 나타나는 갈등 요인들을 방지할 수도 있겠다. 라다크에는 100가구가 넘는 마을이 거의 없어서 그 생활의 규모에 있어서는 모든 주민의 직접 접촉과 상호의존도가 아주 높다고 할 수 있다. 주민들은 자신이 속한 공동체의 구조와 조직의 성격에 대해 잘 이해할 수 있고 총괄적으로 조망할 수 있다. 또한 자기 행동이 어떤 영향을 미칠 수 있는지, 그것이 다른 사람의 눈에 얼마나 잘 띌지를 알고 있어서 더욱더 책임 있는 행동을 하게 된다.

더불어 경제적 혹은 정치적 상호작용 역시 거의 직접 대면 수준으로 이루어진다. 라다크 주민들은 자신들의 생활에 있어 많은 부분을 스스로 조정하고 통제한다. 그래서 【개인의 이익과 공동체 전체의 이익이 어긋나지 않는 사회】에서 살고 있다. 즉 한 사람의 이익이 다른 사람의 손해로 이어지지 않는다는 것이다. 그 사람들은 【'남을 돕는다는 것이 자기에게 이익이 되는 것'이라 생각】한다. 경쟁이 아닌 상호협조를 통해 경제의 모습을 만들고 있다. 곧 상호발전과 통합의 사회라 하겠다. 이렇게 상호부조가 이루어지는 과정에서도 인간 중심적 공동체는 유연하게 작동한다.

《묵자 강의 2》

이번 묵자에 관한 설명은 《묵자 대화편》을 중심으로 하겠습니다.
묵자의 사상을 말하기 전에, 인도 사상가요 철학자인 간디가 자기 손자에게 한 말을 우리 사회에 적합한 말로 고쳐서 전달하는 【덕산 김덕권 선생의 글】을 전달하고자 합니다. 왜냐하면 묵자가 말하는 것과 일치된 부분이 많기 때문입니다.

　【사회를 병들게 하는 7가지 악덕】
첫째, 【철학 없는 정치】입니다.
정치가 무엇인지도, 누구를 위한 것인지도 생각하지 않고, 그저 권력욕, 정권욕에 사로 잡혀 통치한다면 국민은 불행하다는 것입니다.
※ 묵자의 天志가 추구하는 正義개념.
둘째, 【도덕 없는 경제】입니다.
경제는 모두가 【"다함께 잘살자는 가치"】가 깔려 있어야 합니다. 거래를 통해 손해를 보아 피눈물 나는 사람들이 생겨서는 안 되는 것이지요. 가진 자의 무한 탐욕은 억제돼야 합니다.
※ 묵자는 겸애 교리를 가치 기준으로 삼고, 섬김과 나눔을 강조.
셋째, 【노동 없는 부(富)】입니다.
이를 불로소득이라고 하지요. 열심히 일해 소득을 얻는 이들의 근로의욕을 말살시키고 노동 가치를 떨어뜨리는 부의 창출이 방임되어서는 안 됩니다.
※ 묵자에게 노동과 노력은 매우 중요한 가치다. 그는 虧人自利를 배격해야 한다고 주장.
넷째, 【인격 없는 지식】입니다.
교육이 오로지 실력 위주로만 집중될 때, 인간 말종들이 양산되는 것이지요. 교육은 잘난 사람 이전에 【잘된 사람을 키워야 합니다.】 인격 없는 교육은 사회적 흉기를 양산하는 것만큼 위태로운 것이지요.

※ 묵자는 正義가 무언지 모르면 正義를 실천할 수 없다면서 교육의 중요성을 말한다.
다섯째, 【인간성 없는 과학】입니다.
자연환경에 대한 무분별한 개발과 AI 등, 몰인간적 과학기술은 인류를 결국 파멸의 길로 인도할 위험이 크다는 말입니다.
여섯째, 【윤리 없는 쾌락】입니다.
삶의 즐거움은 행복의 기본 선물이지요. 하지만 자기의 행복만을 위해 좇는 무분별한 쾌락은 타인에게 혐오와 수치를 주기 마련입니다.
※ 묵자는 삼환에서 벗어나려면 지도층이 솔선수범해서 낭비를 줄이고, 음악에 지나치게 탐닉해서는 안 된다고 주장
일곱째, 【헌신 없는 종교】입니다.
종교는 타인을 위한 헌신과 희생, 배려와 봉사를 가르칩니다. 인간으로서 최고의 가치이지요. 하지만 종교에 헌신이 빠지면 도그마가 되고 또 하나의 폭력이 됩니다. 순결한 영혼에 대한 폭력이지요.
※ 묵자는 하늘을 존중하고 귀신을 이롭게 해야 한다고 주장.

대화편은 모두 5개로 구성되어 있는데, 묵자와 제자들 유가들 그리고 지배자들과의 대화로 되어 있다. 대화편을 통해 묵자의 인간상과 墨家의 성격을 파악할 수 있게 된다.
또 대화편에서는 주로 儒家에 대한 비판이 주를 이루는데, 儒家에 대한 비판은 논리적으로 厚葬久喪과 運命論, 그리고 禮樂과 연결되어 있지만, 당시 儒家의 선비나 군자들의 행태가 상인이나 수공업자보다 못하다고 일침을 가하고 있다. 이는 묵자의 경험주의적 실용주의 노선을 잘 나타낸다.

1. 교육의 중요성
묵자는 세상을 올바르게 살아가려면 배워야 한다. 즉 正義 실천도 정의가 무

엇인지를 정확히 알아야 올바르게 실천할 수 있다고 주장하였다.

① 묵자는 신체가 건강하고 생각이 잘 통한 제자에게 우선 배워라. 그러면 장차 그대를 벼슬 시켜주겠다고 권하면서, 배우지 못하여 올바르게 행하는 것(義)이 무엇인지 알지 못하여, 不義를 저지르면 사람들이 비웃을 것이다. 그러니 "먼저 배워야 한다"라고 권유하였다.

【묵자의 교육 목적은 義를 배워서 실천하게 하는 데 있다.】
② 또 자기 집안 사람 중에는 배운 자가 없으니, 배우지 않겠다는 제자를 설득하며 말하기를, "무릇 부귀를 바라는 자가 어찌 우리 집안사람들은 부귀하기를 바라는 사람이 없어서 부귀하기를 바라지 않는다고 말하겠는가?"라고 말한다. 집안에 배운 자가 없더라도 배우기로 작정하고 배운다면 배운 자가 된다는 것이다.
【배움에는 귀천이 불문이다】
③ 또 몇 사람의 제자들이 묵자에게 활 쏘는 법을 배우겠다고 하자. "묵자는 지혜로운 자는 반드시 자기의 능력이 이르는 바를 헤아려 일에 종사한다." 두 가지 일을 겸하면 하나도 제대로 하기 어렵다면서 자기 능력에 적합한 일을 헤아려서 직업을 정하되 【각 분야의 전문가'가 되어 서로 협력 협동할 것을 제안】한다. 이것이 겸애이고 상동이다.
④ 묵자는 모든 것을 다 가르칠 것이 아니라, 부족한 부분을 살펴서, 가장 필요한 부분을 먼저 가르쳐야 한다는 것이다. 즉 어떤 니리에 들어가면, 반드시 힘쓸 일을 택해서 종사해야 한다. 나라가 혼란하면 상현과 상동을 말해주고, 나라가 가난하면 절용과 절장을 말해주어야 하고, 나라가 음악을 좋아하여 거기에 빠져있다면, 비악과 비명을 말해주며, 나라가 음란하고 에기 없으면 존천과 명귀를 밀해주며, 나라가 약탈과 침략에 힘쓰면 겸애와 비공을 말해주어야 한다. 그래서 【힘쓸 일을 선택해서 종사해야 한다】고 말한다.
⑤ 현명한 사람은 홀로 의로움을 행하는 것보다는 세상 전체를 의로움으로 이끌어줄 의무가 있다는 것이다. 즉 물고기를 잡아 주는 것보다는 '물고기 잡

는 방법을 알려주는 것'이 바로 '義'라면서 【공동체에 도움이 되는 삶이 의로운 삶】이라고 설파한다.

◆ 《직접 利로움을 베푸는 것보다 義로운 행위가 무엇인지를 알게 하는 것이 세상에는 그 이익이 크다는 것이다. 義로운 것이 무엇인지를 알게 되면 공동체의 이익을 위해서는 무엇이 이로운지를 알게 된다.》

※ 묵자는 '배우는 일(學)과 의로움을 행함(爲義)을 동일시하는 교육관을 지녔다.

※ 묵자는 노동을 중시하고 겸애를 주장하지만, 민중을 가르치어 각성토록 "교육하는 것을 강조"하고 있다. 묵자나 예수나 수운이나 모두 다 "민중의 각성을 촉구"한 선각자들이다. 민중이 깨치지 않으면 사회 개혁은 생기지 않는다.

2. 利보다 중요한 것은 義이다.
萬事莫貴於義

① 분업을 통해 '협동하는 것이 正義의 실천'이다. 묵자는 분업에 대해서 여러 곳에서 강조한다. 남에게 의로운 일을 하려면 자신에게 적합한 일을 함으로써 남에게 의롭고 이로운 일을 할 수 있다는 것이다. 즉 "正義를 행하는 것은 담장 쌓는 것과 같다. 흙을 잘 다지는 사람은 흙을 다지고, 흙을 잘 운반하는 사람은 흙을 나르고, 감독할 만한 사람은 감독한 후에 담은 완성된다. 의를 행하는 일은 이와 같아서, 변론을 잘하는 사람은 변론하고, 책 해설을 잘하는 사람은 책을 해설하고, 일을 잘 처리하는 사람은 일을 잘 처리하는 것이다. 그런 연후에 의로운 일이 이루어진다"고 말한다. 이것은 尙同에서 말하는 '尙同의 上下 간의 직분을 나누어서' 국정을 행하는 것도 같은 이치라는 것이다.

※ 묵자가 현대적인 분업 정신을 지니고 있었다는 것은 놀라운 일이다. '겸애 정신'은 서로 제각기 능한 일을 해서, 서로 부족한 부분은 메꿔주는 협동을

강조한다. 그래서 묵자는 누구나 자기 적성에 맞는 일을 해야 능률이 오르므로, 귀천과 관계없이 부지런히 일해서 삼환을 극복하는 것을 최우선으로 하고 있다.

② 묵자는 正義를 행하는 것은 **결과도 중요**하지만 【솔선수범하는 동기도 중요】하다고 말한다. 사례를 들면, 지금 여기에 불이 났는데, 한 사람은 물통을 들고 끼얹으려 하는데 한 사람은 횃불을 들고 불을 더 붙게 하려 한다고 하자. 결과는 모두 드러나지 않았다. 그대는 두 사람 중에서 누구의 뜻이 귀하다고 생각하는가?

※ 묵자의 사상은 功利主義만을 추구하는 것이 아니라, 動機主義的인 철학이라 할 수 있다. '正義'를 묵자의 핵심 사상이라 할 수 있는데, 어찌 正義를 행하는 것이 공리주의적인 결과적인 이익만을 취해서 하겠는가?

③ 묵자는 【正義는 마땅히 행해야 할 행위】라고 주장하면서, 비유를 든다.

"지금 여기에 그대에게 두 명의 신하가 있는데, 한 사람은 그대가 보면 일하고, 그대가 보지 않으면 일하지 않는다. 또 한 사람은 그대가 보아도 일하고 그대가 보지 않아도 일을 한다. 그대는 이 두 사람 중에서 누구를 귀하게 여기겠는가?"

※ 正義를 실천하는 것은 남을 의식해서 하는 행위가 아니라 하늘의 뜻이기에 행하는 것이며, 【'자기가 옳다'고 여기는 正義】를 충실히 실천하는 사람이 귀하다는 것을 말하고 있다.

④ 묵자는 당시에 제자들을 양성하여 제후국에 보내 벼슬을 하게 하였다. 그런데 제자 중에서 '正義를 실천하는 제자'가 있는가 하면, 正義보다는 '사적인 이익에 몰두하는 제자'가 있었다. 이 두 제자를 비교하면서 正義(올바른 일을 하는 것)가 利(私益)보다 중요하다고 강변한다. 또 正義를 말하면서 행동으로 옮기지 않는 제자를 비난한다. 묵자는 말로만 의로움을 내세우면서 의로움을 실천하지 않는 자는 사기꾼이라며, 【물질적인 利보다는 正義를 중히 여긴다.】

※ 묵자는 천하에 정의로움보다 귀한 것은 없다. 천하를 줄 테니 그대의 목숨을 버리겠는가? 반드시 그렇게 하지 않을 것이다. 천하라 하더라도 자기의 몸보다 귀하지 않기 때문이다. 【그러나 사람은 한마디의 말(정의관)로 다투다가 서로 죽이는데, 이것은 정의로움이 자신의 목숨보다 귀하기 때문이다.】
⑤ 묵자의 철학은 【利의 바탕을 正義】에 두고 있다. 그러면서 正義를 행함에 있어 능하지 못할지언정 반드시 그 道를 어기면 안 된다. 비유하자면 목수가 나무를 깎다가 잘되지 않는다고 그 먹줄을 배척하지 않는 것과 같다고 하면서, 【正義를 윤리의 원칙으로 삼되 꾸준히 행하는 것이 중요】함을 말한다.

3. 실천하지 않는 앎(지식)은 헛된 지식이다.

① 묵자는 말한다. "실천할 수 있는 말은 자주 해도 되지만, 실천할 수 없는 말을 자주 하면 입만 더러워진다고!" 그만큼 묵자는 실천을 강조한다.
묵자가 노나라에서 제나라로 가다가 옛 친구를 방문했다. 그 친구는 지금 천하에 正義를 행하는 사람이 없는데, 어째서 그대는 홀로 고통 속에서 正義를 행하는가. 그대는 그만두는 것이 낫지 않겠는가? 하고 권한다. 묵자는 말한다. "지금 천하에 의를 행하는 사람이 없는데, 그대는 마땅히 내가 의를 행하기를 권해야지 어째서 그만두라고 하는가?"
② 장사하는 상인은 온갖 어려움을 무릅쓰고 장사를 하기에 많은 이익을 남긴다. 선비들도 앉아서 말로만 正義를 말할 것이 아니라, 돌아다니면서 의로운 행위를 한다면 장사치보다 훨씬 더 많은 이로움을 세상에 남기게 될 것이라고 말하면서 실천을 강력히 주장한다.
※ 묵자는 선비들이 가만히 앉아서 正義를 말로만 할 뿐, 실천하지 않음을 비난한다. "正義를 알면서도 실천하지 않는 것은 선비의 도리가 아니다."라고 하면서 【언행일치를 주장】한다.

4. 전쟁 방지를 위한 묵자의 노력

전쟁은 서로 손해이다.

① 고대나 현대나 인민들의 경제적인 삶이 가장 중요하기에 묵자는 특히 삼환을 해결하기 위해서는 생산을 중요시하지 않을 수 없었다. 그러므로 【전쟁하는 것】은 엄청난 낭비를 초래해서 서로에게 이익보다는 손해를 가져와서 인민의 삶을 피폐케 하는, 【해서는 안 될 행위】라는 것이다. 묵자는 초나라의 노양문군에게 "초나라 영토는 넓은 황무지가 많아 이루 다 개척할 수 없고, 또 빈 고을이 수천 군데라 백성들이 들어가 살지도 않는다. 그런데도 송나라와 정나라의 한적한 마을을 보고, 눈알을 번득이며 그것을 도적질하려는데, 이것은 진실로 도벽이다"라고 말한다. 즉 불필요하게 남의 것을 탐하는 것은 도벽 때문이지 필요하기 때문이 아니라는 것이다. 불필요한 침략으로 남의 나라를 공격하는 것은 쓸데없는 버릇이라는 것이다.

② 또 초나라 노양문군이 정나라를 공격하려 하면서, "내가 정나라를 공격하는 것은 '하늘의 뜻에 따르는 것이다'라고 하자, 비유하자면 여기에 어떤 사람이 그 자식이 포악하고 사람이 될 것 같지 않아서 그 아비가 볼기를 치는데, 그 이웃집 아비가 몽둥이를 들고 그를 치면서 말하기를, '내가 그를 치는 것은 그 아비의 뜻에 따른 것이다'라고 말한다면, 어찌 도리에 어긋나지 않겠습니까? 하면서, 남의 일에 지나치게 간섭하는 것을 비판하고 있다.

③ 초나라가 운제라는 공격용 사다리를 만들어 송나라를 공격하려 하자, 묵자는 초나라는 영토도 넓고 부유한 나라인데 어째서 작고 가난한 송나라를 공격하려 하느냐면서 공격 전쟁을 중지할 것을 요구했다. 또한 공수반이라는 운제 제작자에게 【많은 사람을 죽이는 살상용 무기를 만든 것은 의롭지 못한 행위】라고 질책했다.

묵자가 공격적인 전쟁을 반대한 것은 군주와 국가, 도리와 진리 등 그 【어떤 보편적인 이념보다도 인간의 생명과 민중의 이익을 더 중시】했기 때문이다.

묵자는 이웃을, 남의 나라를 겸애 정신으로 사랑하고, 교리 정신으로 서로를 이롭게 하려 한다면, 어찌 전쟁이 필요하겠는가 하면서, 전쟁은 이겨도 상처만 남고 막대한 비용 낭비를 초래하기에 해서는 안 될 행위로 보았다. 전쟁은 하늘의 뜻인 正義에 反하는 不義라는 것이다.

이상으로 묵자 대화편의 내용을 중심으로 말씀드렸습니다.

묵자는 정의로운 사회를 이루기 위해서는, 겸애와 교리, 비공 비명과 비악, 절용 절장, 그리고 상현과 상동이 필요하다고 말합니다. 묵자가 추구하는 사회는 우리가 추구하는 민주복지사회와 그 맥이 같다고 할 만합니다. 그래서 저는 철학은 우리의 현재와 미래를 밝혀주는 등불이라 생각하기에, 묵자 철학이 우리 사회를 이끄는 바탕이요, 등불이 되었으면 하는 바람입니다.

⟨묵자 강의 3.⟩

《고조선의 홍익인간 사상에 관한 연구》

가장 적응을 잘한 種들은 육체적으로 가장 강하거나 제일 교활한 種들이 아니라, 공동체의 이익을 위해 강하든 약하든 동등하게 서로 도움을 주며 합칠 줄 아는 種들이었다. 『種의 기원』을 쓴 다윈은, "가장 협력을 잘하는 구성원들이 가장 많은 공동체가, 가장 잘 번창하고 가장 많은 수의 자손을 부양한다"라고 말하고 있다.[23]

우리 민족의 건국이념인 홍익인간 정신과 묵자의 겸애 교리 정신은 바로 위에서 밝힌 【상호부조를 통한 공동체 번영】을 위한 이론이요 사상이 아닌가 한다.

⟨차 례⟩
1. 고조선의 홍익인간 사상을 『삼국유사』를 중심으로 살펴본다.
2. 홍익인간 이념이 추구하는 것은 【인간의 행복】에 있다.
3. 홍익인간이 함축하고 있는 철학은 지상 천국의 평화적 건설이다.
4. 홍익인간 이념에 대한 결어.

1. 고조선의 홍익인간 사상을 『삼국유사』를 중심으로 살펴본다.
 현대 민주주의의 발단이 자유·평등·박애의 3대 사상에서 기원하였다면 단군 사상이야말로, 민주주의 사상을 구현한 바로 생각된다.
檀君史話의 사상을 분석하면 기본 골자에 3대 요소가 있으니, 그것은 【數意天下】【貪求人世】 및 【弘益人間】의 이념이다. 數意天下는 박애주의이며, 貪求人世는 평등주의, 弘益人間은 자유주의로 해석한다.

---
[23] P.A 크로포트킨, 『만물은 서로 돕는다:상호부조론』 27p.

昔有桓因 庶子桓雄. **數意天下 貪求人世**, 父知子意,
下視三危, 太伯, 可以**弘益人間**.
옛날에 환인의 서자 환웅이 있어 **항상 천하에 뜻을 두고**
인간 세상을 탐내거늘 아버지가 아들의 뜻을 알고
삼위태백을 내려다보매 **인간 세상을 널리 이롭게** 할만하였다.
『삼국유사』 중에서

1) "數意天下"는 **박애 정신**을 표현하고 있다. 환인인 하느님께서 천하를 창조하시고 또 그것을 주재하시면서, 세계를 위하여 **만물과 인간을 사랑하신다**는 것이니, 이것이 박애 정신이다. 그래서 아들이 환웅을 세상에 내려보내 風雨와 穀食, 인간의 수명, 질병, 형벌과 善惡 등 인간의 일상생활 전반을 주관하시었다는 것은 全知全能하시고 無所不在하신 하느님의 仁慈하심이 전 인류에게 普遍均霑(보편균점)하시었다는 것이니, 즉 박애 사상이며 人類相愛의 정신을 示範하신 것이다.

2) "貪求人世"는 **평등 정신**을 표현하고 있다. 貪求人世를 하느님께서 "인간 생활을 탐내어 구하였다"라고 직역함은 부당하다. 그 참뜻은 인간 생활에 매우 많은 관심으로 사랑할 뿐만 아니라 인간과 함께 생활함을 말하고 있다. 貪求人世라는 표현은 하느님이신 환웅께서 인생과 직접으로 밀접한 관계를 맺게 되니 인간 사회에는 비로소 심령이 감동되어 사상적 혁명이 일어나게 되었다. 그 사상적 혁명인 貪求人世의 관념으로 인하여 인류 사회에는 후일의 인류 평등 관념, 국민 평등주의, 愛隣(이웃사랑)사상, 사해일가적 사상, 세계 평화주의의 발단을 보게 되어, 이 【神人合致의 사상】은 드디어 상호부조, 계급 타파, 만민 평등의 이념을 釀成(양성)하여 인류가 발진한 것이었다. 여하간에 【평등사상의 근본이 본래 神人合致의 원시관념에서 출발한 것】은 사실이다.

【貪求人世】는 지상 천국의 건설을 理想으로 삼는 것이며 인간 공동생활에 평등하고 고상한 도덕 정신의 수립을 제창하는 것이므로, 정치면에 있어서는 국민의 기회균등, 복지 증진과 국민의 최저생활 보장 등을 즉, 【인권 보장의

기본 관념의 실천을 요구】함에 있다.

3) 홍익인간 정신은 【인간 생활의 향상을 의미한다.】 인간 생활의 향상은 물질적인 여유 없이 실현 불가능한 것이다. 홍익인간의 방도로써 【主穀, 主命, 主病, 主刑, 主善惡, 凡人間三百六十餘事, 在世理化】라고 한 것은 인간 일상생활의 萬事를 在世理化, 즉 합리적인 이치로써 변화 발전시킨다는 것이다. 다시 말해 농업과 기타의 생활과학의 연구, 실천, 발전이 곧 主穀을 의미하며, 의학의 발달을 도모하여 공중위생 시설과 보건사업을 확충·발전하는 것이 主命과 主病이 되고, 主刑은 사법제도의 완벽 실시이며, 主善惡은 교육의 보급, 문화의 향상, 종교의 실천 등의 도의관념의 함양을 의미하여 전반적 【인간 생활의 향상 발전의 원리】를 언급한 것이다.

그런데 인간 생활의 향상에는 자유주의가 가장 중요하다. 종교의 자유, 언론의 자유, 집회의 자유, 출판의 자유 없이는 인간은 부자유한 구속적 생활, 또는 피동적이며 기계화된 생활의 범위 내에서 그 침울한 정신과 단조롭고 무미건조한 고통스러운 생활을 벗어나기 어려울 것이다. 그래서 자유가 중요하다. 이 자유주의는 개인 의사를 존중하되 그 개인 意思의 건설 면과 사회적 요소를 존중함이지, 결코 사회를 이탈한 개인주의, 사회에 해로운 개인의 의사는 사회의 적이며 利己主義에 불과하고 자유주의의 범주를 이탈하고 있다. 자유주의는 사회 전체를 위한 자유이며 사회에 연대성이 있고 사회를 위한 자유주의이며 【사회 전체에 유익한 자유주의】를 의미해야 그 생명이 유지될 수 있다.

거꾸로 사회의 조직, 제도와 그 유지에 이롭지 못한 자유주의는 자연 해소되고 없으며, 그 자유주의 자체가 사회의 적으로 변할 수 있다. 즉 【사회를 떠난 개인이 없는 것처럼 사회 대중의 복리를 떠난 자유주의는 최초부터 그 존재가 萬無한 것이다.】

선진국의 민주주의는 원칙상 자유는 권리와 의무가 對等 相半이며, 의무 실천에서만 그 권리가 발생하는바, 의무와 권리의 일체성을 갖고 있다. 그러나 후진국에서 자유는 강자의 자유이며 권력자의 자유로써 행세 되니, 자유의 일면이 되는 권리의 주장만이 강조되며 자유의 他一面의 의무는 약자에게만 강요되는 사실이 허다한 것은 일종의 폭력행위이며 여차한 폭력행위는 국민이 용납할 수 없다. 소위 萬民은 神과 법률 앞에서 평등하며, 그 【평등의 토대에서만 비로소 자유】가 있다고 본다.

현재 공산주의 국가에서는 天賦의 자유가 부인되는 一面, 민주주의 국가에서는 진정한 평등이 등한시되는 것도 사실이다.
자유와 평등의 균형이 국가의 기능으로써 공평하게 조절되어야 한다. 방자한 자유, 폭행성 자유는 민주주의의 적이다.
인간의 자유는 소중하다. 그러나 자유를 선용치 못하고 오히려 악용하는 사회의 자유주의는 자연법칙상 소멸되고 있으며 또, 일부 국민의 자유주의를 위하여 국민 전체가 그 해독을 받을 경우라면 전체의 이익을 위하여 우리는 자유의 모독을 제거하면서 자유를 옹호하여야 한다.
만일 정부가 일부 특권자를 위하여 국민 전체의 자유를 무시, 혹 삭탈한다면 그것은 국민의 정당한 정부에 대한 투쟁의 개시이며, 국민의 정당한 주장이 관철되지 못할 때는 안전판의 경적 작용으로써 자제하는 행동의 혁명이 발생하고, 그 혁명이 단시일 내에 해결이 되지 못하면 외국의 간섭을 초래하고 그 외국의 간섭이 성공할 때, 국가는 자주성을 상실하고 외국의 지배하에 이관되어 망국하는 것이다.
그래서 홍익인간 정신의 바탕에는 자유주의가 배태하고 있다는 것이다.
이상에서 살펴본 대로 『삼국유사』에 서술된 【數意天下】【貪求人世】 및 【弘益人間】 이념은 우리 민족의 정신을 이해하는 데 매우 중요하다.

2. 홍익인간 이념이 추구하는 것은 【인간의 행복】에 있다.

檀君史話는 일관되게 【인간중심주의와 현세주의적 세계관(인본주의)】을 지니고 있다. 그리고 홍익인간의 정신은 "인간 세상을 널리 이롭게 하라"라고 통상적으로 이해하고 있지만, 정영훈 교수는 **"인간을 크게 행복하게 하라"**가 좀 더 본래 취지에 가까운 해석이라고 본다. 곧 "인간(남)을 높고 넓게 시공간을 통해서 이롭게 하자"는 이념이 아닌가 한다. 이 주장은 홍익인간에서 【국가와 권력의 존재 이유】는 다른 어떤 것이 아닌 【"인간을 행복하게 만드는 데에 있다"】고 선언하고 있다는 것이다.
홍익인간을 주 가치 이념으로 하는 통치자는 '어려운 삶을 살고 있는 인간들을 구제하고 도와주어 행복하게 만들어주고자 한다'는 貪求人世의 의미를 실현하고자 한다.
그래서 【弘】은 성장 발전과 복지를 동시에 추구하는 지향을 갖는 말이며, 자유주의(높고)와 공동체주의(넓음)의 정책지향을 조화시키고자 하는 말로 해석될 수 있고, 【益】은 神市에서 처결된 주곡·주명·주병·주선악 등 인간 세상 360여 가지 업무는 **인간을 도와**주기 위한 구체적인 사무이자 활동이었을 것이다. 결국 益의 개념은 우선 남의 것을 빼앗거나 착취하고 억압하는 태도를 거부하고, 남의 일을 방해하는 것도 益과 대립한다. (플라톤의 정의론) 그러므로 홍익인간 사상은 【인간과 인간의 행복을 다른 어떤 가치보다 중시】하는 사상이다. 모든 것은 인간의 행복을 위해 봉사해야 한다고 본다.

공동체로서의 인간을 봉사 대상으로 상정하는 홍익인간 사상은 기본적으로 개인보다 공동체를 앞세우는 사상으로써 공동체주의와 상통한다고 하겠다. 공동체주의는 자유주의와 달리 개인의 자유보다는 평등, 권리보다는 책임, 가치에 대한 중립적 방임보다는 【정의나 善에 대한 적극적 실천을 중시】[24]한다.

또 홍익인간은 막연히 인간 세상을 이롭게 한다는 것보다는 바로 '현존재로의 사람들을 이롭게 한다'로 적극적 구체적으로 해석되어야 할 것이다. 그런 의미로 보면 홍익인간에서 【人間】은 정치·사회적 관계에서 통치자나 지배층이 아닌, 【피치자·백성·민중·대중】을 특히 가리킨다고 보아야 한다.

그렇게 해석한다면 弘益人間 정신은 백성 곧 다스림을 받는 사람들을 행복하게 해주라는 명령이요, 지침이라고 할 수 있다. 이는 위민사상이요, 민본사상이라 할 것이다. 결론적으로 홍익인간 사상은 【인간의 행복을 최상의 목표 가치로 간주】하고, 모든 것은 인간을 위해 봉사해야 한다는 것이다.

3. 홍익인간이 함축하고 있는 철학은 지상 천국의 평화적 건설이다.

홍익인간의 이념적 특성으로, 인본주의와 민주주의, 사회통합, 인류공영, 세계시민주의, 세계평화주의, 공동체이념, 평등평화주의 등이 제시되고 있다.
홍익인간에 대한 이념적 요소를 분석하면 다음과 같다.
첫째, 인간에 대한 해석이다. '홍익인간'의 인간은 개체적 인간이 아니라 인간 세상, 【인간공동체】라고 의미를 확대할 수 있다.
둘째, 널리 인간 세상을 이롭게 한다는 홍익인간의 사고는 인간공동체에 대한 사랑은 인간들의 【인간다운 행복한 삶을 추구】한다. 즉 인본주의에 따라 인간 사회의 삶의 복지를 추구하고 있다고 해석된다.
셋째, 홍익인간은 【개인보다 공동체를 앞세우는 공동체주의】가 내포된 이념으로 볼 수 있다. 공동체주의는 개인주의의 확장에 의한 부작용을 극복할 수 있다. 사회적 공익과 윤리가 붕괴되고 원자화된 개인은 인간 소외 문제로

---

[24] 이 점 또한 묵자가 말하는 솔선수범과 상통한다.

나타나게 된다. 개인들 간의 경제적 성과 획득을 위한 지나친 경쟁은 인간성을 훼손하는 근본적인 원인이 된다. 공동체주의는 이기적인 개인주의에 의한 지나친 경쟁사회의 폐해를 치유할 수 있는 이데올로기이다.

넷째, 【협치에 의한 통치 이념】을 강조하고 있다. 홍익인간에 의한 이상세계 구현은 하늘과 부합되는 정치를 하는 것이라고 해석한다. 이 부분에서 중요한 점은 『동국통감』 등에 따르면, 단군이 임금이 되는 과정을 백성들의 추대에 의한 것으로 적고 있다. 즉 단군이 하늘에서 직접 내려와서 백성들의 추대로 임금 자리에 오른 것으로 (國人立爲君) 적고 있다. 이와 같은 기술을 통해 볼 때, 나라 사람들이 단군을 왕으로 추대한 것은 그만큼 단군이 갖고 있는 지도자로의 자질을 나타내는 데 그치지 않고, 당시에 실천되고 있던 【원시적 민주주의의 전통】을 보여주고 있다 할 수 있다.

군주를 만드는 주체가 백성이며 국가는 백성으로부터 기원한다는 관점을 수반하므로, 소극적인 덕치 관념에 그치지 않고 세습적 전제군주를 거부하면서 【국민주권론】으로까지 나갈 수 있는 의미심장한 함축을 하고 있다.

이와 같은 언급은 단군신화에 포함된 **단군 국조론은 절대주의가 아닌 국민주권론에 비유할 수 있는 피치자 중심의 정치의식과 결합되어 있음을 확인**시켜 주고 있다

 다섯째, 홍익인간은 조소앙의 삼균주의에 입각한 해석에 따르면 【평등 또는 균등을 강조】하고 있다(정영훈, 2016: 166). 민족의 행복뿐만 아니라 인류의 행복을 구현하면서 절대적으로 기초가 되는 것은 '균등'이라고 보았다. 균등에 관한 사고는 공동체주의로 나타난다. 홍익인간은 인간공동체에 대한 공동의 번영과 행복을 추구하는 이념으로 인간은 본연적으로 공동체적 존재라고 보고 인간의 이타심과 선의지가 공동체 발전의 동력이 될 수 있다는 것이다.

여섯째, 홍익인간은 【평등주의에 입각한 평화주의를 강조】한다(서보근, 2012: 6). 인간은 차별 없이 하늘의 이익을 향유하고 평등한 존재이므로 타인의 이익과 권리를 침해할 수 없으며, 상호존중과 대동주의에 의해 화합과 평화롭게 생활해야 한다는 사고를 지니고 있었다. 개별이익을 배타적으로 취하려고 하는 것이 아니라 평등과 화합으로 평화를 이룩하려는 정신을 강조한다. 평화주의적 사고는 무력으로 상대를 굴복시키는 것이 아니라 덕으로서 감화시켜 도덕적 이상을 실현하려는 덕치와 도덕주의적 성향으로 해석될 수 있다. '홍익인간' 이념의 특징인 상호존중, 평등, 평화의 원리는 개인과 집단,

국가와 민족 등 국제사회에까지 적용될 수 있는 이념이다. 세계평화를 훼손하는 각종 분쟁과 갈등을 완화시켜 줄 수 있는 이데올로기가 될 수 있다.

일곱째, 【홍익인간】은 화합의 이념으로 작용될 수도 있다고 생각된다(정영훈, 1999:24). 홍익인간 이념은 고대국가에서 제기되었을 시기부터 각 부족을 통합시키는 논리로 활용되었다.

홍익인간 이념은 우리 민족 내부에 잠재된 【'집단무의식'】이라고 한다(김광린,2017: 16), 고대로부터 오늘날에 이르기까지 민족 구성원 의식 내부에 흐르는 무의식으로 작용하고 있다는 것이다.

홍익인간의 이념은 私益과 公益을 협동시킨 이념이다. 인류의 평화는 협동만으로 이루어지는 것이지, 경쟁이나 투쟁만으로는 이루어지지 않는다.[25]
외래 사상의 범람으로 인한 병폐를 극복하고 민족주체성을 확립하기 위해서는 【민족사관을 바탕으로 하는 민족 철학】에서 용출하는 응집력 있는 민족의 주체적인 이념이 그 근원이 되어야 할 것이다. 이 근원이 바로 홍익인간 사상이다.

이상으로 『삼국유사』에 서술된 홍익인간 사상을 살펴보았고, 또, 홍익인간을 통해 추구하는 것은 결국 인간의 행복이라는 점과 홍익인간의 사상에 함축된 것으로 현대적 의미의 민주성, 즉 국민주권론 등을 유추할 수 있음을 살펴보았다.

공동체 생활을 하는 인간이 보편적으로 추구하는 가치관이 주체성과 협동성이라 하겠다. 그렇다면 단군사화 속에는 우리 민족의 **주체성과 협동성**이라는 가치관이 반영되어 있다. 이를 통해 우리 민족은 그 태동부터 공동체적 삶을 지향했음을 단적으로 알 수 있다. 그뿐만 아니라 우리 교육이 지향하는 것도 경쟁이 아니라 서로 배려하고 함께 나아가는 공동체에 바탕을 두고 있다고 하겠다.

4. 홍익인간의 이념에 대한 결어.

홍익인간 이념은 "널리 인간을 이롭게 하라"는 의미로 직역되지만, 흔히는 인본주의 · 인간 · 존중 · 복지 · 민주주의 · 사랑 · 박애 · 봉사 · 공동체 정신 · 인류애 같은 인류사가 추구해 온 【보편적 이념을 함축】하고 있는 것으로 해석됐다.

---

[25] 크로포트킨의 【만물은 서로 돕기 때문에 생존할 수 있다】 참고.

그래서 홍익인간 이념은 21세기 민족 상황과 인류문명에 대하여 시사하는 바가 크다고 생각한다. 그리고 그것은 한민족만의 것이 아니라, 인류-동아시아가 남긴 정신 문화적 유사의 하나라는 차원에서 새롭게 주목되어야 한다고 본다.

『삼국유사』와 『제왕운기』에서 살필 수 있는 것은 환인과 환웅이 지상에서 구현하고자 했던 **理想이 바로 홍익인간**이었고, 이 이상을 가지고 세운 첫 공동체가 神市였다.

홍익인간은 사회와 국가나 인생사에서 마땅히 실천 구현되어야 한다고 보았던 우리 상고인의 바람과 요구의 표현이 셈이다. 두 문헌의 기록만으로는 어떻게 인간을 이롭게 하라는 지에 대한 것이 부족하다.

인간은 개인과 공동체를 아우르는 개념으로서의 인간 사회- 인간 세상으로 해석되어야 할 것이다. 홍익인간이 인간과 인류공동체의 행복을 우선으로 고려하는 思考로의 【인본주의에 토대를 두고 있다】는 것은 부정할 수 없다.

【홍익인간 이념】은 인간의 행복과 존엄성 및 목적 가치의 지위를 저해하는 것에 대해 반대하는 속성을 지닌다. 이를테면 인간을 神의 종속물로 간주하고 神의 권능에 대한 복종을 강요하는 【神本主義】나, 물질과 돈을 최고가치로 생각하여 인간을 수단시하는 【물질만능주의- 유물주의】적 사고는 홍익인간의 이념에 의해 거부된다. 특정인이나 소수의 인원이 자원을 독점하여 다수를 소외시키는 체제나, 인간 개개인의 개성과 창의성을 억압하는 제도-질서 역시 反 홍익 인간적이다. 또 인간의 삶에 현실적인 이익을 주는지 아닌지보다 특정관념-이데올로기에의 합치여부를 판단기준으로 삼는 교조주의-공식주의 역시도 홍익인간과는 배치된다.

홍익인간의 인본주의는 정치적으로 볼 때 백성의 행복을 국가와 정치이 궁극 목적으로 간주하는 민본주의로 연결되어 가며, 그것은 다시 구성원의 자치원리로의 민주주의로 발전해 간다. 국가는 명백히 인간 복지를 위한 기구이며 당연히 국가 주권보다는 【人權이 상위】에 놓인다. 또 인간을 객체화-사물화- 간접화- 일차원화- 규격화- 표준화- 획일화하는 비인간화는 홍익인간에 반하는 것이 될 것이다.

【홍익인간이념】은 정치-경제-사회-문화의 모든 제도와 질서에 대하여, 그리고 인간이 누리는 문명과 둘러싸고 있는 환경 전반에 대하여 그것이 【진정으로 인간을 위한 것인지】 묻는다.

홍익인간 이념은 결국 인간의 행복을 추구하는 데 있어 중요한 것이 인간의 복지 문제이고, 내세 주의가 아닌 현세 지향 주의이며, 균등할 뿐만 아니라 양적으로도 풍요로운 사회를 지향한다고 하겠다.
홍익인간은 개인의 이익을 앞세우는 이기주의를 거부하고 편협성과 독단성을 배척하며, 타인의 입장을 먼저 고려하고 나를 낮추는 겸양-관용-포용의 德으로 통한다.
결국 홍익인간이란 용어에 함축된 뜻은 국가와 사회는 인간-백성의 복지를 위하여 봉사해야 하고, 개인의 삶 역시 인간 세상에 이로움을 주는 것이어야 한다고 보았던 우리 고대인들의 관념을 반영한 것이다.
홍익인간은 우리나라의 건국이념이기는 하나 결코 편협하고 고루한 민족주의 이념의 표현이 아니라 인류 공영이란 뜻으로 민주주의의 기본 정신과 부합하는 이념이다. 【홍익인간은 우리 민족정신의 精髓다.】
무엇이 인간의 행복과 복지이며, 어떻게 하는 것이 인간 세상과 공동체를 돕는 것인지 하는 것은, 그 시기에 인간을 구속하는 것이 무엇이며, 추구해야 할 우선적 지표는 무엇인지 하는 시대 상황과 과제에 따라, 달리 설정되기 마련이다. 【시대 상황과 과제가 달라질 때마다 홍익인간 이념은 재해석될 수 있으며 또 그렇게 되어야만 한다.】
아! 우리 상고인들의 바람인 홍익인간 정신이 21세기를 살아가는 우리들도 이어받아 우리의 정수리에 꽂아야 한다. 그렇게 한다면 대한민국의 21세기는 찬란할 것이다.

※ 이 글은 고조선에 관해 연구하신 훌륭한 학자들의 논문을 취합하고 제 생각을 곁들여 정리했음을 밝혀둔다.

5. 묵자는 살아있다!!
- 묵자와 민주주의 -

《책을 쓰는 목적》

인간이 공동체를 형성해 살기 시작하면서 많은 갈등이 발생한다. 이 갈등의 근본 원인은 무엇일까 하는 문제는 사람마다 여전히 다양한 견해가 존재한다.

묵자는 공동체인 사회가 혼란스러운 원인을 사람마다 서로 다른 義에서 찾았다. 즉 '사람마다 옳다고 주장하는바'가 다르므로 혼란이 생긴다는 것이다. 그러므로 묵자는 어질고 능력 있는 정치지도자를 선택해, 【제각각인 여론을 하나로 통합】시켜야 혼란이 진정되고 안정이 이루어진다고 주장한다. 필자는 묵자(墨子)의 사상이 '유가의 종법 질서를 비판하고, 겸애와 교리에 기초한 안생생한 대동 사회를 지향했다'라고 하는 일반적인 평가와 더불어 묵자 철학이 민주적인 요소를 많이 내포하는 이론으로 이해한다.

묵자 사상 특히 상동론에서의 '上告制'를 전제군주의 전체주의적인 통치 방식으로 이해하는 학자도 많다. 하지만 묵자 사상의 전체적인 맥락을 통해 살펴보면, 묵자 사상은 天志에서 연유된 義를 바탕으로 겸애와 교리를 실천 강령으로 하는 '섬김'과 '나눔'을 실천하려고 했던 민주주의의 원형을 품고 있는 민주주의적인 사상임을 알 수 있다. 필자는 이 논문을 통해 묵자 사상이 민주주의 사상임을 입증하고자 한다.

그래서 '상동'이라는 정치제도를 인민이 주인인 사회, 즉 인민이 주체적으로 최고 정치지도자를 선택하고, 또 최고 지도자는 상고제를 통해 인민의 실상을 파악해 정치에 반영하는 사람으로서, 인민에 의해 선택되었으므로 인민에 의해 퇴출당하는 현대적 의미의 민주주의 이론에도 부합하는 정치제도로 자리매김한다.

묵자의 상동 체제는 하늘의 뜻인 義를 실현하기 위한 제도로서, 상동 체제는 천지, 법의, 귀의, 겸애 비명 비악 등 묵자가 주장한 이론을 바탕으로 탄생한 것이다.

또 상동을 구성하는 천자 삼공 제후 등도 엄격한 신분 계급 질서에서의 고정된 지위가 아니고, 일의 효율성을 높이기 위해 '업무 분담에 따른 제도'이다. 따라서 일의 성과에 따라 그 직위는 변경될 수 있다는 것이다.

그런데 일부 학자들은 상동의 근간인 상고제를 해석하는데 천자의 명령을 아랫사람에게 강제하기 위한 제도로 이해한다. 그래서 이 논문에서는 묵자 사상이 전제군주의 전체주의적인 명령을 수행하기 위해 만들어진 이론이 아니라, 인민의 뜻을 수렴해서 통합된 하나의 기준(上下同義)을 만들어서 혼란한 세상을 안정시키기 위한 제도적 장치로써 만들어진 이론이라는 점에 중점을 둔다. 곧 묵자 사상은 현대 민주주의의 본질에 가깝다고 하겠다.

먼저 '인민이 주인'이라 하는 '인민주권'을 살펴본다. 인민주권 의식은 백성들이 자신을 주인이라 여기면서 삶의 터전인 공동체와 개인의 삶이 함께 공존 번영할 수 있는 존재라는 자의식에서 나온 것이고, 이에 따라 정치 최고 지도자인 천자의 선출도 스스로가 주인이라는 의식을 가진 인민들이 생각하기를, 세상이 이렇게 혼란한 것은 서로 각각 다른 기준(法)을 가진 인민들의 뜻을 하나로 통합시킬 지도자가 없기 때문이라는 것을 자각하고, 천하의 뜻을 하나로 통합시켜 천하의 혼란을 극복하고 안정된 사회를 이루기 위해 자발적으로 천자를 선택했다는 것이다. 둘째 묵자의 상고제와 언론관은 민주주의론에 부합한 지 여부를 살펴보니, 上告制 즉 "以告其上 上之所是 必皆是之 所非 必皆非之"는 지도자들이 상하의 소통을 통해 민중의 의견을 듣고 實情을 파악하는 제도이다. 그런데 이 문장에 대해 해석을 '윗사람이 옳다고 하면 모두 다 옳다고 여겨 따라야 한다'라고 하는 글을 전후 묵자의 글에 대한 파악도 하지 못한 채 '묵자의 전제주의적 사상'이라고 하는 주장은 다음 문장에 대한 이해 부족이라 생각한다. 즉 "마을이 다스려지는 까닭을 살펴보면 향장이 오직 '마을 사람들의 뜻을 하나로 모을 수 있기 때문'이다."[26] 향장의 뜻을 따르라는 이유는 향장이 "마을 사람들의 뜻을 하나로 모을 수 있기 때문"이라는 것이다. 즉 '향장의 뜻'은 '마을 사람들의 모인 뜻'이다. 정치지도자는 자기 주도로 인민과 소통하여 인민의 實情을 파악하면서 '모인 여론'을 가지고 통치하는 사람이므로, '그가 옳다고 하면 옳다고 따른다는 것'은 인민들이

---

[26] 『묵자』「상동상」, 鄕長 唯能壹同鄕之義, 是以 鄕治也.

인민의 결집된 여론을 따르는 것이며, 정치지도자의 개인적인 의견을 따른다는 의미가 아니다. 즉 '정치지도자(군주)는 이로써 백성의 뜻을 따르는 자이다.'27) 라는 의미이다. 또 묵자는 '지도자들이 잘못하면 규간해야 하며, 아랫사람이라도 일을 잘하면 널리 추천해야 한다'라고 주장하면서, '신하(민중)가 생각하는 것과 군주의 뜻과 다르면, 이를 정정당당하게 諫(간)해야 나라가 보존될 수 있다'라는 것이다. 그러면서 '자유로운 의견 개진을 통해서 의견을 나누고 진지하게 논쟁해야만 나라가 튼튼히 보존할 수 있다'라는 언론관을 적시하고 있다.

이와 같은 상하 소통을 위한 상고제와 언론관은 현대 민주주의와 비교해도 뒤지지 않는 이론이다. 셋째 묵자의 상동론은 민주주의에 부합하는 제도인지를 살펴보면, 나라가 융성하려면 어진 인재를 가까이 두어야 하며, 간언하는 신하가 자유롭게 간쟁하는 분위기가 되어야 사직이 보존될 수 있다. 또 양자강이나 황하처럼 자기와 뜻이 다르더라도 道理가 같다면 등용하는, 포용력 있는 지도자가 있어야 한다. 그런 지도자가 '사람마다 의롭다고 여기는 기준을 달리해서 다툼이 생겨 혼란스러우면, 이를 통합해 하나로 통일시킬 政長이다. 正長은 인민을 위해서 충분히 능력 발휘를 할 수 있어야 하며, 이에는 신분과 관계없이 등용해야 함을 주장했다. 그러면서 서로서로 평등하게 각자가 잘할 수 있는 일에 종사함으로써 그 분야에 전문가가 되어 협업을 통해 서로에게 부족한 부분을 채워주면서 공동체를 위해 일하는 것이 협업을 통한 화동(和同)하는 사회라는 것이다. 이처럼 尙同은 자신의 재능에 적합한 일을 함으로써 협업이 가능한 사회를 염두에 둔 것이다. 넷째 상동의 구성원인 현량자들은 어떤 사람들인지에 대해서 살펴본다. 묵자는 '尙賢은 尙同을 이루어가는 기본 바탕이다'라고 했다. 어질고 능력 있는 인재가 없이는 상동이라는 체제를 이루어서 궁극적으로 겸애 교리를 실행할 수 없기 때문이다. 그러면서 현량자에게 부하고 귀하며 행정명령권을 주어서 자기 능력껏 일할 수 있는 대우와 분위기를 조성해야 한다. 또 능력이 출중하면 승진시키고 그렇지 못하면 퇴출한다는 것이다. 즉 정치지도자는 '겸애 교리를 가치 기준'으로 삼아, 오직 각각 다른 義를 가진 민중의 義를 하나로 통합시키는 자로서 그들이 각 분야에서 민중의 實情을 제대로 파악하여 서로서로 소통시킴으로써 나

---

27) 詹劍鋒 : 『墨子的哲學與科學』, 人民出版社, 1981年版, 第71頁.

라가 부유해지고, 인민의 수가 많아지며, 형정이 제대로 지켜져서 백성들이 모두 안생생한 삶을 살 수 있도록 하는 자이다.

　마지막으로 '上下不同義는 民始生未有正長之時 同也.' 즉 '윗사람과 아랫사람이 뜻이 일치하지 못한다면, 이는 인민이 처음 생겨나서 정장이 없던 때와 같다'라고 했다. 이 글 뜻은 온 인민의 뜻을 하나로 수렴해서 그 뜻을 기준(法)으로 정치를 해야 한다는 민주주의를 말하고 있다. 그렇지 못하고, 즉 뜻이 흩어진다면 인민이 처음 생겼을 때의 혼란 상태와 같다는 것이다. 이는 군주의 명령으로 인민들의 의사를 하나로 통일시키는 전제군주의 전체주의적인 행태가 아닌, 상하 소통을 통한 '상향식'의 민주적 방식을 언명하고 있다.

　묵자 사상을 근현대의 뛰어난 서양 민주주의 이론가인 토크빌과 로버트 달의 민주주의 이론과 대비시키면, 묵자 사상이 이들이 주장하는 민주론을 상당 부분 포용하고 있다는 점을 발견한다. 그런 점에서 묵자 사상은 인민이 주체적인 의지로 자기 삶을 일구어가는 '민주주의 사상이다'라는 결론을 내리지 않을 수 없다.

묵자는 살아있다!!
- 묵자와 민주주의 -

【 목   차 】

Ⅰ. 묵자의 생애와 묵자 사상의 태동 배경
Ⅱ. 묵자 사상은 민주주의인가?
 1. 묵자의 '百姓爲人'을 '인민주권'으로 해석할 수 있는가?
 1) 묵자의 '百姓爲人'과 '인민주권'이란?
 ① '百姓爲人'이 등장하게 된 시대적 배경과 사상
   ㈎ '百姓爲人'이 '인민주권'으로 해석될 수 있는 시대적 배경
   ㈏ '百姓爲人'의 사상적 바탕
  2) '百姓爲人'을 '인민주권'으로 해석함에서 논쟁점
  ① '百姓爲人'의 '人'을 '통치의 객체'로 보는 관점
  ② '百姓爲人'의 '人'을 통치의 주체로 보는 관점
  3) 민주론적 관점에서의 판단
 2. 묵자의 上告制와 언론관은 민주주의론에 부합하는가?
 1) 묵자의 상고제와 언론관에 대해서
 ① 上告制란?
 ② 묵자의 언론관
 2) 묵자 上告制와 언론관에 대한 논쟁점
 ① 전체주의적 통치를 위한 수단이라는 관점
 ② 인민의 여론 수렴을 위한 민주적 수단이라는 관점
 3) 민주론적 관점에서의 판단
 3. 묵자의 「尙同」은 민주주의에 부합한 제도인가?
 1) 상동이란?
 ① 天志
 ② 法儀

③ 兼愛
④ 義
2) 상동론에 대한 논쟁점
① 전체주의적 통치를 위한 제도라는 관점
② 민주적 의견소통을 위한 제도라는 관점
3) 민주론적 관점에서의 판단
4. 묵자의 尙賢論은 民主主義의 바탕인가?
1) 상현이란?
① 현량자의 조건
② 현량자의 역할
2) 상현론에 대한 논쟁점
① 전체주의적 통치를 위한 관료 등용론이라는 관점
② 인민의 의견 통일을 위한 조정자라는 관점
3) 민주론적 관점에서의 판단
5. 종합

Ⅲ. 묵자 사상이 인본주의적 주체성을 이루는 배경 사상
 1. 非樂篇
 2. 非命論
 3. 兼愛篇
Ⅳ. 묵자의 정치론
 1. 尙賢篇
 2. 尙同篇
 3. 묵자이 논법
 1) 大取篇
 2) 小取篇
Ⅴ. 對話篇
 1. 耕柱
 2. 貴義
 3. 公孟
 4. 魯問
 5. 公輸

Ⅰ. 묵자의 생애와 묵자 사상의 태동 배경

1. 묵자의 생애

淸 나라 말기에 이르러 필원과 손이양에 의해 다시 조명받기 시작한 묵가 사상. 사마천 (B.C145~B.C86)의 『史記』「맹자순경열전」의 끝머리에 '묵적(墨翟)은 宋나라 대부로서 성을 방위하는 기술이 뛰어났고 물자를 절약하여 쓸 것을 주장하였다. 혹은 공자(B.C551~B.C479)와 같은 시대라기도 하고, 혹은 공자의 후세 사람이기도 하다.'라는 24 字로 된 기록이 있을 뿐이다.

양계초가 고증하였듯이 묵자는 魯 나라 사람으로 宋나라의 후예로 알려져 있다. 묵자는 대체로 B.C 479~ B.C 381경 사람(전목)으로 전국시대 초기의 사람이라 할 수 있을 것이다.

또 宋의 정초(鄭樵 : 1102~ 1162)가 지은 『通志』「氏族略」에 의하면 "묵씨는 孤竹國(고죽국)의 후손으로 본래 墨胎氏인데 뒤에 묵씨로 고쳤으며, 전국시대 宋나라 墨翟이 책을 짓고 『墨子』라 했다"라고 기록되어 있다.

출신지가 중요한 의미를 갖는 것은 묵자의 학문적·사상적 배경이 되는 지역이기 때문이다.

묵자가 공자와 유학을 배우면서 '**유가들의 관념적이고 형식적인 형태를 비판**'하고. '**춘추전국시대의 난국을 극복할 방법으로 실용적인 묵자 사상**'을 드러내게 되었다.

묵자는 '天下無人'이라는 글에서 알 수 있듯이, 세상 사람들은 누구나 남이 아닌, 서로 평등한 존재로서 힘써 일하고 힘써 도우며 살아가야 한다고 말하고 있다.

온 천하의 사람들이 자기 노동을 통해 그 당시의 삼환에서 벗어나게 하려고 온 일생을 바쳤다. 즉 묵자는 실천하는 사상가였다.

2. 묵자 사상의 시대적 배경

묵자는 대략 B.C479 ~ 381년경에 생몰 했던 인물로 알려져 있다. 공자보다는 늦고 맹자보다는 이른 시기에 활동했다.[28] 그가 활동하던 B.C5~3세기는 '**주나라의 종법 질서는 해체**'되어 가고 새로운 통일제국의 질서는 아직 확립

---

28) 정재현, 『묵가사상의 철학적 탐구』, 서강대 출판부, 2012, 32쪽.

되지 않았던 과도기였다. 중요한 것은 牛耕을 포함한 농사법과 철기 문명의 발달 등을 들 수 있다.

농업에 철기와 소를 이용한 牛耕法이 함께 이용되므로 농업 생산량은 비약적으로 늘어나게 되었다. 이와 함께 수공업 및 유통업을 통한 상업의 발전도 비약적으로 발전하였다. 이에 따라 대지주와 대상인들이 출현하였다.29)

춘추전국시대가 열리게 되면서, 혈연에 따른 宗法制가 붕괴하기 시작하였다. 이로 인한 계급 신분 질서가 무너지면서 사회 전 부분에 걸쳐 많은 변화를 불러오게 되었다.

사회적 변혁기에 민중은 三患에서 벗어나기 어려운 지경에 이르러, 굶어 죽고 얼어 죽는 등 민중의 참상은 이루 헤아릴 수 없을 정도였다. 이를 目睹(목도)한 묵자는 이러한 혼란이 지속되는 것은 天志를 헤아려 '**의로움을 알지 못하고, 서로 不相愛하는 데 있다**'고 보았다.

▶ 정의가 무엇인지 모른 상태에서 정의를 說할 수 없다. 그래서 묵자는 교육을 중시했다.

어려움을 극복하는 방법으로 하늘의 意志인 兼愛하면서 交利 하는, 즉 서로서로 아끼고 사랑하면서 【여유 있는 자가 어려운 자를 돕는 겸애 교리】를 방법론으로 제시하였다.

Ⅱ. 묵자 사상은 민주주의인가?

1. 묵자의 '百姓爲人'을 '인민주권'으로 해석할 수 있는가?

1) 묵자의 '百姓爲人'과 '인민주권'이란?

인민주권이란 한 국가를 운영하는 주체가 '군주'가 아닌 '**인민**'이라는 뜻일 것이다. 자기 운명을 스스로 결정하는 주체 의식을 가진 개인 또는 대중을 포괄하는 개념이다. 평등한 권리 주체들의 연합, 인민 권리의 총합이 바로 인민주권 개념의 핵심이라고 할 수 있다. 인민 개개인이 서로 '평등하다'라는 전제가 바탕을 이루고 있다.

『예기』에서의 대동 사회는 '天下爲公' 즉 천하는 어느 가문의 사물이 아니고 만민의 공물이라는 것이다.30)

> 천지 만물은 한 사람의 몸과 같다. 이것을 일러 大同이라 말한다.31)

---

29) 김인규, 「묵자의 정치사상과 대동세계」, 『동양고전연구, 제15집』, 2001, 209쪽.
30) 기세춘, Ibid., 272쪽.

천하는 한 사람의 천하가 아니라 천하 모든 사람의 천하이다.32)

자리의 높고 낮음을 취하는 것은 善·不善33)에 따라 헤아려야 한다.
산과 못처럼 항상 높고 항상 낮은 것이 아니다.
**아래에 처했다 해도 윗사람보다 善 하면
아랫사람을 윗자리로 청해야 한다.**34)

주인인 인민들이 '각각의 **능력에 따라 신분 이동이 되어야 함**'이 묵가의 주장임을 알 수 있다.

평등주의자는 남을 위함도 자기 위함과 같기 때문이다. …

묵자는 인민 개개인이 주체적인 의지를 가진 평등한 존재로서 '천하의 주인'임을 밝히고, 이러한 사상이 바탕이 되어 政事를 펴야 백성들이 이롭다는 것이다. 묵자가 추구하는 것은 오로지 인민들의 安生한 삶을 목적으로 하고 있다. **백성에게 이로운 사회는 백성 스스로가 만들어야 한다. 이것이 바로 "인민이 주인이라는 인민 주권론"**35)이다. 이는 곧 천자 선출론과 관련이 깊다.
天子라는 최고 통치자를 선정하는 주체가 하늘인지 아니면 인민들에 의한 선택인지에 대해 해석하는 데도 매우 중요한 문제이다.

天下之欲同一天下之義也, 是故로 選擇賢者하여 立爲天子하니라.

---

31) 『呂氏春秋』, 「有始」, "天地萬物一人之身也 此之謂大同"
32) 『呂氏春秋』, 「貴公」, "昔先聖王之治天下也 必先公, 公則天下平矣 平得於公. … 天下非一之天下也, 天下之天下也"
33) 善·不善은 일 잘하고 잘하지 못하고 라고 해석해도 된다.
34) 『墨子』, 「經說下」, "取下以求上也 說在澤 取高下 以善不善爲度 不若山澤 處下善於處上 下所請上也"
35) 서양 철학자 홉스는 국가의 발생을 '자유롭고 평등한 개인들의 자발적인 계약'으로 설명하고 인민주권론의 중요한 토대를 마련했다. 즉 그는 자연상태에서의 인간들은 '만인에 대한 만인의 투쟁' 상태에 놓여 있기에, 인간들이 '자기 보호'를 위해 불가피하게 국가를 형성하게 되었다는 것이다. 그러면서 그는 '개인들 간의 합의'로 국가를 형성했으며, 이는 '개인을 계약의 주체'로 상정했다는 점에서 그 의미가 크다고 하겠다.
로크도 『통치론』에서 "개인은 오직 자신의 동의에 의해서만 지배받으며 부당한 권력에 대해서는 저항할 수 있는 권리가 있다"고 주장했다. 홉스와 로크는 근대철학사에서 인민 주권론을 최초로 주장한 정치가이자 철학자들이다.

김승석은 '百姓爲人'에 대해, 백성들은 독립적인 개인이었다고 해석하면서, 여기서 '백성들은 독립적인 개인'이라는 해석은 인민들의 주체성을 인정하는 듯하다.

① '百姓爲人'이 등장하게 된 시대적 배경과 사상
㈎ '백성위인'이 '인민주권'으로 해석될 수 있는 시대적 배경
자기의 이익만을 도모하는 虧人自利(휴인자리)하는 겸병 전쟁이 일상화된, 그로 인해 민중이 핍박받는 혼란한 시대였다.
묵자는 이러한 혼란이 지속되는 것은 天志를 헤아려 의로움을 알지 못하고, 서로 不相愛하는데 있다고 보았다. 그래서 묵자는 이처럼 민중의 피폐함이 극에 이르렀던 시기에, 天志를 내세워 '겸애 교리'를 강령으로 해서 민중의 삼환을 해결하자고 주장한다.
"묵자의 사상과 실천 활동으로 인해, 민중은 서서히 자신의 위치와 역할에 대해 각성하는 계기가 되었다."[36]고 본다. 묵자의 兼愛交利와 非命論으로 인해, 민중은 '**삶의 주인이 자신**'이라는 것을 점차 각성하게 된다. 즉 묵자의 兼愛交利 주장을 통해 알 수 있듯이 민중의 평등한 정치참여와 자기가 생산한 재화 등, 자기 몫에 대한 공평하고 공정한 분배를 요구하는, 자신의 주체 의식을 강화해 갔다. 이러한 것은 『묵자』「상현상」에 적시된 대로 "관리는 항상 귀하지만은 않고, 백성도 끝내 관리가 될 수 없는 것은 아니다. 능력이 있으면 관리로 등용되고, 능력이 없으면 좌천된다."[37]는 글귀를 통해서 민중의 희망과 요구사항이 증가하고 있음을 알 수 있다. **묵자의 주장도 그 시대의 반영**이라 할 수 있기 때문이다. 곧 민중은 생산 활동의 변화가 민중의 이익이 되지 않고 기득권층의 이익 증대로만 귀결되는 결과에 **자신들의 몫에 대해 성찰하게 되는** 계기가 되었다고 본다.
전국시대의 겸병 전쟁으로 피폐해진 민중은 【'민중 스스로가 서로 섬기고 나누는 주체' 즉, 겸애 교리 하는 주체가 되지 않고서는 살아갈 수 없다는 깨날음이 민중의 저변에서 점점 확산하여 가고 있었을 것이다.】
▶ 민중의 깨달음 배경에는 묵자의 사상과 활동이 있었을 것이다.
이러한 시대적 흐름 속에서 상동론에서의 '百姓爲人'라는 인민주권설이

---
36) 이운구 · 윤무식, 『墨家哲學의 硏究』, 성균관대 대동문화연구원, 1995, 16~17쪽.
37) 『墨子』,「尙賢上」, "官無常貴,而民無終賤,有能則擧之,無能則下之"

등장할 수 있는 환경이 조성되었다고 생각한다.

㈏ '百姓爲人'의 사상적 바탕론
과도기적 혼란을 안정시킬 방안으로 묵자는 천지 비명을 바탕으로 한 10론을 제시하였다. 그는 【세상이 혼란한 이유】로, 첫째 서로 **사랑하지 않아서**, 둘째 【각각의 **義**를 하나로 통일시킬 **政長**이 없어서】, 셋째 상제와 귀신에 대한 의심 때문이라고 했다.
▶그래서 정치지도자는 인민의 흩어진 민심을 통합시킬 역량이 있어야 한다고 강조했다. 그리하여 이 【통합된 인민의 뜻을 바탕으로 정치를 한다】는 것이다.

이에 묵자는 各自爲心(각자위심) 하는 이기적 대립을 극복하고, 가치 기준을 겸애 교리로 통일하여, 평등한 사회를 실현하고자 【'역할에 따라서로 협동'하는 상동 체계】를 꿈꿨으며, 치자나 피치자와 상관없이 능력 중심의 사회를 만들고 검소하게 자기의 일에 최선을 다하고 서로 차별 없이 사랑하고 돕는 대동 사회를 이룩하려 했다.
『漢書』「藝文志」,「諸子略」에 따르면, "先秦時期에 여러 학파가 있었지만, 그중에서도 가장 영향력 있었던 학파는 儒家 墨家 道家 法家의 四家였다. 그중에서 **겸애 교리를 통한 '민중의 평등'을 주장한 사상가는 오직 묵자밖에 없었다.**
『관자』에서는 "군주가 백성을 평등하게 사랑하는 것조차도 부정적으로 인식하는데", 군주뿐만 아니라 누구나 사람이라면 '모두 다 평등하다'라는 묵자의 주장은 그 당시의 시대상으로 보면 가히 혁명적이라 할 수 있다.

묵자 사상 중에서 兼愛論과 非樂論 그리고 非命論을 통해 보면, 【겸애의 서로 아끼고 두루두루 사랑하자는 주장과 정해진 운명은 없기에 자기 운명은 자기 노동과 노력을 통해 개선해야 한다】라는 주장은 당시 周나라의 근간인 宗法制를 통한 신분 계급사회를 근본적으로 뒤흔드는 이론이며 주장이라 할 것이다. 이와 같은 묵자의 주장이 '百姓爲人'을 인민주권설로 해석할 수 있는 바탕론이라 할 것이다.
묵자 인민주권론의 바탕에는 인민들이 '각각 대등한 존재'라는 철학이 있다. 즉 兼愛하는 것은 서로 다른 我他가 상생하는 것, 서로 아끼고 돕는 것이다. 그래서 同과 異는 상보적이라고 보았다. 그러므로 【和同은 서로 **다른 것들이 함께 한길을 가는 것**】이라고 말한다.

> 同과 異는 상보한다. 유와 무와는 다르다.
> 同과 異가 함께 모여 하나가 된 것이다.
> **異가 있어야 同도 있을 수 있다.**[38]

【대동은 小異들이 한 무리로 모이는 것】이다. 전체가 하나로 용해되어 없어지는 것이 아니라 각자의 주체성은 유지하면서 하나로 통합되는 것이다. '다양성을 유지하면서 보편성을 가지는 통합'이다. 이것이 和同이며 協同인 尙同이다.

"'兼'이란 자기와 남을 똑같이 생각하는 것, 자기와 남을 구별하지 않는 것, 사람을 차등을 두지 않고 똑같이 대해 주는 것 등을 의미한다."[39] 서로의 권리나 권한이 평등하기에, 이는 民主 바탕이 된다는 것이다. 【묵자는 "이익은 공유하는 것"[40]이 아니라, 많이 가진 자는 덜 가진 자에게 재물을 나눔으로써 三患으로부터 벗어나자는 것이다.】 "묵자는 '義, 利也'라고 했다. 이는 남이 이룩한 노동의 성과를 그의 소유로 존중하고 利를 보장해 주는 것이다. 반드시 노동을 통해서 그 '利'를 획득해야 한다는 주장이 바로 소유권의 인정이었으며 이와 같은 소유권의 인정을 '義'라고 본 것이다."[41]

▶ '義'라는 글자는 羊과 我의 결합이며, 我는 戈로 이루어져 있다. 이는 양이라는 '수확물을 칼로 나눈다'는 의미가 내포되어 있다.

묵자는 '서로 섬김과 서로 나눔'을 강조한다. 그러면서 率先垂範함을 말하고 있다. 곧 "힘 있는 자는 힘써 약자를 돕고, 가진 자는 없는 자를 도우며, 깨친 자는 불초한 자를 가르치라"[42]는 것이다. 率先垂範함이 바로 겸애 교리의 실천이라고 본다. 【인민은 주인이기에 공동체를 위해서 솔선수범할 수 있다. 인민이 통치의 대상인 객체라면 솔선수범할 수 있겠는

---

38) 『墨子』 「經說」, "同異交得 放有無, 同異而俱於之一也." 「大取」, "有其異也 爲其同也"
39) 김학주, Ibid., 155쪽.
40) 『墨子』 「非命」, "與其百姓, 兼相愛, 交相利 移則分." 이 글을 통해 보면, 묵자의 사상은 이익을 공유하자는 주장이 아니고, 백성들과 더불어 두루 평등하게 사랑하고 서로를 이롭게 하며, 남는 것을 서로 나누었다. 즉 여유가 있으면 나눈다는 것이다. 여유가 없는데도 무조건 주변 이웃들과 나누는 것이 아니라, **여유가 있으면 나눈다**는 점을 강조하고 있다.
41) 이운구 · 윤무학, Ibid., 48쪽.
42) 『墨子』 「尙賢下」, "有力者疾以助人 有財者勉以分人 有道者勸以敎人"

가?】

묵자 철학의 기저에는 인민의 삶은 스스로 해결한다는 주체적인 생각이 깔려있다. 이는 묵자의 非命論에 나타나는데, 즉 '인간이 자신의 실존과 미래를 자유롭게 선택할 수 있는 존재인가'라는 주체성의 문제이다.

> 禍福이 정해진 것이 아니라는 것이다.
> 삼가라! 천명이란 없다.
> 나는 민중을 존숭하므로 결코 운명론 같은 헛된 말을
> 지어내지 않는다.
> **운명은 하늘에서 내려준 것이 아니라 나 스스로 만드는 것이다.**
> 우 임금과 탕 임금께서는 운명이란 폭군이 지어낸 것이라고 말씀하셨다.[43]

묵자에게는 역사란 운명이 만들어내는 것이 아니라 인간이 만들어내는 것이다. 묵자 사상에서 非命論이 중요한 것은 묵자 사상이 민주성과 평등성을 지향한다는 것을 논증하는 데 있어 꼭 필요한 부분이다.

묵자의 사상은 天子를 하늘이 임명한 것이 아니라, 인민 중에서 어질고 능력 있는 자를 선출한다는 民選論에 있어 – 民選論은 민중의 평등성과 民主性이 그 바탕을 이루고 있다 – 非命論은 그 핵심을 이룬다.

묵자는 "철저히 '命'을 물리치고 자기 스스로가 책임질 수 있는 자발적이며, 주체적인 '强'의 노력을 강조"[44]하고 있다. 그러면서 **세습 귀족들의 불로소득은 '虧人自利'라는 것으로, 이는 철저히 배척되어야 한다는 것이며,** 【불로소득은 불평등을 조장】하는 것으로 여겼다.

▶ 프랑스 경제학자 피켓티는 "21세기는 자본의 대물림을 의미하는 富세습시대가 될 것"이라고 경고하고 있다.

【**묵자는 非樂篇에서 인간의 본질을 노동으로 파악하여, 모든 인민이 생산노동에 종사할 것을 강조하였다.**】 그래서 사회적 '義'는 인간 모두가 노동을 통하여 생산된 富를 가지고 사회적 약자를 돕는 것이라 주장했다. 그래서 묵자는 인간의 숙명적 운명론을 배격하고, 주체적 인간의 실천 의

---

43) 『墨子』「非命中」, "於召公之執命 亦然 曰敬哉! 無天命 惟予二人而無造言 不自降天之哉 得之 在於商夏之詩書曰 命者 暴王作之"
44) 『墨子』「非命下」, "彼以爲强必富 不强必貧 强必飽 不强必飢"

지, 즉 '力'을 강조하고 있다. 특히 인간의 '**실천적 노력**'을 강조하였다. "묵자는 고대 사상가 중에서 유일하게 '인간만이 노동하는 동물'임을 발견하였다."45) 이것은 혁명적인 발견이었으며, 인간이 자주적인 존재라는 선언이었다. 즉 **인간만이 자유 의지에 따라 노동하는 존재라는 것이다.** 곧 **인간은 자기 운명의 주인이며 민중은 역사의 주인이다.** 그래서 인간은 자기 의지에 따라 스스로 선택하고 창조하는 것이며, 그러기에 인간은 서로 간에 義가 다를 수 있다는 것이다. 그래서 서로 다른 의견을 조정하여 다툼을 피하고 공존하는 지혜를 발휘할 수 있는 존재라는 것이다.

> 나는 나를 부린다.
> 내가 나를 부리지 못하면 남 역시 나를 부린다.46)
> (『墨子』「經說下」, "我使我 我不使亦使我")

묵자의 非樂論과 非命論에서 일을 하는 데 있어 자발적이고 주체적인 노력과 노동을 강조하는 것은 이것이 바로 민주적이며 평등적인 의미를 함축하고 있다. 그래서 비명론은 민주론이며 평등론의 바탕이 된다는 것이 필자의 주장이다.

묵자는 사람의 재능과 노력에 따라 부와 귀해질 수 있다는 것으로 단지 '기회균등'을 주장하고 있다. 의롭게 살고 의롭게 살지 않고의 문제는 인민들의 자유 의지에 따른 선택사항이지 운명론적인 당위가 아니라는 것이다. 그래서 자기 삶을 이롭게 하기 위해서는 힘써 노동해야 한다는 것이다. 인민들의 자유 의지가 발현된다는 것은 결국 민주성이 발휘된다는 것이다. 그렇지 않다면 묵자의 非命論은 의미가 없는 주장이 될 것이다.

묵자의 사상이 유가의 천명론처럼 천자를 모든 가치의 주체로 보고, 천자를 질대자로 숭배하며 계급 차별을 옹호하는 것과는 달리, 인민을 주권자로 보고 그들의 선택에 따라 천자를 선출해야 한다는 것이며, 인민들의 뜻을 하나로 모아 서로 협동하고 화동하는, 그렇게 함으로써 위아래가 평등한 신분적 질서 하에서 그 역할에 따른 和同과 協同을 해서 인간이 인간답게 살아가는 安生生한 대동 사회를 건설하고자 하였다.

묵자의 非命觀에 대해 정리하면, 역사의 주체는 물질이나 神이 아닌 민중임을 알 수 있다.

---

45) 기세춘, Ibid., 156쪽.
46) 『墨子』「經說下」, "我使我 我不使亦使我"

2) '百姓爲人'을 '인민주권'으로 해석함에서의 논쟁점

중국학자인 馬騰(마등)은 "天이 군주를 선택한다(天選君主)"는 것이 묵가 정치사상의 기본적 인식이다."[47]라고 설명하면서 자기주장을 뒷받침하고 있다. 즉 【양계초의 주장은 천자에서부터 향장까지의 長을 선출하는 '**주체를 인민**'으로 보는데】 이는 잘못된 것이라는 의미이다. 결국 절대군주인 天子가 인민을 통치하는 주체라는 것이고 인민들은 통치의 객체로서 존재한다는 주장들이다.

반면 국내학자로서 기세춘은 "'百姓爲人'의 '人'을 '主'로 바꿔 '百姓爲主'로서 '백성이 주인 즉 주권자가 된다.'"[48]로 해석하여, 묵자는 세상의 주인을 '인민'으로 여기는 민주정치의 근본을 說 하고 있다고 해석한다.

최고 정치지도자인 천자를 세상 사람들이 주체적으로 어질고 능력 있는 사람 중에서, 그중에서 선택하여 그를 세워 天子 즉 지도자로 삼았다는 것이다.

또 民無終賤'(민무종천)에서의 '民'은 피지배층이라도 어질고 능력이 있으면 등용될 수 있는 인민들을 지칭한다고 봐야 한다. 그러므로 "**묵자 사상의 전반에 흐르는 맥락은** 骨肉親親(골육친친) 하는 혈연적 폐쇄성에 구속되지 않는, **봉건 체제로부터 庶民의 해방을 의미한다.**"[49] "周 나라의 기둥인 宗法制的 통치체제를 벗어나, 민중에 의해서 선출된 '政長'이 天子이다."[50] 즉 "**君, 臣萌通約也**"(신맹통약야)[51]이라고 했다. 현대적인 표현에 따르면 사회계약론과 흡사하다.

묵자는 「非命」에서 전통적인 것, 운명적인 것에 의존하지 않는 독립된 인간을 자각하고 오로지 인간의 능력만을 자부하게 된다. 자기 능력에 대한 확신과 노력을 통하여 富와 壽가 보장된다.

결국 인민주권설은 자유의지를 지닌 주체적인 인민이 정치의 주인이라는 것이다.

---

47) 마등 저, 김용수 역, Ibid., 115쪽.
48) 기세춘, Ibid., 200쪽.
49) 이운구・윤무학, Ibid., 53쪽.
50) 이운구・윤무학, Ibid., 54쪽.
51) 『墨子』「經上」, "君, 臣萌通約也"

비록 농업이나 상공업에 종사하는 천한 사람이라도 능력이 있으면
그들을 등용했고, 벼슬을 높여주고, 녹을 무겁게 주어 그에게 정사를
맡기되 명령을 결단하도록 권한을 위임했다.
(…) 유능하면 곧 등용되며 무능하면 곧 쫓겨났다.
(…) 따라서 관리라 해서 언제까지 귀한 것이 아니고 백성이라 해서
언제까지나 천하지는 않았다.52)

이상의 『묵자』「상동」의 글에서 핵심적인 글귀는 "어질고 능력을 갖춘 자라면 신분에 상관없이 부귀하게 해주며, 즉 天子로도 선출하여 그 능력을 발휘하도록 해주며, 또한 능력이 못 미치거나 어질지 못하면 내쫓았다"라는 것이다. 여기서 묵자가 천자의 선출에 대해 명백히 밝히지 않았지만, 이 글귀 등을 통해서 묵자의 의도를 충분히 알 수 있을 것이다. 곧 묵자는 천하 사람들이 어질고 능력 있는 사람을 가려 뽑아서 天子로 세웠으며, 그 天子가 무능해서 백성들에게 이로움을 주지 못할 때 그만두게 하였다는 것이다. 다시 말해 천자53)가 民選에 의해 선출되어도 능력이 있으면 職이 유지될 수 있지만, 無能하면 교체될 수 있다는 것을 암시한 강력한 주장이며, 곧 민주정치의 핵심 주장이라는 것이다.

천자 선출론은 곧 백성들의 의지, 인민의 뜻에 따라 나라가 운용되고 이의 수단으로 천자를 선출하게 된다는 의미이다. 묵자에게 있어 사람은 누구나 평등한 존재이며, 심지어 【天子도 타고난 존재가 아니라 선출된 사람이라는 것】이다.

3) 민주론적 관점에서 판단

하늘의 뜻을 실천하고 하지 않고는 '인간의 의지'에 달려있다는 것이지, 반드시 하늘의 뜻을 사람들이 실천해야 한다는 강제적인 것은 아니다. 즉 하늘이 바라는 바를 실천하는 것, 하늘이 바라는 것은 사람들이 서로서로 아끼고 사랑하면서 돕는 '義'를 실천하는 것이다. 義를 실천하는 것은 바로 兼愛交利를 행하는 것인데, 이는 개개인이 각각 평등한 가운데 서로

---

52) 『墨子』「尙賢上」, "雖在農與工肆之人 有能則舉之 高予之爵 重予之祿 任之以事 斷予之令 官無常貴 而民無終賤 有能則舉之 無能則下之"
53) 군주란 무리가 선출하여 이름을 붙인 것이다. (『墨子』「經說上」, "君 : 以若名者也.")

아끼고 사랑하며 서로를 위해 이롭게 행동하는 것을 말한다. 즉 "힘이 있는 자는 힘써 힘이 없는 약자를 돕고, 재물이 넉넉한 자는 힘써 가난한 자에게 나누어 주고, 빨리 깨친 사람은 깨치지 못한 자들을 가르쳐 주어야 한다는 것이다."54) 이와 같은 '**겸애 교리를 실천하는 주체는 인민들 개개인이 되어야 한다**'라는 것이 묵자의 생각이라고 본다.

그래서 필자는 '百姓爲人'과 '天下之欲同一天下之義也'를 '백성들을 주체적인 인민으로 여겨 세상 사람들이 천하 사람들의 흩어진 義(기준)를 하나로 통합되기를 바란다.' 또 【'**正長은 인민의 흩어진 의견을 수렴하여 하나의 통합된 의견으로 만들어서, 이를 통해서 정치하는 사람이다.**'라고 **해석함이 타당하다**】고 생각한다.

결국 세상을 주도하는 것은 民으로써 즉 '天下無人'으로 누구나 평등한 존재로서 '民이 주체적으로 세상을 이끌어 간다.'라는 것이다.

토크빌은 『아메리카의 민주주의』에서 "'**평등**'이 곧 '**민주주의**'라고 말했다. 민주주의라는 말을 다양한 각도에서 이해할 수 있겠지만, 그는 '**조건들의 평등**'을 민주주의의 가장 중요한 특징으로 규정한다."55)

둘째, 로버트 달도 "**어떠한 국가도 민주적 과정의 기준을 완전히 충족시킬 것 같지는 않다.**"56)고 하면서, "민주주의의 바람직함이 정치적 평등의 바람직함을 전제한다."57) 즉 【민주주의는 '**구성원들의 평등을 전제**'로 하지 않으면 성립되지 않는다】는 것이다. "태생적인 능력에 따른 차이(불평등)는 정치적 사회적 불평등과는 다른 문제이다."58)

토크빌이 언급한 대로 【**평등이 곧 민주주의**】라고 규정한다면, 묵자의 사상은 평등을 바탕으로 한 민주주의임이 틀림없다. 또 【**묵자의 평등론은 인권의 평등이지 소득의 평등을 지향하는 것은 아니다.**】59) 이는 개인별 능력에 다른 빈부의 차이를 긍정하고 있음을 말해준다. 그러나 어진 사람은 겸애로써 교리함으로 힘이 없는 약자나 가난한 자, 배우지 못한 자들을 잘 인도해야 한다는 것이다. 이것이 義로운 행위로서 하늘의 뜻인 天志를 실천하는 것이다.

---

54) 『墨子』「尙賢下」, "有力者 疾以助人 有財者 勉以分人 有道者 勸以敎人."
55) Ibid., 45쪽.
56) 로버트 달 지음, 김왕식 외3 옮김, 『민주주의』, 동명사, 1999, 73쪽.
57) Ibid., 75쪽.
58) Ibid., 105쪽.
59) 기세춘, Ibid., 260쪽.

묵자의 非命論에서의 삼표론 제2조를 보면, "백성들이 보고 들은 사실을 근원으로 삼아야 한다."라고 하는데, 이는 인민 백성이 통치의 대상이 아닌 주체라는 것이며, 그들의 輿論을 중시해야 한다는 의미로 춘추전국시대에는 감히 생각하지도 못할 민주주의의 참모습을 느끼게 한다.

묵자는 "교육에서도 차별을 두지 않고, 심지어 사회적으로 소외된 사람들마저도 교육의 대상으로 설정하고, 周遊天下하면서 자신의 신념과 철학을 전수하는 일에 열중하였다."60) 즉 【교육을 통해 사회적으로 소외된 사람들마저도 교육의 대상으로 삼아 누구나 능력을 갖춰나갈 수 있도록 했다.】

묵자는 공동체적 삶을 위해서는 사람마다 각각 그 재능이 다르기 때문에, 자기 능력껏 자기가 잘할 수 있는 것을 택해서 이를 바탕으로 협업을 통해 나라와 개인의 이익을 도모하자는 것이다. 그러면서 사람이면 누구나 교육을 통해 저마다의 소질과 재능을 계발해야 한다고 주장한다. 그러면서 공부하기를 권한다.

묵자는 제자들에게 각자 '**능력에 따른 전문가**'가 되어야지, '**모든 일을 겸할 수 없다**'라고 지적하고, 또 【**교육이란 인간을 변화시키는데 그 궁극적인 목적이 있다**】고 말한다. 그래서 교육을 바탕으로 사회를 변혁시켜 나가고자 하였다. 사람들의 교육이 중요한 것은 배움을 통해 사회 즉 공동체의 발전에 이바지할 수 있다는 것이다.

묵자가 교육을 이처럼 중시하는 것은 민주 평등사회를 이루는 데는 지식과 지혜가 꼭 필요하다는 것이다. 【**누구나 평등한 존재로서 사회적 대우를 받으려면, 배우지 않으면 안 된다는 것**】이다. 왜냐하면 인재가 되어야만 공동체적 삶에 기여할 수 있기 때문이다.

2. 묵자의 上告制와 언론관은 민주주의론에 부합하는가?
 1) 묵자의 상고제와 언론관에 대해서
  ① 上告制란?

묵자가 활동하던 시기는 분열된 사회체제로부터 통합을 갈망하는 시대적 배경을 안고 있었다. 이에 묵자도 겸애사상을 바탕으로 한 **尙同으로서 통일된 중앙집권적 정치체계를 바랐다**. 이런 중앙집권적 국가 체계가 바로

---
60) 황성규, 『묵가와 동양사상』, 도서출판 문사철, 2018, 72쪽.

상동 체계이다. 아래로부터의 인민의 의사 결집을 위해 '上告制'란 제도가 필요했다. **상고제는 인민의 여론 수렴을 통해 인민들의 이익을 위한 상향식 민주주의적인 제도**이다.

상고제란 기본적으로 상하 간의, 즉 최고 지도자 등 나라의 직책을 맡은 관리들과 인민들 간의 의사소통을 어떻게 하느냐의 문제이다. 묵자의 소통 논리는 【백성들의 이익을 최우선으로 하는 실리주의】61)를 기반으로 하고 있다.

상고제는 **인민들의 삶을 개선하기 위해 '상하 간의 소통'을 위한 제도**이다. 즉 정치지도자인 '천자가 인민들과 【소통하는 목적】'은 '소통을 통해 인민들의 삶을 개선'하려는 데 있다. 이것이 【하늘의 뜻인 義의 실현】이기 때문이다. 이를 위해 그는 옛 성왕들이 행한 역사적 사실과 인민들의 눈과 귀를 통해 얻은 경험적 사실, 그리고 인민들에게 이로운가, 그렇지 아니한가를 기준으로 사회현상을 판단해야 한다는 것이다. 결국, 열린 정치, 언로가 개방된 정치를 통해서 인민에게 이로운 義政이 가능하다는 주장이다. 【**묵자의 상고제는 언로가 개방되어서 인민들의 의견이 상향식으로 수렴됨으로써 최선의 정책이 수립되게 하는 '義政'을 위한 제도적 장치라 할 것이다.**】 상고제는 "백성들이 듣고 본 것으로써" 임금과의 소통을 이루고, 임금의 사려를 통해 정치적 판단을 신속하게 할 수 있도록 도움을 준다는 것이다.

19세기 조선 말기 학자인 혜강 최한기는 그의 저서 『人政』에서, "눈은 자기를 보는 데는 부족하므로 【백성을 거울로 삼아】 자기를 보고, 지혜는 자기를 아는 데는 부족하므로 백성에게 들어 자기를 안다. 백성을 거울로 삼으면 잘못 보는 죄가 없고, 백성을 귀로 삼으면 잘못 듣는 원망이 없게 된다."62)라면서, 백성의 눈과 귀를 통한 여론의 중요성을 언급하고 있다. 즉 백성의 눈과 귀를 통한 여론을 취합하여 정치한다면 정책의 잘잘못이 줄어들 것이라는 것이다.

묵자는 『묵자』라는 책 곳곳에서 인민과의 소통을 강조하고 있다. 특히 『묵자』非樂論의 삼표론 제2조인 '인민이 보고 들은 것을 근원으로 삼는

---

61) 『墨子』 「魯問」, "利於人 謂之巧, 不利於人 謂之拙" 묵자는 이 글귀에서 실리주의를 강조하고 있다. 전쟁 무기는 아무리 좋은 것이라도 인민의 삶에 이롭지 않은 것이므로 아무리 훌륭한 기술이라도 졸렬하다는 것이다.
62) Ibid., 952쪽. (人政/권24/用人門/見知於民 참조)

다.'라는 것은, 묵자의 '상고제'가 '여론 정치'를 표방하고 있음을 알게 해 준다. 결국 【묵자는 인민들 상하 간의 '의견 소통'이 인민을 이롭게 하는 데 매우 중요하다는 점을 說】 하면서, 천자는 상고제와 같은 소통방식을 통해 자기의 뜻을 넓게 펼칠 수도 있고, 멀리 있으나 가까이 있으나 인민들의 實情을 정확히 살펴 賞과 罰을 공정하게 집행할 수 있다는 것이다.

② 묵자의 언론관
고대 군주들의 언론관은 대체로 '민심은 곧 천심'이라 여겨, 민심을 잘 살펴 민심의 흐름에 군주는 반드시 따를 것을 말하고 있다.

> 하늘이 보는 것은 민중을 통하여 보는 것이며,
> 하늘이 듣는 것은 민중을 통하여 듣는 것이다.63)
>
> 내가 들은 바로는, **나라가 흥하려면 민중에게 듣고
> 망하려면 神에게 듣는다고 했다.**64)

"묵자도 고대 군주들이 '민심을 천심으로 여겨야 한다.'라는 그 취지를 계승하여 그의 언론관을 피력하고 있다. 그는 사실 판단과 가치 판단을 구분하고, **사실 판단은 '민중의 이목에 따라야 한다.'**라고 주장했다. 이것은 경험만이 사실 판단의 기준이 된다는 것으로 경험론을 말하고 있다."65)

> 이것은 아마도 천하에 있고 없음을 밝혀 (…)
> 반드시 여러 사람의 눈과 귀로 보고
> 들은 것을 근거로 있고 없음을 판단하는 표준으로 삼아야 한다.66)

이는 묵자의 경험론적 언론관을 밝히는 것으로, 민중이 보고 들은 사실이 아니면, 판단의 기준으로 삼아서는 안 된다는 것이다. 그러면서 여론이

---

63) 위의 책, 「泰誓中」, 天視自我民視 天聽自我民聽"
64) 『左傳』 「莊公32년」, "吾聞之 國將興聽於民 將亡聽於神"
65) 기세춘, Ibid., 204쪽.
66) 『墨子』 「明鬼下」, "是與天下之 所以察知有與無之道者 必以衆之耳目之實 知有與亡爲 儀者也"

란 인민들의 다양한 의견이 상존하고 있음을 전제로 한다.

> 같음과 다름은 상보한다. 유무처럼 모순이 아니다.[67]
> 화동 서로 다른 것들이 한 길로 동반하는 것이다.[68]
> 다른 것이 있기에 무엇이 같다고 말할 수 있다.[69]

묵자는 政長의 역할 중에서 상하 간의 소통을 원활하게 하도록 하는 것을 중시하면서, 또 【비판적인 여론의 수렴에도 적극적이어야 한다고 강조】한다.

> 천자는 정령을 펴고 교화한다. 이르기를, 무릇 착한 것을 보고 들으면
> 반드시 윗사람에게 고하도록 하며, 착하지 못한 것을 들어도
> 역시 반드시 윗사람에게 고하도록 하며,
> 윗사람이 옳으면 반드시 옳다고 말하고
> 윗사람이 그르면 그르다고 말하도록 했다.
> 〈 ※ 윗사람이 말하는 것은 윗사람 개인의 의견이 아니고, 윗사람이 인민의 의견을 수렴한 【통합된 의견이기에 윗사람의 말을 따라야 한다】라고 말하고 있다. 대다수의 학자는 이점을 간파하지 못했다.〉
> 또한, 아랫사람들이 착하면 그것을 널리 천거하고
> 윗사람에게 허물이 있으면 그것을 감시하고 간하여야 한다.[70]

이처럼 상고제를 통하여 윗사람의 의견이 옳으면 옳다고 분명히 밝히고, 윗사람의 의견이 옳지 못하면 반드시 옳지 못하다고 밝혀야 한다는 것이다. 이는 윗사람에게 허물이 있는데도 아랫사람들이 올바로 간하지 않음으로써 정사가 인민의 이익과 배치되는 방향으로 진행되는 것을 방지하자는 묵자의 주장이다. 그러면서 묵자는 "군주에게는 반드시 군왕의 뜻에 거슬리는 간쟁으로 나라와 사직을 보전하는 신하가 있어야 하고, 윗사람에게는 정정당당히 곧은 말을 하는 부하가 있어 의논을 나누며 진지하게

---

[67] 『墨子』「經上」, "同異交得 放有無"
[68] 『墨子』「經上」, "同, 異而俱於之一也"
[69] 『墨子』「大取」, "有其異也 爲其同也"
[70] 『墨子』「尙同中」, "天子爲發政施敎 曰 凡聞見善者 亦必以告其上 聞見不善者 亦必以告其上 上之所是 必亦是之 上之所非 必亦非之 己有善 傍薦之 上有過規諫之."

논쟁하고 서로 경계해 주고 송사하고 논단해야만 오랫동안 나라를 보전할 수 있다[71]"라고 했다.

또 비판 여론에 대해서도, "비판, 악한 행실을 밝히는 것이다."[72] "비판을 그르다 함은 모순이다. 그른 것이 아닌 것에 대해 말하는 것이다. 비판을 그르다 함은 자기에 대한 비판을 그르다 하는 것이다. 비판을 그르다 할 수 없으며 그른 것을 옳다 하는 것이 도리어 그른 것이다. 옳지 않은 것을 그르다고 말하는 것은 그른 비판이라고 할 수 없다."[73]라고 말하면서 【지도자는 비판 여론에 대해서도 적극적으로 수용하는 자세로 政事를 펼쳐야 한다】고 했다.

묵자의 언론관은 춘추전국시대 인물의 생각이라고 말하기 어려울 정도로 【개방적이며 비판적인 언론에 대해서도 수용하는 열린 언론관을 주장】했다. 이와 같은 언론관을 정치지도자가 갖고 정사를 펼쳐야, 인민의 이익에 부합하고 하늘의 뜻인 의로운 정치를 할 수 있다는 것이다.

2) 묵자 上告制와 언론관에 대한 논쟁점
① 전체주의적 통치를 위한 수단이라는 관점
일부 학자들은 상고제를 전제군주의 명령을 하향식으로 전달해서 하나로 통일시키게 하는 전체주의적 통치를 지향하는 이론이라고 주장한다. 그러므로 상동은 아랫사람이 윗사람에게 무조건 복종한다고 하는 뜻을 함축한다는 것이다."[74] 또 상고제를 집단적 감시체계를 잘 작동시키기 위한 것으로 여기면서, 의(義)의 통일을 위해 묵가에서 이야기하고 있는 것은 '합리적 소통'이 아니며, 오히려 德 있는 윗사람을 중심으로 한 의견 통일이자, 보고 체계와 감시체계를 통한 상벌제도의 확립이라고 주장한다.
또 윗사람이 잘못할 때 아랫사람이 諫하여 바로잡으라는 것은 【부차적】이다. 윗사람과 아랫사람이 동등한 자격으로 의(義)의 통일을 위해 의사소통한다고 하는 것은 고대 중국의 묵가에게는 어울리지 않는다."[75]고 문헌

---

71) 『墨子』「親士」, "君必有弗弗之臣 上必有詻詻之下 分議者延延하고 而(支苟)[交敬]者詻詻 焉可以長生保國"
72) 『墨子』「經上」, "誹, 明惡也"
73) 『墨子』「經下」, "非誹者 誖 說在弗非, 非誹 非己之誹也 不非誹 非可非也 不可非也 是不非誹也"
74) 정재현, 『묵가사상의 철학적 탐구』, 서울: 서강대학교출판부, 2012, 129쪽.
75) Ibid., 250쪽.

샘은 주장한다.

묵자의 상동론을 전제군주의 전체주의적 통치를 위한 이론이라고 주장하는 학자들은 "묵자가 천하의 질서를 확립하기 위해서 天을 정점에 설정함으로써 결과적으로 그가 구상한 정치구조란 하향식 정치로서 民이 정치권에서 소외되는 것이었고, 소위 민권론 또는 주권재민론과는 공통점을 결코 발견할 수 없다."라는 것이다. 이들은 묵자가 상동에서 주장하는 것은 "하향식 정치로서 백성은 그 중심이 아닌 객체"[76]라는 것이며, 상동은 '군권신수설' 혹은 '왕권신수설'에 해당[77]하는 것이다.

② 인민의 여론 수렴을 위한 민주적 수단이라는 관점

'윗사람이 옳은 길'로 가면 모두 옳다고 말하고, '윗사람이 그른 길'로 가면 모두 그르다고 말할 것이다. 이로써 윗사람에 허물이 있으면, 이를 간하여 바로잡고 아랫사람이 착한 일을 하면 그를 널리 천거하여, 윗사람과 아랫사람은 같음을 숭상하고, 아랫사람은 사벽되지 않을 것이다"로 해석하여, **인민이 주권자로서 【인민의 의견을 상향식 여론 수렴 과정인 민주주의적 소통을 위한 제도】라고 주장**하는 학자로서 정재현은 **가장 좋은 방안은 윗사람의 의견이 아니라, 보다 많은 사람의 의견을 고려해서 만들어진 방안**이다. 이런 점에서 백성들과의 소통을 강조하는 체제일 뿐이다. 또 이런 점에서 묵자의 상동은 '민주적이면서 민본적인 제도이다'라고 주장하고 있다. 또 황성규는 묵자의 상동 체계를 하향식이라 주장하는 것은 묵가학파의 상동 사상을 제대로 간파하지 못한 데서 오는 편견이며, 상동 사상이 추구하고자 하는 본질과는 상당한 거리가 있다고 주장한다.

묵자의 상고제를 통한 상동 체제는 통치자가 "인민의 實情을 잘 알면 잘 다스려지고 인민의 실정을 모르면 어지러워지는 것이다."[78] 이처럼 "묵자의 언로는 下意上達이었으며 인민의 통치자에 대한 감시였다"[79]고 주장한다.

윗사람이 그르면 그르다고 말하도록 했다.

---

76) 문한샘, 「묵가의 정치적 합리성」, 『철학연구 제121집』, 2018, 238쪽.
77) Ibid.
78) 『墨子』 「尙同下」, "上之爲政得下之情則治 不得下之情則亂"
79) 기세춘, 「천하에 남이란 없다」, 나루, 1995, 204쪽.

또 아랫사람들이 착하면 그것을 널리 천거하고
윗사람에게 허물이 있으면 그것을 감시하고 바로 잡았다.[80]

비판, 악한 행실을 밝히는 것이다.[81]

**비판을 그르다 함은 모순이다.
그른 것이 아닌 것에 대해 말하는 것이다.**[82]

묵자는 "윗사람과 아랫사람 간의 활발한 의견 소통을 통한 의견 수렴을 통해 국정이 운영되어야 하며, 인민들 개개인의 신분이 평등한 가운데 능력에 따른 등용이 되어야 한다"라고 주장했다.
"**묵가는 처음부터 통합된 의견은 위로부터의 지시를 통하지 않고, 대중의 의견들을 모으는 과정을 통해 이루어진다는 것을 믿었다. 왕은 결코 神的 존재가 아니기에 그는 국가를 다스리기 위해 백성들의 지혜와 그를 도와줄 힘을 끌어들일 필요가 있었다.**"[83] 『墨子』의 「상동」편에서도 "정치는 전문가 집단에 의해 이루어지는 것"[84]이라고 했다. 묵가의 상동 주장에는 권위주의 정치라기보다는 '**전문가에 의한 정치**'가 강조되고 있다. 즉 상동의 방식은 무조건적인 의견의 통일이 아니라, 가장 좋은 방안으로서 의견의 통일이다. 【**가장 좋은 방안은 윗사람의 의견이 아니라, 보다 많은 사람의 의견을 고려해서 만들어진 방안**】이다. "**상동의 정치란 이런 점에서 백성들과의 소통을 강조하는 체제일 뿐이다. 또 이런 점에서 묵자의 상동은 민주적이면서 민본적인 제도이다.**"[85]

사람들이 최초의 상태의 혼란을 벗어나기 위해서, 천자 이하 국가 기구를 만들면, 각 개인은 국가 권력에 복종해야 한다. 그 이유는 자신의 '자기 결정권'을 위에 넘겼기 때문이다. 위는 그 권력을 받아야 각 개인의 '이익 주장'의 충돌을 막고, 각 개인과 사회 이익의 극대화를 이룰 수 있다.[86]

---

80) 『墨子』「尙同中」, "天子爲發政施敎 曰 凡聞見善者 必以告其上 聞見不善者 亦必以告其上 上之所是 必亦是之 上之所非 必亦非之 己有善 傍薦之 上有過 規諫之"
81) 『墨子』「經上上」, "誹, 明惡也"
82) 『墨子』「經下下」, "非誹者 誖 說在不非"
83) Ibid., 139쪽.
84) 『墨子』, 「耕柱」, "能談論者談論 能說書者說書 能從事者從事 然後義成也"
85) 정재현, Ibid., 142~143쪽

위의 글에서 【손영식】은 금수처럼 사람들이 利를 놓고 다투는 것은 현명하지 못하기에 이를 조정해서 공동의 이익과 개인의 이익을 동시에 충족시킬 수 있는 政長이 필요했다고 해석하고 있다. 그래서 어질고 능력 있는 사람 중에서 천자를 선출하고 또 그 이하 관료들을 선출해서 자유의지를 가진 民들이 뜻을 하나로 모을 수 있는 제도적 장치를 묵자는 상동편에서 설파하고 있다고 본 것이다. 【황성규】는 묵자의 상동론은 통치자의 주관적 의사에 의해서 국가가 좌지우지되는 불합리한 현상을 최소화할 수 있는 제도적 장치를 수립하자는 것이다. 물론 묵자가 제시한 제도적 장치라는 것은 통치자가 시행하고자 하는 방향과 백성의 뜻이 하나가 되는 것, 혹은 백성의 소망과 위정자인 왕공대인의 정책이 어김없이 맞아떨어지는 것 등을 보장하기 위한 하나의 수단이 된다고 주장한다."[87]

【正長의 임무나 역할은 위아래의 소통을 잘 시키는 능력이 있는지 여부도 중요한 능력으로 보았다】는 것이고, 정장 또한 위아래가 소통이 잘 되어서 온 인민의 뜻을 하나로 통일시키는 데 역점을 두고 있음을 알 수 있다.

3) 민주론적 관점에서의 판단

묵자의 '百姓爲人이 인민주권으로 해석되어야 한다.'라는 주장과 또 이는 천자선출 문제에서도, 자유의지를 지닌 '인민들의 주체적인 자기 결정권에 따른 선택이다'라는 주장을 긍정한다면, 묵자의 '百姓爲人'이 '인민 주권론'과 부합되고, 이에 따라 '천자 선택권'이 인민들에게 있다는 주장들을 긍정하는 바탕에서, 인민 개개인의 의견이 군주의 명령에 따라 통일되는 하향식 의견 결집이 아닌, 인민의 의견들이 '상향식으로 결정된다'라는 주장들이 설득력이 있게 된다. 즉 尙同의 上告制은 인민이 주권자로서 인민의 의견을 상향식 여론수렴 과정인 민주주의적 소통을 위한 제도라는 것이다. 그러면서 **【자유로운 토론과 의견 수렴을 통해 여론을 형성하는 것이 매우 중요함】**을 묵자는 다음에서 말하고 있다.

군주에게는 반드시 군왕의 뜻에 거슬리는 간쟁으로 나라와 사직을

---

86) 손영식, 「묵자의 국가론」, 『대동철학, 제76집』, 2016, 202쪽.
87) 황성규, 「묵자의 상현과 상동 편에 내재된 정치 이론 고찰」, 『동양철학, 제31집』, 2009, 157쪽.

보전하는 신하가 있어야 하고 윗사람에게는 정정당당히 곧은 말을
하는 부하가 있어 의논을 나누며 진지하게 논쟁하고 서로 경계해 주고
송사하고 논단해야만 오랫동안 나라를 보전할 수 있다.88)

즉 여러 사람의 각기 다른 의견들이 취합되어서 하나의 통합된 여론이 형성되는 과정에서, 자유롭게 토론과 간쟁할 수 있도록 해야 한다는 것이 묵자가 주장하는 것이다.

어떻게 보면, 묵자의 상고제에 따른 상동체계는 지역 대표인 국회의원을 선출해서 궁극적으로 하나 된 의견을 형성하는 것과 비슷하다. 그렇게 해서 천자는 분분한 의견을 하나로 통합시키는 역할을 한다고 할 수 있다. 즉 인민의 여론과 정치참여를 통해, 천자로 선택되기도 하고, 퇴출당하기도 한다는 것이다. 또 벼슬자리를 얻었다 하더라도 언제까지나 귀하기만 하지 않았고, 백성들이라 하더라도 끝까지 천하지 않았다고 선언하는 것은 【그 시대에 귀족들에게만 독점되었던 벼슬자리를 능력 본위로 온 백성들에게 해방하라는 주장】이다. 곧 인민이 평등한 존재로서 자기 의사를 개진하면서 정치에 참여하게 되면 이것이 서로에게 이익이 되기 때문이라는 것이다.

인민에 의해 선택된 최고 지도자는 '상고제'를 통해 여론 수렴함으로써 인민들의 實情을 효과적으로 파악할 수 있고, 몸소 현장에 나가지 않더라도 상 받을 자와 벌받을 자를 알 수 있어서 이를 정사를 펴는 데 반영함으로써 효과적인 국정 수행이 가능하다는 것이다. 결국 【'上告制'는 전국의 행정조직을 통한 민원 해결제도】라고 할 수도 있다.

결론적으로 묵자의 상고제와 언론관은 상향식 여론 수렴을 통해 인민들의 의사가 자유롭게 결집하게 하는 민주적인 제도라 하겠다.

3. 묵자의 「尙同」은 민주주의에 부합한 제도인가?

1) 尙同이란?

묵자가 추구하는 사상은 인민들이 굶주리고 헐벗고 쉴 곳조차 없는, 즉 '三患'의 질곡에서 벗어나게 하는 데 초점이 맞춰져 있다. 그래서 그의 사상은 '인민에게 이롭지 않은 것은 의로운 것이 아니다'라고 할 정도로

---

88) 『墨子』「親士」, " 君必有弗弗之臣 上必有諤諤之下 分議者延延하고 而(支苟)[交敬]者 諤諤 焉可以長生保國"

【인민의 利에 중점】을 두고 있다. 그래서 인민의 利를 해치는 행위, 즉 虧人自利를 철저히 배척하였다.

그러면서 묵자는 겸애 교리에서 "'있으면' 나누어야 한다는 주장"89)이다. 즉 묵자는 "현자가 되는 길은 힘이 있으면 부지런히 인민을 돕고, 재물이 있으면 힘써 인민에게 나누어 주고, 도리가 있으면 권면하여 가르치는 것이다"90)라고 했다.

이렇듯 묵자는 겸애와 교리 정신으로 '섬김'과 '나눔'을 강조한 사상가이며 활동가였다. 이와 같은 사상을 바탕으로 묵자가 理想으로 꿈꾸었던 사회는 인민 모두가 함께 편안한 사회인 安生生 社會였다.

안생생한 대동 사회를 이루기 위해, 묵자는 상현론과 상현론을 바탕으로 한 【위아래 민중들이 상호 소통을 통해서 다양하게 형성된 개개인의 의견을 하나로 통합 결집할 수 있는 정치제도인 상동론】을 제안하게 된 것이다. 즉 현대적인 의미에서 국민의 뜻을 하나로 통합시키는 국회와 같은 기능과 역할을 하는 제도가 尙同이다.

그러므로 상동은 정치지도자가 인민들의 實情을 제대로 파악하기 위한 소통방식이고, 또 인민들의 민원을 해결하는 제도이기도 하다.

> 오로지 인민들의 언론을 펴게 하고 그 인민들의 뜻에 따라
> 정사를 처리함으로써 이처럼 이롭게 되는 것이다.91)

또 상동은 '**업무 분담에 따른 역할을 체계화**'92)한 점이 특징이라 하겠다.

---

89) 『墨子』「非命」, "與其百姓, 兼相愛, 交相利 移則分." 이 글 중에서 '移則分'이 중요한 의미가 있는데, 이는 재물을 똑같이 나누어서 분배하는 것이 아니라, 각자의 노력에 따라, 각각 맡은 바 일이 다른 상태에서, 재물이 늘어나면, 이를 많이 가지게 된 사람이 복지적 차원에서 '서로 돕는 것이지, 무조건 나누라는 것은 아니다'라는 것이다. 즉 묵자는 '차이'를 인정하지만, 차별을 그르다고 한 사상가이다.
90) 『墨子』「尙賢下」, "爲賢之道 有力者 疾以助人 有財者 勉以分人 有道者 勸以敎人"
91) 『墨子』「尙同下」, "故 古之聖王治天下也 其所'差論'以自左右羽翼者 皆良(外爲)之人 助之視聽者衆 故 與人謀事 先人得之 與人擧事 先人成之 光譽令聞 先人發之,唯'信身'而從事 故 利若此, 古者 有語焉 曰 一目之視也 不若二目之(視)[睹]也 一耳之聽也 不若二耳之(聽)[聰]也 一手之操也 不若二手之彊也 夫唯能'信身'而從事 故 利若此 ... 聖王 不往而視也 不就而聽也 然而使天下之爲寇亂盜賊者 周流天下 無所重足者 何也 其以尙同爲政善也"
92) 『墨子』「尙同中」, "夫建國設都, 乃作后王君公, 否用泰也, 卿大夫師長, 否用佚也. 維辯使治天下均" 이 문장을 통해 알 수 있듯이 묵자의 상동체계는 업무 분장(維辯)에 따른 위계질서이다.

묵자는 위아래 직급에 따른 소통을 중시해서 이를 체계화하였다. 다시 말해 상동이란 국가를 통치하는 데 있어서 원칙과 기준을 세우고 그것을 통하여 일관성 있게 국가를 통치함으로써 정치에 대한 백성들의 신뢰를 확보하고 사회의 질서를 회복하고자 하는 이론이다.[93] 즉 윗사람과 아랫사람 간의 【소통을 통해서 흩어진 의견을 하나로 통합】하기 위한 제도다. 상동도 서로 평등한 가운데, 즉 【역할에 따라 지위는 다르지만, 각자의 능력에 따라 서로 和同하고 협동하여 천하의 뜻을 하나로 모아서 천하를 안정시키자는 주장】이기 때문이다.

① 天志
묵자는 天志論에서 "곧 天意는 따르지 않을 수 없으니, 天意를 따른다고 하는 것은 서로 아끼며 사랑하고 서로 이익을 나누는 것 즉 '兼相愛交相利'이다"[94] 라고 했다. 하늘의 뜻 天志는 하늘이 인간에게 의롭듯이 인간도 이를 본받아 서로 의롭게 살라는 것이다. 곧 인간이 義를 실천하는 방법은 겸애 교리로 하라는 것이다. 그런데 【겸애 교리는 인간 상호관계가 평등하다는 대전제에서 나온다.】 불평등한 관계 속에서 겸애 교리 할 수는 없다. 권력 가진 자가 힘없는 자에게 베푸는 것은 〈시혜〉이지, 겸애 교리일 수가 없다. 곧 동등한 사람들 속에서라는 것은 '평등한 民'이 중심이 된다. 그러므로 民主 사상이다.

 이렇듯 【겸애는 상호 간의 평등이 전제되는 주장】이다. 그래서 겸애를 바탕으로 세워진 尙同도 그 상동 체계는 상호 간의 평등한 관계가 전제되는 조직 구성일 수밖에 없다. 즉 〈직책의 역할에 의한 직위의 구분이지, 신분 계급에 따른 고정적인 조직체계는 아니다.〉 이는 묵자의 주장인 '官無常貴 民無終賤 有能而擧之 無能而退之'의 문장을 통해서 알 수 있다. 즉 '관직에 등용된다고 하더라도 세습적으로 평생 귀하지만은 않고, 아직 관직이 없는 평민이라고 해서 평생 관직에 오르지 못하리라는 법도 없으며, 능력이 입증되면 관직에 오르고 능력이 출중하지 못하면 관식에 등용된다 하더라도 퇴출당할 수 있다'라는 것이다.
天志 즉 하늘의 뜻은 '의롭게 사는 것'이다. 현대적 의미로는 正義社會 구현이다. 강자가 약자를 사랑으로 돕는 것 즉 겸애 교리이다.

---

93) 황성규, Ibid., 100쪽.
94) 『墨子』「天志上」, "當天意而不可不順 順天意者 兼相愛交相利"

묵자가 「천지」에서 강조하는 것이 正義社會 구현이며, 이를 이루기 위한 정치체계가 상동 체계이다. 【상동 구성원들 간의 상호 평등한 가운데 서로 和同를 하면서 協同하는 것이 상동이라는 것이다.】

② 法儀
세상에서는 무슨 일을 하든지 반드시 본받아야 할 기준이나 표준이 있어야 하며 더욱이 【천하 인민을 다스리는 데 있어 명백한 기준(法度)이 반드시 있어야 한다】는 것이다. 그러면서 묵자는 이 본받을 만한 표준으로 하늘이 바라는 〈天志를 법도로 삼아야 한다〉고 기술하고 있다.
묵자가 天을 표준으로 삼아야 한다는 것은 天은 無私해서 공평하기 때문이다.

③ 兼愛
묵자가 추구하는 것은 겸병 전쟁의 혼란으로 인해 피폐해진 민중의 삶을 정상적으로 회복시키는 데 있다. 묵자는 이 혼란의 원인을 '不相愛'에서 비롯된 다툼과 전쟁에서 그 원인이 있다고 생각했다. 그러므로 사람들은 서로서로 아끼고 사랑하자는 것이다.
서로 아끼고 사랑하면서도 서로의 의견이 다를 수 있다. 그래서 【상대방을 무조건 비난하기보다는 대안을 제시하면서 비판하자[95]는 것】이다. 즉 정당한 비판을 수용해야 비판받는 당사자에게도 이익이 된다는 논리로서 곧 겸애 교리이다.
　묵자의 이와 같은 주장은 남의 의견을 비판하면서 다른 대안을 제시하지 않는다는 것은 결국 다툼의 원인이요, 이것은 서로에 대한 사랑이 아니라는 것이다. 그러면서 묵자는 겸애 교리의 실천은 나부터 선행해야 한다고 강조한다.

　　　　말은 메아리가 없을 수 없고 德은 보답이 없을 수 없다네.
　　　　내가 봉숭아를 던져주면 그는 자두로 갚는다네.
　　　　곧 이 말은 남을 사랑하는 자는 사랑을 받고
　　　　남을 미워하는 자는 미움을 받는다는 것을 이르는 말이다.[96]

---
95) 『墨子』「兼愛下」, "非人者 必有以易之 若非人而無以易之"
96) 『墨子』「兼愛下」, "若我先從事乎愛利人之親　然後　人報我[以]愛利吾親乎　意我先從事

묵자는 내가 먼저 겸애하면 반드시 남도 나를 겸애할 것이라 확신하고 있다. 이것이 서로 간에 이익을 준다는 것이다. 이것은 〈겸애가 公平의 원칙〉이라는 것을 밝히고 있다. 또 묵자의 이러한 공평의 원칙은 일정한 상호 관계에 기초해서 세워지는 것이다.

이처럼 【겸애는 天志에 부합하며, 곧 義의 실행이며, 尙同의 기반으로서 세상을 크게 이롭게 하는 묵자 사상의 실천 강령】이라 하겠다.

④ 義

묵자 사상의 맥은 義의 실천이요 실현에 있다. 그래서 묵자는 '萬事莫貴於義'라면서 義를 중심으로 그의 사상을 전개한다.

> 사람들이 말 한마디로 다투며 서로를 죽이는 것은 무엇 때문인가?
> 이것은 의로움을 사람의 목숨보다도 귀중히 여기기 때문이다.[97]

겸애도 義이고, 尙同도 義이다. 또 상동의 체계는 묵자가 義를 실현하기 위한 정치체계로서, "하늘의 뜻에 따라 정치인들이 의로운 정치를 하면 이것이 義政이며, 이에 따르지 않는 것이 바로 力政이다."[98]

2) 상동론에 대한 논쟁점

① 전체주의적 통치를 위한 제도라는 관점

【곽말약】[99]이 말하고자 하는 것은 묵자의 상동은 왕권 통치를 위한 제도적 장치로서 하늘의 뜻은 결국 왕의 뜻이 되고, 왕의 자의적인 是非 判斷이 곧 하늘의 是非 判斷이 되어, 묵자 사상의 진정한 의도가 〈절대적 전제왕권의 구축에 이론을 제공〉하고 있다고 해석하고 있다.

乎惡[賊]人之親 然後 人報我以愛利吾親乎 卽必吾先從事乎愛利人之親 然後 人報我以愛利吾親也 然卽(之)交孝子[之]者 果不得已乎" "無言而不讎 無德而不報 投我以桃 報之以李" "卽此言愛人者必見愛也 而惡人者必見惡也"

97) 『墨子』「貴義」, "爭一言 以相殺 是貴義於其身也"
98) 『墨子』「天志下」, "順天之意者兼也 反天之意者別也 兼之爲道也 義政 別之爲道也 力政"
99) 곽말약은(1892~1978) 중국 사천성 출신으로, 작가, 역사가로서 사회 활동가이며, 또한 항일투쟁가이다. 모택동 정권의 중화인민공화국에서 모택동주의 사상과 문학의 조타수 역할을 한 인물이다.

【이성규】는 "묵자의 상동에 대한 논의가 결국 전제군주가 백성들의 지배 체제를 실현하는 데 **합리적인 논리 혹은 이념을 제공**하는 것이며, 墨家는 법가 못지않게 군주권의 절대화와 철저한 上命下服式支配의 원리를 제시하였을 뿐만 아니라 그 勸力의 정당성에 대한 이론을 精緻(정치)하게 갖추고 있었다."[100] 고 주장하였다. 상동은 "**사실상 君主가 제정한 法에 만민이 일방적으로 복종하는 정치체제를 의미한다.**"[101]는 것이다. 또 '上有過則規諫之'라 하여 상급자에 대한 하급자의 간쟁권도 언급한 것은 사실이다. 그러나 "上所是 皆必是之 上所非 皆必非之'라는 상황에서 하급자의 간쟁권은 처음부터 불가능한 것이다."[102] 라는 주장이다.

【이성규】의 묵자 상동론에 대한 견해를 종합해 보면, 墨家의 尙同은 철저한 上命下服式 체계를 통해 군주의 의견을 백성들에게 전달해서 복종하게 하는 이론이고, 天에 의한 天子의 규제는 형식적인 논리이며, 천자가 民의 의견을 수렴하여 민의를 통일하는 上告制를 천자의 통치를 위한 告奸制로 이해하고 있다. 결국 尙同論은 절대군주의 권력 집중을 위한 수단이라는 것이다.

【이택후】는 '겸애론'을 평균을 추구하는 이론으로, '상동'을 '**전제 통치론**'으로 보았다. 또 묵가의 兼愛 개념은 '공동체 전체의 이익을 보장하는 원칙'으로 이해될 수 있다면서, 이때 이익 계산의 출발점은 언제나 '개인'이 아닌 '전체'이다. 그리고 "이는 엄격한 상벌제도의 시행을 통한 군주 일인의 가치 체계가 강력하게 관철되는 형태의 상동적 국가체제라는 바탕 위에서 국가의 이익을 최대치로 보장해 주는 원칙으로 작동하게 된다."[103]는 것이다.

2) 민주적 의견 소통을 위한 제도라는 관점
尙同체계는 인민 개개인이 자유의지를 가진 평등한 주체로서의 행위를 통해 다양한 여론을 수렴하는 民主主義的 색채가 매우 강한, 당시로써는 혁명적인 이론이라고 주장하는 학자 중에서, 【손영식】은 "상동(尙同)은 겸애(兼愛)와 천지(天志)를 함축하고 있다"라고 말한다.

---
100) 이성규, 『중국고대제국성립사연구』, 일조각, 1989, 260쪽.
101) Ibid., 267쪽.
102) Ibid., 267쪽.
103) Ibid., 15쪽.

상동의 이유로 묵자는 〈개인들의 서로 상충하는 이해관계의 조절〉을 든다. 곧 묵자의 상동론은 절대군주의 강압에 의한 복종이나 의견 통일이 아닌, 백성들의 자유의지에 따른 자발적인 복종이고 또한 의견 결집은 **개인들 간의 의견 소통을 통해 상충하는 異見을 조율하는 것**이라고 주장한다. 상동제 하에서는 군주의 이익보다는 전체 백성들 개개인의 이익을 우선시하기 때문에, 尙同論이 절대군주의 위로부터 명령하고 복종하는 체제가 아니고 【**아래로부터 민의를 수렴해서 공동체 구성원들의 이익을 보장하기 위한 수단이요 과정이라는 것**】이다.

【황성규】는, 묵자가 제시한 정치사상의 핵심은 상동론에 있다면서 다음과 같이 묵자의 상동론이 民主主義를 설파한 핵심이라는 주장을 한다. "상동론이 획일적이고 전체적인 사회를 지향하거나 아랫사람은 반드시 윗사람의 견해를 추종해야 한다는 것으로 비추어질 수 있으나, 〈**이는 묵가학파의 상동 사상을 제대로 간파하지 못한데서 오는 편견**〉이며, 상동 사상이 추구하고자 하는 본질과는 상당한 거리가 있다."104) 묵자는 통치자의 주관적 의사에 의해서 국가가 좌지우지되는 불합리한 현상을 최소화할 수 있는 제도적 장치를 수립하자는 것이다.

"묵자는 국론 일치를 위해서는 자신의 견해에 반대하는 의견에 대해서도 신중하게 접근해야 하며, 천박한 신분을 지닌 자들의 주장도 함부로 묵살해서는 안 됨을 주장했다"105)

결국 尙同은 제각각 자기 능력에 따른 직업을 가진 사람들이 자기 영역에서 역할에 따라 서로 협동하여 하나의 통일된 실체를 형성해 가는 것이다. 상동론은 협동론이라고 할 수도 있을 것이다. "묵자에 의하면 진정한 【**상동**】이란 통치자의 권위나 의도에 맹목적으로 추종하는 일사분란의 상태가 아닌, 【**반드시 민의에 기초하여 국론을 집중시키고 그것으로 원칙과 기준으로 삼는 것이다.**】 왜냐하면 묵자에게 있어서 백성의 뜻은 곧 하늘의 뜻이기 때문이다."106) 곧 '民心은 天心이다'는 것이다.

【候外·盧후외로】도 그의 지시 『중국철학사』에서 나음과 같이 기술하고 있다. "묵자는 尙賢論 에서 고대 민주 理想의 기초로 '尙同'을 주장하였으며, 〈**民이 동의한 바의 통치자**〉야말로 墨家의 理想을 실천할 수 있다

---

104) 황성규, Ibid., 157쪽.
105) Ibid., 180~181쪽.
106) 황성규, Ibid., 186쪽.

고 생각했다. 또 이러한 理想으로, '천하를 하나로 같이하는 뜻'이라 하고, 따라서 尙同으로써 上下相賊(상하상적) 에 대체하였다.

묵자의 상동론은 민주론이라고 주장하는 학자로서, 이해영과 기세춘이 있는데, 【이해영】은 상동은 윗사람의 뜻을 숭상하고 함께하는 것이지만 무조건 윗사람에 복종하는 상의하달의 의미만을 지니는 것은 아니다. 윗사람과 아랫사람이 가치 판단의 기준을 하나로 통일하여 온 천하가 겸애 교리의 이상에 도달해 가는 과정이다. 리의 정장인 【이장은 里 전체의 의견을 수렴 통일】하여 鄕長에게 상동하고, 향장은 정장에게, 정장은 군주에게, 군주는 천자에게 천자는 天에 상동해야 한다. 이것은 가치 기준(義)이 아래에서 위로 통일되어 가는 과정이고, 民의 평등의식인 겸애 교리가 공평한 天에 투영되어 온 천하에 실현되어 가는 과정이기도 하다. 그래서 상동은 상고제를 바탕으로 상하가 소통하기 위한 제도라는 것이다.

【기세춘】은 또 '만인의 만인에 대한 투쟁'을 종식하고자 통치자를 선출하였으므로 主權은 인민에게 있었다고 해석한다. 즉 통치자가 없었을 때는 백성이 주권자였고 온 인민 각자가 주인이므로 자기의 이익은 옳다 하고 남의 이익은 그르다 하여 전쟁과 투쟁이 생겼다. 그리하여 "천하의 義를 화동 일치시키고자 어진 자를 선출하여 천자로 삼았다."[107]라고 상동을 해석했다.

위에서와 같이 【기세춘】이나 【이해영】은 〈상동〉을 계급 신분 질서에 따른 하향식 정치구조로 보지 않고 〈상향식 의견 수렴 과정〉으로 보고 있다. 이는 개개인이 주권자로서 자유의지를 가진 존재이기에, 각각은 동등한 존재라는 바탕에서 상동을 이해하기 때문이다.

3) 민주론적 관점에서의 판단

尙同은 인민들이 자유의지를 가진 '독립된 주체'로서 소통을 통해 서로 화합하고 협동하여 안생생한 사회를 이루어가는 정치제도이다.

> 도성에서 멀리 떨어진 시골구석의 신하들과 궁정의 관리들은 물론이고 도성 안의 백성들과 변방의 비천한 백성들까지도,[108]

---

107) 기세춘, Ibid., 200쪽.
108) 『墨子』「尙賢上」, "逮至遠鄙郊外之臣 門庭庶子 國中之衆 四鄙之萌人"

즉 농민이나 상공업에 종사하는 천한 사람이라도
능력이 있으면 그들을 등용하고 벼슬을 높여주고
녹을 무겁게 주어 그에게 정사를 맡기되 명령을
결단토록 권한을 위임했다.109)
그러면서도 관리라 해서 언제까지나 귀한 것이 아니고 백성이라 해서
언제까지나 천하지는 않았다. 유능하면 등용되며 무능하면 곧
쫓겨났다.110)

상동은 단순히 한 개인(군주나 향장 등)에게 복종하는 것이 아니라, 모두를 위한 기준(**인민의 통합된 의견**)을 따르는 것이다. 묵자의 상동론은 현대적 의미로 해석하면, 民意를 수렴하여 의회에서 法을 제정하는 것과 같은 맥락이라고 보인다. 그래서 누구(천자라 할지라도)라도 능력이 있으면 승진하고 능력이 부족하면 퇴출된다는 것으로 현대의 민주주의에 비견될 만한 정치제도이다.

尙同論과 兼愛論은 '不二'이다. 결국 한 사상의 두 측면이라 하겠다. 자기 능력에 따라 자기가 잘하는 분야를 선택해서 그 분야의 전문가가 되어 세상의 일에 서로 협동하는 것이 義의 실천이며, 자기의 능력에 따른 역할을 잘 수행하자는 것이 尙同의 근본 취지이자 목적이다. 尙同함은 신분계급사회에서의 강압적인 전제군주의 전체주의적 통치가 아닌, 인민들의 자발적인 협동 속에서 의사소통하여 하나로 뜻을 모으자는 것이며 和同이며 尙同이다.

4. 묵자의 尙賢論은 民主主義의 바탕인가?

1) 상현이란?

묵자의 상현 사상은 현량한 사람들에 의한 정치를 의미한다. 그래서 세습 귀족에 의한 관직의 독점을 비판하고, 신분제 철폐를 통해 〈**오직 개인의 품성과 능력을 기준으로 기회 균등한 가운데 현량한 인재를 등용해서 나라와 백성들의 삶을 풍족하게 해야 한다는 것**〉이다.

특히 묵자 사상에서 상현이 중요한 것은 【天志의 뜻인 '겸애 교리'를 '가

---

109) 『墨子』「尙賢上」, "雖在農與工肆之人 有能則擧之 高予之爵 重予之祿 任之以事 斷予之令"
110) 『墨子』「尙賢上」, "官無常貴 而民無終賤 有能則擧之 無能則下之"

치 기준'으로 삼은 사람을 등용해야 한다】는 점이다.
묵자의 상현이 유가의 尊賢과 다른 점은 묵자의 상현은 신분 차별이 없는 가운데 어질고 능력 있는 인재를 등용하자는 데 반해, '유가의 尊賢은 종법질서를 바탕으로 한 신분 차별의 범주 내에서, 현인을 높여서 인재로 등용해야 한다.'는 것이다. 현인은 '유능(有能)'해야 하며, 곧 나름대로 잘 할 수 있는 분야에서 전문가가 되어 서로 화동하면서 협동할 수 있는 자이여야 한다.

① 현량자의 조건
현량자는 하늘이 바라는 바인 '義'를 가장 귀하게 여기는 자이여야 하며, 천하의 인민들을 위해서 義를 '실천'에 옮기는 자이여야 한다. 묵자는 기회 균등한 사회를 염원하였고, 이것이 계급의 평준화나 귀족의 賤人化를 의미하지는 않는다. 그는 【재능의 조건에 따라 신분을 결정】하자는 것이었다. 【신분】은 개인의 사회적인 지위나 자격을 말하는 것으로, 이는 **【어질고 유능한 정도에 따라 변하는 '유동적인 사회'를 만들자는 것】**이다. 그래서 관리로서 등용되는 것도 세습이 아닌 자기의 재능에 따라 결정되는 사회를 추구하였다.
그래서 묵자는 정치지도자란 〈**개개인의 義를 모아서 하나로 義로 통일시킬 수 있는 현량한 자를 필요로 한 것**〉이다. 왕의 의견을 하향식으로 명해서 억지로 통합시키는 지도자가 아닌 【상향식 지도력】을 요구한 것이다. 그러면서 정치지도자는 "厚乎德行으로서 德과 行實이 두텁고 둘째, 辯乎言談으로서 언변이 논리적이며 셋째, 博乎道術로서 도리와 술수에 해박한 자질을 갖추어야 한다"고 말했다.
그러면서 훌륭하고 뛰어난 자질을 갖춘 자들은 인민의 이익에 충실할 수 있도록 〈충분한 대우를 해 주어야 한다〉고 주장했다.
결론적으로 현량자는 인민을 이롭게 하기 위해서는 솔선수범하며 실천에 옮기는 자이다. 즉 **獨行義와 勸義하는 자**. 이런 者이어야 만이 인민의 이익을 위하는 자이며, 현량자가 될 수 있다는 것이 묵자의 주장이다.

② 현량자의 역할
현량자의 역할은 무엇보다도 의로운 행동을 통해 인민의 이익을 창출하는 것이 그 목적임을 묵자는 墨子書를 통해서, 반복적으로 말하고 있다.

현량한 관리는 인민들이 운명론에 젖지 않고 자기 운명을 스스로 개척하도록 권해야 한다는 것이다. 즉 인민들이 운명론이나 숙명론에 빠지면 자기 행동에 대해 책임지지 않고 생업을 게을리하게 되므로 이를 방지하는 것도 현량자의 역할이라는 것이다. 즉 "운명론자의 말을 따른다면 위에서는 정사를 다스리지 않고 아래서는 일을 하지 않을 것이다. 고로 운명론은 위로는 하늘에 이롭지 않고 가운데로는 귀신에 이롭지 않으며, 인민들에게도 이롭지 않다."111) 그러므로 현량자의 역할이 중요시된다는 것이다. 현량한 관리는 "정해진 운명이란 없다. 나의 노력과 노동으로부터 얻을 뿐"112)이니 삼가고 노력하라고 권면하는 자이여야 한다.

2) 상현론에 대한 논쟁점
尙賢論은 【다양한 '의견을 통합'하는 조정자 역할】로서 賢良者가 필요하다는 이론이라는 주장과 절대군주의 명령을 전달하는 자에 불과하다는 주장이 상존한다.
① 전체주의적 통치를 위한 관료 등용론이라는 관점
【곽말약】의 현자에 대한 인식은 왕권이나 사직을 보위해 주는 **호위병에 불과하다는** 것이다. 그의 주장은 절대 권력에 의지하여 그 절대 권력의 사직이나 재산을 악당이나 도적으로부터 보호해 주는 것이 소위 현자의 역할인데, 여기에 신분제 타파나 평등론을 통한 기회균등의 이론이 제기되는 것은 묵자의 이론이 아니라는 것이다. 후세 이론가들의 해석이 그릇되었다는 것이다.
【이성규】는 "묵자의 주장이 귀족 세습 정치를 반대하고, 관료들을 흡수하여 전체주의를 강화해 가는 **신흥 군주들에게** 관료제도를 운영하는 기본 방향과 원리를 제공하고 있다는 것이다."113)

그러면서 尙同論에서 언급되고 있는 국가 구조를 上命下服式의 지배 논리로 해석하며, 이를 뒷받침하기 위해서 아랫사람들이 승복하기 위해서는 윗사람의 현능이 전제되어야 한다는 것이나. 그래서 "묵자는 상동론을 전개하면서 천자를 비롯한 각급 관장의 賢·仁을 강조하였고,"114) "상동

---
111) 『墨子』「非命上」, "用執有命者之言 則上不聽治 下不從事" "故命 上不利於天 中不利於鬼 下不利於人"
112) 『墨子』「非命上」, "無天命 惟予二(上)人無造言 不自天降 自我得之"
113) 이성규, Ibid., 270쪽.
114) 『墨子』「尙同上」, "選天下之賢 可者 立以爲天子 (…) 又選擇天下之賢 可者 置立之

체제를 賤者·愚者에 대한 〈賢者·知者의 지배로 설명〉하였다."115)면서 尙賢論은 尙同論을 이론적으로 보강하기 위한 것으로 해석한다.

② 인민의 의견 통일을 위한 조정자라는 관점
【양계초】는 묵자의 상현론이 "유가들에 의해 지지가 되었던 '親貴'를 바탕으로 하는 사회적 계급제도에 반발하여 생겨난 것"이라고 설명한다.116) 그러면서 "묵자는 사적 이익의 추구를 부정하고 '겸상애교상리'의 보편적 사랑과 공적 이익의 추구를 주장함으로써 사회를 안정시키고자 했다"117)고 해석한다. 결국 "묵자의 상현설은 물론 유가가 지배하던 구사회의 계급 질서를 근본부터 부정하는 것이며, 舊사회의 계급 질서는 능력이 아니라 〈혈연과 신분에 의해 결정되는 계급사회〉였기 때문이다. 그런데 묵자가 추구하는 이상사회는 신분과 혈연이 아니라 '利'를 중심으로 구성된 평등한 사회라는 것이다.

하지만 "양계초의 사상적 입각점은 개인과 개인의 이익이었으며, 그것을 출발점으로 해서 사유재산의 보장과 개인적 이익에 대한 자유로운 추구를 통한 경쟁을 보장하는 사회를 추구했다고 볼 수 있다."118) 결론적으로 양계초는 묵자 사상을 해석하는 데 있어, 〈묵자 상현론이 개인의 이익을 추구하는 것보다는 사회적인 공적 이익 추구에 있다는 점에서 그의 개인적 자유주의 관점과는 일치하지 않는 점에서 비판한다.〉 결국 양계초는 묵자의 경제사상이 공적 이익 추구에 초점이 맞춰져 있기에, 【개인의 사유재산제를 부정한다고 주장】하고 있다.

하지만 【候外盧후외로】가 묵자의 상현론을 해석하는 관점은 양계초와도 다소 차이가 있다. 즉 그는 묵가 학설의 요지를 '兼相愛 交相利'로 정리하면서, 墨家들은 당시 수공업자와 기타 평민 계층으로 사회관계에 있어서 개혁을 요구하였다. 즉 "정치적 지위의 상승, 사유재산과 개인 자유의 보장, 생산을 보호하고 겸병 전쟁을 반대한 것이다. 이것이 바로 씨족 귀족의 이익을 유지하려는 유가의 학설에 대한 墨家의 강한 비판이다."119)

以爲三公 (…) 又選擇其國之賢 可者 置立之以爲正長"
115) 『墨子』 「尙同中」, "自貴且智者爲政干愚且亂者則治 自愚且賤者爲貴且智者則亂"
116) 김현주, 「묵자에 대한 양계초의 이해」, 『대동문화연구, 제73집』, 2011, 266쪽.
117) Ibid.
118) 김현주, Ibid., 166쪽.
119) 候外盧 著, 양재혁 옮김, 『중국현대철학사』, 일월총서, 1985, 64~65쪽.

라고 하면서, 묵자는 **富貴와 貧賤은 運命**으로부터 정해지는 것이 아니고, 인간의 주관적인 '힘써 행함(强力而爲)'에 의해서 결정된다고 생각하였다. 이러한 墨家의 '强'·'力'의 주장과 非命의 관점은 墨家의 개혁 사회사상의 표현이었다. 墨家의 '强力論'이 비록 주관적으로는 貧富·貴賤·智愚의 대립을 합리적인 전제로 긍정하고 있지만, 객관적으로는 人爲의 투쟁을 강조하였다.

"이것은 고대 세계의 평민 계층이 씨족 귀족의 【'然故富貴'함을 반대한 일종의 자유 경쟁 학설】이다."[120] 이는 墨家 사상의 바탕에는 현대적 의미의 '자유주의'가 흐르고 있음을 암시한 것이다. 즉 墨家사상의 능력에 따른 기회균등론, 이는 자유주의 상황에서 평등한 기회를 얻자는 것으로 이해하고 있다.

결국 【후외로】는 묵자의 사상을 현대적 의미로 자유 경쟁을 역설하고 신분적 계급 질서를 타파하여, 자신의 노력과 능력 여하에 따라 빈부귀천 등의 차이가 생기며, 또 현량지사라면 이 차이를 공동체 전체를 위해서 적절히 조정하는 능력을 갖춘 자일 것이라고 평한다.

3) 민주론적 관점에서 판단

묵자는 【**현대적 의미의 분업을 통한 협동 정신을 강조**】하고 있다. 즉 겸애 정신은 서로 제각기 능한 일을 해서, 〈서로 **부족한 부분은 메꿔주는 협동을 강조**〉한다. 그래서 묵자는 누구나 자기 적성에 맞는 일을 해야 능률이 오르므로, 귀천과 관계없이 부지런히 일해서 삼환을 극복하는 것을 최우선으로 하고 있다. 이와 같은 행동이 尙賢論에서 강조하는 인재상이다.

묵자는 「대취」·「소취」 편에서 이 문제에 대해 자세히 언급하는데, '大取'는 '이익은 큰 것을 취한다.'라는 원칙이며, '소취'는 '해로운 것은 작은 것을 취한다.'라는 원칙이다. 즉 "자유와 평등은 이로운 것이므로 최대로 해야 하며, 차별과 차등은 해로운 것이므로 최소로 해야 한다는 것이다. 이것이 바로 묵자의 공평 정의의 원칙이다."[121] 이와 같은 관점에서 보면, "묵자의 大取小取論은 正義論이다."[122]

---

120) Ibid., 66쪽.
121) 기세춘, Ibid., 234쪽.
122) Ibid.

묵자가 추구하는 正義로운 사회는 인민이 두루두루 평등함 속에서 차별 없이 자신의 노동을 통해 삶을 개척해 가는 것이다. 그러므로 〈그의 평등론은 신분, 빈부로 인해 차별받지 않는 기회의 평등이다. "그는 인권의 평등, 이른바 '자유의 평등'을 주장한 것이지 '소득의 평등'을 주장한 것이 아니다."123)〉

묵자 「尙賢」에서 주장하는 점도 현량자의 역할은 서로 다른 기준으로 인하여 '분열된 인민의 의견을 하나로 통합'할 수 있도록 해 주는 조정자라는 것이며, 민주주의는 "민주주의의 제도적 틀 안으로 폭넓은 사회적 요구와 힘이 투입되고 참여하는 것을 중시한다."124)고 규정하는 로버트 달의 주장처럼, 묵자의 尙賢論도 上告制와 尙同 체제를 통해서 많은 인민이 정치적 의견 형성에 참여토록 한다는 점에서 유사할 수 있다고 생각한다.

5. 맺는말

이상으로 『묵자』에 기록된 내용을 통해서, 비록 묵자 사상이 시대적 한계를 극복하지 못하고, 秦漢 통일시대를 거치면서 서서히 滅絶되었다가 1,800여 년이 지난 淸代에 이르러서야 다시 재조명되고 있었지만, 묵자의 사상이 전제군주의 전체주의적 통치에 이바지한 것이 아니고, '天下無人'을 바탕으로 한 평등한 민주주의를 지향하고 있음을 논증하였다. 필자는 묵자의 사상이 그 당시에 유가와 더불어 顯學(현학)으로서 쌍벽을 이루고 민중의 공감을 받았다는 점에 주목하면서, 왜 묵자 사상이 민중의 공감 속에서 200여 년을 지속할 수 있었을까? 그 이유는 〈그의 사상 속에 녹아 있는 주체성과 평등성(민주성) 그리고 민본성에 있다〉고 생각한다.

『書經』에 "하늘이 듣고 보는 것은 백성을 통하여 듣고 보는 것이다. 백성이 곧 나라의 운명을 좌우한다."125)라고 적혀 있는 것은 곧 『書經』에 민주 사상을 표현한 것이다.

"天志는 민의가 반영된 것으로 '겸애'를 평등에 대한 민중의 의지로 인식"126)해야 한다.

---

123) 기세춘, Ibid., 260쪽.
124) Ibid., 229~230쪽.
125) 『書經』「皐陶謨」, "天聰明 自我民聰明 天明畏 自我民明威 達于上下 敬哉, 有土 皐陶曰 朕言惠 可底行"
126) 이해영, Ibid., 155쪽

"【天志】는 바르고 사악함, 옳고 그름을 가리는 기준"[127]일 뿐이다. 즉 '【法儀'】〈본받아야 할 행동 규범〉이다. 그러면서 天意 즉 민중의 뜻조차도 【삼표법에 따른 기준에 부합되어야 한다】고 주장한다.

곧 묵자의 사상은 天志의 뜻인 '義'(義는 민중 지혜의 모음이며 法儀이다.)를 중시한다. 尙同도 천하의 다양하게 흩어진 義 즉 기준을 하나로 통일하는데 상하가 서로 소통을 통해서 하나로 통일하자는 것이다. 이와 같은 역할을 할 지도자가 바로 「尙賢」에서 논한 대로 어질고 능력 있는 사람이다.

비명론에서는 운명이 정해진 것이 아니기에 누구라도 천자가 되기도 하고 물러나기도 하는 것이다. 즉 '官常貴, 民終賤'의 봉건적 종법 질서의 논리가 아닌, '官無常貴, 民無終賤'으로의 민주민본적 질서로의 논리 전환의 바탕에는 묵자의 비명론이 자리하고 있다. 이 비명론이 곧 평등론(민주론)이고 민본론인 것이다.

결론적으로 묵자 시대의 가장 중요한 것은 백성들이 삼환에서 벗어나게 하려면 백성을 근본으로 삼아 자발적으로(非命) 서로 협동함(尙同)으로써 해결할 수 있다고 보았다.

묵자의 철학의 바탕에는 '天下無人論'이 있다. 세상에는 남이란 없으며 누구나 동등한 존재라는 것이다. 그래서 서로 和同 하자는 것이다. 【'和同'은 '서로 다른 것들이 함께 한길을 가는 것'】이라고 말한다.

서로 다르기에, 다양하기에 서로 잘하는 능력을 바탕으로 협동해 가는 것이 겸애를 가치 기준으로 하는 尙同이다. 즉 **다양성을 유지하면서 보편성을 가지는 통일이다. 이것이 和同이며 協同인 尙同이다.**

以上에서 묵자 사상의 평등성(민주성)과 민본성을 살펴보았다.

〈결론적 정리〉

1. 묵자 사상의 인민 주권론

묵자 사상의 핵심은 天志인 義(겸애 교리)를 통해 三患을 해결하고자 함에 있다. 즉 당시의 제후들과 대부들 사이에서 벌어지는 겸병 전쟁으로 인해 가장 피해를 많이 보는 것은 다수의 민중이었다. 이들이 굶주리고 헐벗고 쉴 곳조차 없어서 안정된 생활을 하지 못하는 까닭은 무엇이며,

---

[127] Ibid., 170쪽.

이를 해결하는 방법은 무엇인가에 대한 고민은 다른 사상가들도 많이 하면서 나름대로 해결책을 제시했지만, 특히 묵자는 민중의 관점에서 실질적으로 그들에게 도움이 되는 방책을 많이 마련했다고 보인다.

그래서 묵자는 서로 사랑하고 아끼는 것이 하늘의 뜻이라고 설파하면서, 이것만이 各自爲心하는 사람들의 마음을 돌려 서로에게 도움이 된다고 설득하였다. 그것이 바로 【'天志는 兼愛交利'】라고 했다. 묵자는 尙同上편에서 "사람마다 義가 다르다"라고 했다. 이는 사람마다 생각하는 기준이 다르다는 의미로 본다. 이는 사람들이 저마다 자의식을 가진 주체자라는 것이다. 그래서 사람들은 저마다 사물을 보는 기준(義) 서로 다르므로 싸운다는 것이다. 이의 해결을 위해서는 어질고 현명한 지도자가 선출되어서 민중들의 서로 다른 기준을 하나로 통일시켜 기준(法)으로 삼도록 해야 한다는 것이다. 즉 묵자는 '一人一義', '十人十義'의 異見이 百出하되 거기에 구속받지 않고 자기 책임하에 상호 이익을 위한 협동[128]하는 인간을 설정하고 있다. 【인간은 자유의지를 지닌 주체적인 인간이기에 자기 행동에 대한 자기 책임을 지는 행위를 할 수 있다.】 묵자가 「非命」과 「非樂」에서 "정해진 운명은 없다. 자기 책임하에서 자신의 노동과 노력을 통해서만이 전체적으로는 나라가 부유해지고 개인적으로도 부유해질 수 있다"라는 점을 매우 강조하는 것도, 인간들이 자유의지를 가진 존재요, 주체성을 가진 인간임을 설파한 것이다. 그러면서 '虧人自利'를 배척하자는 것도, 자기 노동과 노력을 통해 얻은 것만이 '자기 소유'라는 것으로 세습을 통한 불로소득을 부정한 것은, 그 당시의 봉건제적 종법 질서를 부정하면서 【자유로운 경쟁을 통한 기회균등을 통해 사회를 풍요롭게 하자는 주장】이었다.

그래서「尙同下」의 '百姓爲人'에 대한 해석도 '백성이 주인이다'라는 해석이 묵자 사상의 전체 맥락을 통해서 보면 가장 타당한 것으로 생각된다. 위에서 언급한 대로 전제군주의 전체주의적 질서 속에서 억압받던 민중이, 묵자의 사상을 200여 년간 공감하면서 지속했던 이유도 바로 이런 '백성 자신이 주인이다'라는 당시로서는 매우 신선한 외침이 있었기에 가능하지 않았는지 생각한다. 물론 '百姓爲人'을 '백성들은 모두 자기만을 위하였다'로 해석하는 것도 各自爲心하는 이기적인 인간들로 사람을 규정

---

[128] 이운구 · 윤무학, Ibid., 54쪽.

한다면, 충분히 수긍할 수 있는 주장이라고 생각되기도 한다. 하지만 묵자는 "所染論에서 인간을 이기적인 존재라 생각하지 않고,129) 주변 환경 인자를 중요시했다. 즉 묵자는 사람은 백지와 같다는 의미로 경험론적 인식론을 說하고 있다.

> 지각과 의식은 다른 것이다.130)
> 마음은 지각할 수 없다.131)

> 지각이 없이 마음만으로 보면, 마치 기둥을 회초리보다 가볍다고 생각하는 것과 같다.
> 마음은 넓은 바다처럼 귀속할 곳이 없기 때문이다.132)

이처럼 묵자에게 知는 재료이며, 智는 경험이며, 意는 선험적 또는 관념이다. 그러므로 "묵자에게 〈인간의 마음은 아직 물들이지 않은 無知한 백지와 같았다.〉 이와 같은 묵자의 인식은 '경험론적 인식론'이라 하겠다."133) 사람들이 저마다 생각하는 기준(義)이 다르기에 서로 싸울 수 있으나, 삶의 경험을 통해 싸우지 않고 문제를 해결하는 방법을 찾아낸다. 그래서 곧 【묵자의 天志인 義는 집단지성의 발로이며, 民心】이라 생각한다.

사람들이 개개인의 경험을 통해 공동체와 개인이 공존할 방법을 창안해 낼 수 있는 것도 사람들 스스로가 공동체의 주인이라는 의식에서 나온다는 것이다.

'百姓爲人'에 대한 해석은 백성들은 자신을 주인이라 여기면서 삶의 터전인 공동체와 개인의 삶이 함께 공존 번영할 수 있는 존재라는 자의식에서 나온 것이다.

2. 天子를 選定하는 주체는 누구인가?

천자는 국가의 최고 지도자이다. 이를 選定하는 주체가 누구인가에 따

---

129) 『墨子』「所染」, "染於蒼則蒼 染於黃則黃 所入者變 其色亦變"
130) 『墨子』「大取」, "智與意異"
131) 『墨子』「經下」, "意未可知"
132) 『墨子』「經說下」, "先智意相也 若楹輕於秋 其於意也洋然"
133) 기세춘, Ibid., 207쪽.

라 국가의 정체가 달라진다. 즉 민주 민본주의 국가인지 아니면 전제군주의 전체주의 국가인지가 결정된다. 묵자는 「尙同上」에서 "사람들이 서로 주장하는 기준(義)이 달라 서로 간의 다툼이 끊이지 않으니, 이를 해결하기 위해서는 어질고 능력 있는 政長(지도자)을 선정해서 이 혼란을 잠재워야 한다"라고 했다. 또 【지도자의 역할】은 능력에 따라 각각 다른 영역을 관리하는 관리자들과 인민 대중들이 서로 〈소통을 통해 기준인 義를 하나로 통합〉할 수 있도록 하는 것이다. 인민의 總意를 하나로 통합시키는 것이 최고 지도자나 예하 지도자들의 역할이다.

▶ 『墨子』「尙同上」, "鄕長 唯能壹同鄕之義, 是以 鄕治也."

그렇다면 이 지도자들은 어떻게 선정될 것인가? 해답은 "是故天下之欲同'天下之義"에 있다. 각각 주체적인 의식을 가진 백성들, 즉 스스로가 주인이라는 의식을 가진 인민들이 생각하기를 세상이 이렇게 혼란한 것은 서로 각각 다른 기준(法)을 가진 인민들의 뜻을 하나로 통일시킬 지도자가 없기 때문이라는 것을 자각하고, 천하의 뜻을 하나로 통일시켜 천하의 혼란을 극복하고 안정된 사회를 원한다는 것이다. 곧 인민들 스스로가 '選天下之賢可者 立以爲天子' 천하 사람 중에서 어질고 능력 있는 사람을 선택해서 천자로 삼았다는 것이다.

그리고 '賢者擧而上之 (…) 不肖者抑而廢之.", "故官無常貴 而民無終賤, 有能則擧之 無能則下之' 이 글은 묵자의 평등론과 민주주의를 제대로 표현한 글귀이다. 즉 어진 자는 등용해서 높여주고, 그렇지 못한 자는 억눌러서 퇴출한다는 것이다. 그러면서 한번 관직에 등용되었다고 해서 세습적으로 그 신분이 계속 유지되는 것이 아니고, 백성들도 지금은 관직에 등용되지 못했지만, 언제까지나 등용되지 말라는 법은 없다는 것이다. 즉 언제라도 능력이 되면 등용되었다가 능력이 못 미치면 다시 퇴출될 수 있다는 것이다. 而民無終賤에서 '民'은 피지배층만을 가리키지 않고, '하늘 아래 모두'를 지칭한 것이다. 그래서 누구라도 어질고 능력이 증명되면 천자도 되고 하급 관리도 될 수 있다는 것이다. 결국 천자라는 지도자는 '인민 중에서 선출되어야 한다.'라는 묵자 활동 당시에서는 상상하기 어려운 혁명성을 띠고 있는 주장이다.

秦 나라로의 통일한 시기에 여불위라는 사람에 의해 편찬된 『呂氏春秋』에서도 "무릇 **군주가** 세워지게 되는 이유는 **민중에게서 나온다.** 즉 군주는 민중이 혼란을 극복하기 위한 지혜로부터 나온다는 것이다. 그런

데 군주가 이미 세워졌다고 그 민중을 버린다면 이는 말단을 취하고 그 근본을 잃게 되는 꼴이다."134)고하는 글이 있다. 이 또한 나라를 다스리는 최고 통치자는 민중에게서 나온다는 의미로 이해된다. 이는 민주론를 설파한 論이다. 천자는 인민에 의해 세워져야 한다는 것이 묵자의 주장이다.

현대 민주주의 이론에 대해 뛰어난 이론가인 로버트 달은 "민주주의는 적당한 조건들이 갖추어진다면 언제라도 민주주의는 독립적으로 출현하며, 또 출현할 수 있다고 생각한다. 그리고 그러한 조건들은 상이한 시간과 상이한 장소에서 존재했다고 믿는다."135)고했다. 이 말의 의미는 민주주의는 고대 그리스의 아테네와 로마 공화정이 아니더라도 즉 어떠한 곳이더라도 적당한 조건들이 갖추어진다면 민주주의는 가능하다는 것이다. 그렇다면 춘추 말 전국 초의 묵자가 활동했던 시기와 지역에서도 적당한 조건이 충족된다면 민주주의가 가능하다는 주장이다.

이와 같은 주장은 로버트 달의 탁월하고 통찰력 있는 식견이라 생각된다. 그동안 동양에서는 민주주의가 시도조차 되지 않았으며 꽃피우지 못할 것이라는 잘못된 편견이 지배적이었던 것이 사실이다. 로버트 달의 견해로 이와 같은 편견이 없어지길 바란다. **이 논문을 통해서 주장하고 싶은 것도 바로 춘추전국시대에도 '민주' '평등'이라는 용어가 없었을 뿐이지, 그 개념조차 없었다는 것은 아니라는 것이 입증하는 것이다.**

3. 上告制와 言論

"皆以告其上 上之所是 必皆是之 所非 必皆非之 上有過則規諫之
下有善則傍薦之"

위 문장은 묵자 사상이 전제군주의 전체주의적 통치를 주장하는 것이라고 말하는 학자들이 주요한 근거로 인용되는 글귀이다. 또한 묵자 사상이 민주주의적 소통을 위한 제도적 장치라고 이해하는 근거가 되는 글귀이다. 이 문장을 이해하는 데는 묵자의 주장에서, 인민들이 주권을 가진 주체인지 아닌지, 군주의 통치 대상에 불과한지를 먼저 살펴보아야 하고, 또 군주가 하늘에 의해 선택되는지 아니면, 주체성을 가진 민중들의 선택으로 세워지는지를 살피며, 마지막으로 묵자의 핵심 사상인 겸애 교리의 의미와 그 실행 주체가 누구인지를 살펴야 한다.

---

134) 『呂氏春秋』「用衆」, "凡君之所以立 出乎衆也 立已定而舍其衆 是得其末而失其本"
135) 로버트 달 지음, Ibid., 31쪽.

이와 같은 문제에 대해서는 앞에서 미리 說하였다. 이를 토대로 논하자면, 군주 즉 최고 지도자는 자유 의지를 가진 백성의 총의에 따라 선택되어 세워지고, 서로 사랑하고 아끼며 재물을 나누는 주체는 인민들 자신이기 때문에, 인민들 스스로가 자기 책임 아래에서 자기의 노동과 노동을 통해서 자기 삶을 가꾸어야 한다는 것이 묵자의 주장이다.

　그러기 때문에 上告制 즉 "以告其上 上之所是 必皆是之 所非 必皆非之"는 지도자들이 상하의 소통을 통해 민중의 의견을 듣고 實情을 파악하는 제도이다. 윗사람이 옳은 일을 하면 모두를 반드시 그것을 옳다고 하고, 윗사람(지도자)이 옳지 못한 일을 하면 아랫사람이라도 그것은 옳지 못한 일이라고 말해야 한다는 것으로서, 겸병 전쟁에 피폐해진 당시의 상황에서 이를 극복할 방법은 어질고 능력 있는 지도자를 선출해서 그와 함께 衆智를 모아 즉 상하 간의 소통을 통해 삼환의 고통을 극복하자는 것이 묵자의 주장이라고 생각한다.

　그래서 上告制는 '民心이 天心'이기에 넓고 넓은 많은 나라와 그 구성원들의 다양한 의견을 수렴하여 하나로 통일시키면서 민중의 實情을 제대로 파악하여 유능한 사람은 천거하여 등용시키고, 무능한 사람은 퇴출하는 기능을 겸하여 국정에 여론을 반영시키는 역할을 한다고 본다. 그래서 이는 국정이 원활하게 운영되게 하는 획기적인 방안이라고 생각한다.

　묵자는 또 "上有過則規諫之 下有善則傍薦之"이라는 글에서 지도자들이 잘못하면 규간해야 하며, 아랫사람이라도 일을 잘하면 널리 추천해야 한다고 주장한다. 이는 周 나라의 봉건제적 종법질서의 붕괴를 통한 신분이동의 계기가 되는 주장이다. 즉 【尙同은 상하의 같음을 숭상하는 제도】이므로, 윗사람이 잘못하면 간하여 올바르게 고치고 아랫사람에게도 좋은 점이 있으면 널리 추천해서 국정에 반영한다는 것이다. 이처럼 상·하의 균등한 의사소통은 신분 이동의 바탕이 된다.

　묵자는 「親士」에서 "君必有弗弗之臣 上必有諤諤之下 分議者延延하고 而(支茍)[交敬]者諤諤 焉可以長生保國"라는 문장을 통해 언론의 중요성을 강조하고 있다. 즉 신하(민중)가 생각하는 것과 군주의 뜻과 다르면, 이를 정정당당하게 諫(간) 해야 나라가 보존될 수 있다는 것이다. 그러면서 자유로운 의견 개진을 통해서 의견을 나누고 진지하게 논쟁해야만 나라가 튼튼히 보존할 수 있다는 것이다.

　인민 개개인이 자유 의지를 가진 주체로서 타인과의 의견 소통을 통해 인민의 總意를 모아 지도자를 선출하여 세우고, 그 지도자가 국정을 잘 운영하면 계속하게 하고, 그렇지 못할 경우는 퇴출해야 한다는 것이 묵자의 주장이다. 이런 제도가 정착되기 위해서는 언론의 소통이 불가피하게 된다. 비유하자면 "장강이나 황하의 물은 한 근원에서 나온 물이 아니며, 수천 냥의 갖옷은 한 마리 여우의 흰 털가죽으로 만들어지는 것이 아니다."[136] 이는 묵자가 【서로 다른 의견을 취합해서 하나로 통일】시키는 것에 대해서 말하고 있다. 묵자의 이론이 현실적으로 성립하기 위해서는 그 바탕에 언론의 소통이 기본이 되어야 한다.

묵자는 上告制를 통한 언론의 중요성을 설파한 것으로 생각한다. 그리고 상동의 上告制는 현대적 의미로 보면, 전국의 행정조직을 통한 민원해결제도이기도 하다.

4. 尙同은 和同이요 협동론

나라가 융성하려면 어진 인재를 가까이 두어야 하며, 간언하는 신하가 자유롭게 간쟁하는 분위기가 되어야 사직이 보존될 수 있다. 또 양자강이나 황하처럼 자기와 뜻이 다르더라도 【道理가 같다면 등용】하는 포용력이 지도자에게는 있어야 한다.

이처럼 尙同은 "장강과 황허의 물은 한 근원에서 나온 물이 아니며, 천 냥의 값진 가죽옷은 한 마리의 여우 가죽이 아니다." 이 원문에서 언급되는 것처럼 尙同은 제각각 자기 능력에 따른 직업을 가진 사람들이 자기 영역에서의 역할에 따라 서로 협동하여 하나의 통일된 실체를 형성해가는 것이다. 또 "人異義"는 사람마다 義(옳다고 여기는)가 달랐다. 사람마다 '다른 주장을 했다'로 해석해야 한다. 그 주장은 자기의 이익 또는 계급적 이익을 주장하는 것이다. 사람마다 그 주장하는 바가 달랐다. 이 말은 【사람들이 자유 의지에 따른 주체성을 갖고 행동했다】는 것을 의미한다. 또 사람마다 '義를 달리했다'라는 것은 義를 의로움으로 해석한다면, 사람마다 '의롭다고 여기는 기준을 달리했다'라고 해석할 수도 있다. 서로 義롭다고 여기는 기준이 달라서 서로 다툼이 생겨 혼란스러우니, 이 기준을 통합할 政長이 필요로 했다. 이러한 서로 다른 기준(義)을 통합할 역할을 하는 것이 현명한 지도자이다.

---

[136] 『墨子』「親士」, "江河之水 非一源之水也 千鎰之裘 非一狐之白也"

묵자는 〈늘 현량지사를 그렇지 못한 자들과 '차이'를 두어서 그들이 인민을 위해서 충분히 능력 발휘를 할 수 있도록 해야 한다고 말한다.〉 상동은 의롭고 능력 있는 사람이 신분에 상관없이 등용되어서 그들이 각각의 역할에 충실하면서 위아래 소통을 통해 국정을 원활하게 운영해 가는 제도적 장치이다. 이 제도의 바탕에는 天志에서 비롯된 義의 실천 강령인 겸애 교리와 非命 사상이 깔려있다. 인민들 스스로 자유 의지에 따른 주체로서 의견을 소통하여 지도자를 뽑고, 그들이 각자의 역할에 따라 善政을 베풀도록 하는 장치가 바로 상동 체제이다.

이 제도는 전제군주에 의해서 그의 뜻이 하향식으로 민중에게 강제되도록 하는 것이 아니고, 민중 개개인의 자유 의지에 따른 總意를 국정에 반영되도록 하는 민주주의에서 표출된 제도이다. 또 묵자는 "귀 밝은 장님과 눈 밝은 귀머거리가 협동하면 장인도 볼 수 있고 귀머거리도 들을 수 있으며, 팔 없는 사람과 다리 없는 사람이 서로 협동하면 모든 동작을 온전하게 할 수 있을 것이다. 그리고 자기가 가진 道를 널리 펴서 서로에게 가르쳐주면 모두 깨우칠 수 있을 것이다"[137]라고 하면서, 서로서로 평등하게 각자가 잘할 수 있는 일에 종사함으로써 그 분야에 전문가가 되어 협업을 통해 서로에게 부족한 부분을 채워주면서 공동체를 위해 일하는 것이 협업을 통한 상동(和同)하는 사회라는 것이다. 이처럼 **【尚同은 자신의 재능에 적합한 일을 함으로써 협업이 가능한 사회를 염두에 둔 것이다.**" 곧 〈尚同은 겸애 교리라 말해도 지나치지 않을 것이다.〉 결국 상동은 각 주체가 안생생한 삶을 위해 능력껏 서로 협동으로서 和同하는 것으로 자유로운 소통을 통해 여론을 형성하고, 특히 지도자들은 率先垂範하여 이 소통을 통해 백성들의 實情을 제대로 파악하여 백성들의 삶에 이바지하도록 고안된 제도이다.

현대적인 의미에서 보면, 국민들 개개인의 의사를 대변하기 위해서 지역 단위로 대표자를 선출하고, 이들이 한자리에 모여(議會) 국민의 뜻을 통일시켜 하나의 기준(義)을 만들어서 공표하게 되면, 인민들의 여기에 구속하게 된다. 그래서 이 기준에 부합하지 못하면 罰을 받게 된다. 묵자의 尚賢과 尚同制度는 이와 흡사한 묵자의 구상이다.

---

[137] 『墨子』「兼愛下」," 聰耳明目 相爲視聽乎 是以 股肱畢強 相爲動(宰)[擧]乎 而有道 肆相敎誨"

5. 尙賢과 尙同과의 관계

　묵자의 10론 중에서 尙賢은 尙同을 이루어가는 기본 바탕이다. 어질고 능력 있는 인재가 없이는 상동이라는 체제를 이루어서 궁극적으로 겸애 교리를 실행할 수 없기 때문이다. 상현론의 주요한 내용은 겸병 전쟁의 혼란 속에서 三患에 시달리는 민중을 구할 사람은 첫째 어질고 둘째 능력 있는 인재여야 한다. 즉 따뜻한 마음을 가지고 겸애 교리를 실천할 자세가 갖추어야 사람만이 尙同 體制를 통해 민중들을 구원할 수 있다는 것이다. 그래서 묵자는 이런 인재를 구하기 위해서는 먼저 富裕하게 해주고, 貴 하게 해주며 행정명령권을 주어서 민중을 굶주림에서 헐벗음에서 쉴 곳을 제공하도록 만들어야 한다는 것이다. 이렇게 **【인재를 대우하는 것은 그 인재를 위한 것이 아니라 백성들의 삶이 편해지도록 하기 위한 것】**이라고 강조하였다. 이런 인재라야 백성들을 차별하지 않고 평등하게 다루어서 천하는 질서가 잡히고 평화로워질 것이다.

　묵자가 인재를 등용하는 데 있어서 첫째, 厚乎德行(후호덕행)으로서 德과 行實이 두텁고 둘째, 辯乎言談(변호언담)으로서 언변이 논리적이며 셋째, 博乎道術(박호도술)로서 도리와 술수에 해박해야 한다는 까다로운 조건을 설정하는 것은 당시의 혼란을 극복하는 데에 필요한 자질이라 여겼기 때문이다. 그러면서도 유능하여 일을 잘하면 승진시키고, 무능하여서 일 처리가 원만하지 못하면 퇴출함으로써 오직 민중의 삶을 위해 힘쓰는 인재를 필요로 했다.

　이처럼 겸애 교리를 '가치 기준'으로 삼아, 오직 민중의 삶을 풍요롭게 하는 인재를 등용해서 그들이 가 분야에서 민중의 實情을 제대로 파악하여 서로서로 소통시킴으로써 나라가 부유해지고, 인민의 수가 많아지며, 형정이 제대로 지켜져서 백성들이 모두 안생생한 삶을 사는 대동 사회를 이루기 위해서는 尙賢論이 바탕이 되어야 尙同體制를 이루어 갈 수 있다. 尙賢 없는 尙同체제는 의미가 없을 것이다.

　묵자는 민중의 삼환을 해결하기 위한 '겸애 교리'하는 이념과 그에 부합한 尙賢 尙同의 정치제도를 창안하여 이론화하였다. 또 그는 자기 신념과 주장을 실천하기 위해서 엄청난 노력을 기울인 사상가요 실천가였다. 비록 시대적 한계 속에서 그의 理想인 인민이 주인으로 살아가는 사회, 또 그들에 의해 형성된 국가를 세우지 못했지만, 민주 민본정신을 바탕으로

한 평등한 세상을 만들기 위해 큰 노력을 했다. 즉 겸애교리론은 평등론이 바탕이 된 이론이며, 非命論과 尙賢論을 통해 세습을 부정하고 어질고 능력 있는 자라면 누구나 신분과 관계없이 지도자가 될 수 있다는 적극적인 신분 타파 주장, 尙賢한 지도자를 중심으로 각자의 능력에 따른 역할 분담을 통해서, 민중의 의사를 소통시키고 또 이 소통을 통해 하나의 통일된 의사를 결집하여 민중이 원하는 사회를 만들고자 하는 묵자의 尙同論은 그 당시 민중의 엄청난 공감과 지지를 받았기에 유가와 더불어 200여 년간을 지속할 수 있었을 것이다.

또 周 왕실이 무너지고 제후국 간의 겸병 전쟁이 치열하게 전개되던 시기에는, 이 묵자의 민주주의적 사상이 적합하지 않을지라도, 묵자가 상동에서 왕을 選擇(선택)한다는 내용을 說한 것은 현재와 미래를 위한 비전을 제시했다고 해석해야 한다.

'官常貴 民終賤'에서 '官無常貴 民無終賤 有能則擧之 無能則廢之' 한 번 관직에 등용되면 대대손손 귀하게 되고, 백성들은 한 번 천한 신분이 되면 대대로 관직에도 등용되지 못하고 천하게 살아가는 종법적 신분 질서에서, 관직에 등용되었다고 해서 세습되어 항상 귀한 것이 아니고, 능력이 못 미치면 언제라도 퇴출당할 수 있으며, 백성들도 지금 관직에 등용되지 못했지만, 능력이 되면 언제든지 관직에 오를 수 있다는 이 문장은 兼愛論이 누구나 평등함을 전제로 한 사상이고, 또한 어질고 능력 있는 사람을 政長으로 삼아야 한다는 尙賢論을 표현한 문장이며, 尙同論의 각 직분이 고정된 신분질서를 말한 것이 아니고, 어질고 능력 있는 지도자가 아랫사람들과 자유로운 소통을 통해 흩어진 民心을 하나로 모아 안생생한 대동 사회를 이루어가자는 논리이며 이론이라는 것을 함축적으로 표현한 것이라 하겠다. 다시 말하지만, 【상동에서의 신분 질서는 업무에 대한 역할 분담이지 고대 중국에서 일반적인 세습 계급 신분에 의한 하이어라키(위계질서)가 아니라 변동 가능한 신분질서이다.】 또 중요한 개념은 '백성들은 각자가 자유 의지를 가진, 즉 자기 결정권을 가진 주체'라는 것이다. 묵자 사상을 전체주의적 해석으로 일관하는 대다수 사람은 왕권 시대에 이런 사유를 할 수 있겠느냐는 선입견을 품고 묵자 사상을 이해하기 때문에 묵자의 민주 민본의식에 대해 그릇된 해석을 하는 것이다. 결국 자유 의지를 지닌 인민들이 자기 결정권을 통해 자기들의 운명을 결정해 나가자는 묵자 사상이 혁명적인 사상이라는 데는 이런 점이다.

오늘날 21세기에 와서 2,500여 년 전의 묵자 사상을 다시 돌아보고 그 깊이를 연구하는 까닭은 묵자 사상이 소멸하게 된 직접적인 원인이라 생각하는 秦漢 통일 이후 특히 漢 나라로의 통일 이후 한 무제의 시기에 동중서의 건의로 유학이 국교가 되면서 묵자 사상이 본격적으로 쇠퇴하기 시작되어, 儒家들에 의해 묵자 사상의 왜곡이 심해졌다는 데 있다. 즉 【"유교가 중국이나 한국 지성사에서 사상적 주도권을 장악하면서 유교적 가치관으로 모든 인물·사상·문헌을 평가하게 했다."】[138] 하지만 오늘날 현대에 이르러서도 묵자 사상을 사회나 국가체제에 적용해도 절대 지나치지 않을 것이란 생각에, 앞으로도 묵자 사상을 더욱 연구 발전시켜야 하겠다는 생각이 강하게 든다. 묵자를 연구하게 된 이유도 거기에 있다.

마지막으로 묵자 사상을 전체적으로 조망해 보면, 우선 2,500년 전에 동서양 누구도 꿈꾸지 못한, 민중의, 민중에 의한, 민중을 위한 정치를 꿈꾸었다는 것은 매우 놀랄만한 사상이라고 생각한다. 【묵자는 주체 의식을 가진 인민들 자신의 힘으로 겸병 전쟁의 질곡을 극복해 가자는 외친다.】 물론 시대적 한계에 봉착했지만, 매우 급진적이고 민중의 아픔을 이해한 사상이라고 본다.

묵자는 非命論이나 非樂論을 통해서나 항상 운명론을 배척하였다. 이는 결국 인민의 주체성을 표현한 것이다. 이 주체성을 바탕으로 삼환의 어려움을 이겨나가자는 것이며, 묵자 자신도 이론만을 주장한 사상가가 아니라, 자기 이론과 주장을 실천에 옮기는 실천하는 활동가요 사상가였다.

묵자의 사상을 현대적 의미나 시각으로 평가한다면 묵자 사상의 참된 가치를 제대로 파악하기 어렵다. 춘추전국 시대적 상황에서 그 틀로써 묵자 사상을 조명한다면 묵자의 의도가 명백히 드러날 것이다. 유가들의 인민들에 관한 생각은 〈시혜를 베풀어야 하는 통치의 대상〉으로서 인민이지만, 묵자의 인민에 관한 생각은 시혜의 대상, 통치의 대상이 아닌, 인민들 스스로가 자신을 위해서 즉 〈주체가 되어 힘써야 하는 정치의 주체로 여긴 것이다.〉

묵가의 주장이 절대군주의 통치를 강화하는 이론이라면, 진정한 의미에서 겸애교리가 실현될 수 없을 것이다. 즉 겸애 교리는 차별 없는 정치적 참여와 자기가 일군 일한 대가에 대한 공정하고 공평한 분배인데, 절대군

---

[138] 김필수 외 3인 역, 『관자』, Ibid., 7쪽.

주를 위한 이론이라면 이것이 가능하겠는가? 또 겸애 교리의 基底에 민주사상이 반영되어 있지 않다면 이의 실현이 가능하지 못할 것이다.

　2,500여 년 전에 200여 년을 민중의 공감 속에서 당시 민중의 사랑을 받았던 훌륭한 〈**묵자 철학이 1,800여 년 동안 儒家的 사상의 왜곡으로 잘못 덧칠되어 현재에 이르고 있다.**〉 필자는 묵자 사상이 묵자가 의도하였던 본래의 의미로 복원되어 현재를 살아가는 현시대 인들에게 다시 공감받기를 간절히 바란다. 그러면서 '운명은 없다.' '스스로 노동과 노력하면 살고, 그렇지 못하면 살기 어렵다'라는 '賴其力者生, 不賴其力者不生'으로 마무리하고자 한다. 묵자 사상은 인민이 주체적인 의지로 자기 삶을 일구어가는 '민주주의 사상이다'라는 결론을 내리지 않을 수 없다. 토크빌이나 로버트 달이 묵자 사상을 접했더라면 어떤 생각을 했을까?

6. 《묵자 철학의 핵심은 天志인 義다.》

목　　차

Ⅰ. 들어가기
Ⅱ. 묵자철학의 핵심이 天志인 '義'가 되는 이론적 배경
　1. 天志
　2. 貴義
　3. 法儀
　4. 兼愛
Ⅲ. 결　어

【국문초록】

　　묵자 철학의 핵심 사상이 무엇인지에 대해서는 학자들마다 주장하는 점이 다르다. 일반적으로 맹자가 묵자 철학을 비판하면서 했던 말인 '묵자는 겸애다'를 그대로 수용하여 묵자 철학의 중심사상을 겸애라 주장한다. 그러나 이 논문에서는 묵자 철학의 핵심은 '天志'에서 연유한 '義'라는 점을 강조하고자 한다. 『묵자』의 天志 · 法儀 · 貴義 · 兼愛篇을 통해서 묵자가 중심을 두고 전개했던 사상의 근원을 찾는다. 묵자는 춘추전국시대라는 혼탁한 세상에서 가장 핍박받는 민중이 살아가야 할 방향의 근원을 하늘에서 찾고 있다. '하늘이 원하는 것은 사람들이 평등하게 서로 돕고 사는 의로운 세상이다'고 했다. 그러면서 '萬事莫貴於義'라면서 義를 가장 소중한 가치로 내세우고 있다. 사람은 義를 삶의 가치 기준으로 삼고 의로운 행위를 꾸준히 해야 한다고 강조한다. 선비들이 의로운 행동을 한다면 장사꾼들이 어려움 속에서도 이익을 남기는 것보다 훨씬 더 많은 이익을 남겨 사회에 기여한다고 했다.

그만큼 사람들은 하늘의 뜻인 義를 섬기고, 또 이를 통해 세상과 나누는 '섬김'과 '나눔'의 정신을 실천해야 함을 설한다.

묵자는 法儀篇에서 '義'는 '올바른 것(正)'과 '바로잡는 것(政)'이라는 뜻으로 중의적인 개념이다. 즉 '義'는 '正으로서의 도덕적 역할'과 '政으로서의 정치적 역할'을 의미하는 중의적 의미를 가지는 것으로 바름이라는 도덕적 개념과 지켜야 할 형정의 개념을 동시에 가지고 있다.

묵자의 義가 '섬김'과 '나눔'의 정신이라는 것은 겸애 교리와 그 맥락이 같다. 묵자의 겸애 교리는 의로운 사회로 가는 수단이며 방법이다. 결국 묵자의 겸애 교리는 義를 실천하는 지름길이며, 민중의 삶이 삼환의 질곡에서 벗어나는 길이라 하겠다.

이와 같은 점을 살펴보면, 묵자의 핵심은 겸애가 아닌 '義'라는 것이 명백해진다. 겸애는 묵자 철학에서 매우 중요한 개념이지만 결국 義를 실천하기 위한 수단이 된다. 결국 묵자 철학의 핵심은 '天志인 義다'고 하겠다.

주 제 어 : 天志, 義, 貴義, 法儀, 兼愛.

이 논문은 "묵자(墨子) 철학의 핵심이 '하늘의 뜻(天志)인 의로움(義)'"이라고 주장합니다. 일반적으로 묵자 철학의 핵심으로 알려진 【겸애(兼愛)】는 사실 '의(義)'를 실현하기 위한 【수단】이라는 점을 강조하고 있습니다.

〈논지의 주요 근거〉
이 논문은 묵자의 사상을 천지(天志), 귀의(貴義), 법의(法儀), 그리고 겸애(兼愛)의 네 가지 개념을 중심으로 분석하며, 각각의 개념을 통해 '의(義)'가 묵자 사상의 근본임을 밝힙니다.
천지(天志): 묵자는 **하늘의 뜻이 바로 의로움(義)**이라고 말합니다. 하늘은 사람들이 서로 평등하게 돕고 사는 의로운 세상을 원하며, 불의를 싫어합니다. 따라서 인간은 하늘의 뜻에 따라 의를 실천해야 복을 받고 재앙을 피할 수 있다고 주장합니다. 의는 어리석은 자에게서 나오는 것이 아니라, 지혜롭고 귀한 존재인 하늘로부터 나온다고 보았습니다.
귀의(貴義): 묵자는 **'만사에 의보다 귀한 것이 없다(萬事莫貴於義)'**고 말하며, 의를 목숨보다 소중한 가치로 여겨야 한다고 강조합니다. 의와 이익(利)을 분리하지 않고 연관시키지만, 의가 이익보다 더 근본적인 가치라고 보았습니다. 즉, 백성들의 진정한 이익은 바로 의를 실현하는 데서 나온다는 것입니다. 의를 실천하는 삶은 상인이 이익을 남기는 것보다 훨씬 큰 가치를 사회에 가져다준다고 주장합니다.

법의(法儀): 묵자는 **의(義)를 사람들이 반드시 따라야 할 '법도(法度)'**로 제시합니다. 여기서 의는 '올바른 것(正)'과 '바로잡는 것(政)'이라는 두 가지 의미를 동시에 가집니다. 즉, 개인의 도덕적 행위 규범이면서 동시에 사회와 정치 질서를 바로잡는 법적, 정치적 기준이 됩니다. 의를 법도 삼아 통치하면 사회가 안정되고 백성들의 삶이 풍족해진다고 보았습니다. 묵자는 요(堯), 순(舜), 우(禹)와 같은 성왕들이 의를 실천하여 세상을 다스린 것을 예로 듭니다.

겸애(兼愛): 묵자는 사회적 혼란의 원인을 사람들이 서로 사랑하지 않는 데서 찾고, 이를 해결하기 위한 실천적 방법으로 **'겸애(兼愛)'**를 제시합니다. 겸애는 의로운 사회를 만들기 위한 수단이자 방법이며, 하늘이 모든 만물을 평등하게 사랑하듯이 사람들도 서로를 평등하게 사랑하고 이롭게 해야 한다고 주장합니다. 묵자는 겸애 실천의 어려움을 지적하는 사람들에게, 지도자가 솔선수범하면 백성들도 이를 따를 것이라고 반박하며, 겸애가 궁극적으로 모두에게 이로운 길임을 강조합니다.

결론

이 논문은 묵자 사상의 근원적 가치를 **'의(義)'**에 두고, 겸애는 이 '의'를 실천하기 위한 중요한 도구라고 결론 내립니다. 즉, 묵자 철학의 궁극적인 목표는 하늘의 뜻인 '義'를 통해 혼란한 사회를 바로잡고, 백성들의 삶을 이롭게 하는 데 있다는 것입니다.

Ⅰ. 들어가기

묵자 철학은 춘추전국시대 200여 년 동안 유학과 쌍벽을 이루며 顯學[139]이라 불릴 만큼 당시 민중의 공감을 받았던 사상이었다. 하지만 묵자 철학이 유가철학을 비판하면서 그 대안으로서 민중의 공감을 받은 바도 있기에, 이에 대한 유가들의 반발은 매우 컸다. 특히 맹자는 "묵자의 중심사상을 '兼愛'로 파악하고, 사랑의 無差等을 주장하는 '겸애'는 부모도 부정하는 금수 같은 행위로 인륜 관계를 파괴하는 것"[140]이라고 비판했다. 荀子는 "묵자는 실용에 가려 文飾을 알지 못하였다"[141]고 하여, 묵자의 중심사상을 「節用」으로 간주했다. 한편 장자는 "묵자는 널리 사람을 사랑하고 두루 사람들에게 이익이 되게 하여 전쟁을 부정한다."[142] 라고 하여, 묵자의 중심사상을 겸애로 간주한다. 하지만 청대의 왕중은 荀子에 의해서 비판된 묵자의 사상을 재평가하면서 묵자의 節用・非樂 사상이야말로 어지러운 세상을 구원하는 것[143]이라고 한다. 이와 같은 흐름 속에서 秦漢 통일 제국 시대에 유학이 국교로 정착되면서, 유학을 비판하는 묵자 철학에 대한 탄압은 더욱 심해져 점차 쇠퇴의 길로 접어들었다. 그리하여 거의 2,000여 년 동안 역사에서 사라졌다가, 17세기 淸朝에 와서 필원(1730~1797)이라는 학자에 의해서 『묵자』를 정리하고 주해하면서 비로소 세상에 다시 드러나게 되었다. 뒤이어 손이양과 양계초, 호적, 풍우란 등에 의해서 묵자 사상이 세상 사람들의 주목을 받게 되어 오늘에 이르렀다. 즉 근대에 이르러서야 묵자 사상이 세인들의 주목을 받게 된 까닭에, 묵자 철학이 추구하는 핵심이 무엇인지에 대한 주장이 분분하다. 청말 중화민국초의 학자인 양계초는 묵자철학의 중심 개념은 '兼愛'라고 주장한다. 이는 맹자가 묵자를 비판하기 위해서, "묵자는 겸애다. 머리가 벗겨지고 발꿈치가 닳도록 다만 천하의 이익이라면 기어이 한다."[144]라는 말을 그대로 수용한 듯하다. 또한 노사광은 "묵자의 중심사상은 천하의 이익을 일으키는데 있었다."[145]고 했다. 이와 같은 주장에는 묵자가

---

139) 『韓非子』「顯學」: 世之顯學, 儒墨也. 呂氏春秋 有度 : 孔墨之弟子從屬, 滿天下
140) 孟子「滕文公下」: 楊氏爲我 是無君也. 墨氏兼愛 是無父也, 無父無君 是禽獸也
141) 『荀子』「解蔽」: 墨子蔽於用而不知文.
142) 『莊子』「天下」: 墨子汎愛兼利而非鬪.
143) 孫詒讓, 『墨子閒詁』, (臺北 : 世界書局, 民國六十一年八版), 「附錄一卷」, 22쪽.
144) 『孟子』「盡心上」: 墨子兼愛, 摩頂放踵, 利天下爲之.

「利」 때문에 「겸애」를 주장하게 되었다는 것이며, 흥리제해를 말하고 있으므로 묵자사상을 '공리주의'라고 주장한다.

풍우란도 "묵가는 오로지 이익(利)을 중시하고 오로지 공(功)을 중시한다."146)면서 "공(功)과 이익(利)은 묵가 철학의 근본 관념이다."147) 더불어 "국가와 모든 인민의 이익은 바로 묵자가 모든 가치를 평가하는 표준이다. 모든 사물은 반드시 쓸모가 있고, 주장은 반드시 행할 수 있어야만 가치가 있게 된다."148) 여기서 국가와 인민의 모든 이익은 바로 인민의 富와 인구증가를 말한다. 바로 이들과 부합하지 않으면 무익하거나 쓸모없는 것으로 간주된다. 또 "서양 철학자인 벤담도 도덕이나 법률의 목적이 최대 다수의 최대 행복을 추구하는 데에 있다고 여겼는데, 묵자 역시도 그랬다"149)면서 "맹자가 전쟁을 반대한 것은 전쟁이 의롭지 못하기 때문이고, 묵자가 전쟁을 배격한 것은 전쟁이 이롭지 못하기 때문이었다."150)면서, 묵자는 利를 중시한다면서, 그는 묵자사상을 功利主義라고 평가한다.

곽말약은 "천지가 묵자 사상의 핵심"이라고 주장한다.151) 채인후는 또한 "겸애는 여전히 하늘의 의지에 근거하여 온 것이므로 天志가 비로소 묵학 중 가장 최고의 가치 규범이다"152)하면서 묵자철학의 초월적 근거는

---

145) 勞思光(鄭仁在 옮김), 『中國哲學史(古代篇)』, (探究堂, 1986), 279~300쪽.
146) 풍우란, 박성규 역(1999), 『중국철학사상』, 까치, 141쪽.
147) 위의 책, 143쪽.
148) 위의 책, 144쪽.
149) 위의 책, 159쪽.
150) 위의 책, 159쪽.
151) 郭沫若은 天志가 묵자 사상의 핵심이며, 컴퍼스와 곡척이 없으면 수레바퀴 만드는 사람과 장인 노릇을 할 수 없는 것과 마찬가지로 이 핵심을 빼버리면 묵자는 묵자가 될 수 없다고 주장한다.(郭沫若, 조성을 역, 중국고대사상사, 서울: 까치, 1991, 124쪽) 또 손영식도 묵자의 핵심이 천지론에 있다고 하면서 다음과 같이 주장한다. "묵자 사상을 올바로 보기 위해서는 기존의 시각과 정반대로 보아야 한다고 생각한다. 다시 말해서 '천지(天志)'가 묵자 사상의 핵심과 가까우며 '겸애(兼愛)'와 '상현(尙賢)'이론은 그것을 중심으로 일관되게 체계적으로 설명될 수 있다. 그럴 경우 묵자 사상에 있는 일견 보기에 불일치하거나 모순되는 점들이 대부분 해결되며, 묵자사상의 깊이가 드러난다." "묵자에게 있어서 '천지(天志)'란 겸애를 하기 위한 수단이 아니다. 오히려 겸애란 천지(天志)를 주장하기 위해서 도입된 것이다."(손영식, 묵자의 '하느님 뜻'에 근거 '보편적 사랑'(겸애)의 이론(I), 동양고전연구 3호, 동양고전학회, 1994, 673-674쪽, 691쪽)
152) 채인후, 정인재 역, 『중국철학사』, 동방의 빛, 2019, 190쪽.

하늘의 뜻인 天志라고 주장한다. 또 唐君毅도 "실상 墨子가 의도하는 사회, 정치사상의 궁극적인 목표는 義라는 표준을 제시함으로써 당시 사회의 모순과 갈등을 극복하고 질서를 회복시키려는데 있었다"고 해석한다.153)

묵자가 추구하는 義는 天志에서 연유한다. 묵자의 주장은 오롯이 '義에서 시작해서 義로 종결한다'고 해도 지나친 표현이 아닐 것이다. 그만큼 묵자사상에서 「義」는 핵심 관념이며, 그가 일생을 통해 사회에 실현하고자 하는 목표이다. 묵자는 義를 정치적 도덕적 표준으로 삼고 있으며, 또한 민중들의 삶의 기준이고 척도로 삼아야 한다고 말한다. 따라서 그의 모든 주의·주장의 바탕에는 義 관념이 깔려 있다.

필자는 본 연구에서 묵자 철학은 天志에서 연유된 義를 중심으로 전개되고 있으며, 묵자 사상의 최고 정점은 天志인 義의 추구에 있다는 점을 고찰하고자 한다.

Ⅱ. 묵자철학의 핵심이 天志인 '義'가 되는 이론적 배경

『묵자』에서 '義'는 天志篇과 法儀篇, 貴義篇 그리고 兼愛篇에서 그 중요성을 설하고 있다. 그래서 이 논문에서는 天志篇과 法儀篇, 貴義篇 그리고 兼愛篇을 중심으로 묵자철학의 핵심이 천지에서 연유된 '義'라는 점을 설명하고자 한다.

1. 天志

天志154)는 무엇인가? 『묵자』「天志」에 '하늘이 바라는 것'에 대해서 다음과 같이 기술하고 있다. "하늘은 義를 바라고 不義를 싫어한다."155) 그러면서 "이 훤한 낮에 어찌 죄를 지으면, 장차 어디로 피하여 도망칠 것인가? 도망칠 곳이 없다. 무릇 하늘은 아무도 살지 않는 숲과 골짜기, 깊은 곳이나 외떨어진 곳이라도, (하늘의) 밝음은 반드시 그것을 드러낼 것이다."156)하면서, 사람이라면 누구라도 하늘의 뜻에 따라야지 하늘

---

153) 唐君毅, 『中國哲學原論 : 原道第一』 참조.
154) 필원은 『玉篇』에 "'志'는 '意(뜻)'이다."하였다 면서 天志를 天意 즉 하늘의 뜻이라 했다.
155) 『墨子』「天志上」: 天欲義而惡不義.
156) 『墨子』「天志上」: 晏日 焉而得罪 將惡避逃之 曰 無所避逃之. 夫天 不可爲林谷幽(門)[閒]無人 明必 見之.

의 뜻에 거슬리는 행위를 한다면 이 세상 어디라도 도망쳐 피할 곳이 없음을 말하고 있다. 그러면서 "사람은 복록을 바라고 재앙을 싫어한다."157) "하늘 역시도 사람들이 살기를 바라고 그들이 죽는 것을 싫어하며, 그들이 부유하기를 바라고 가난해지는 것을 싫어하며, 그들이 다스려지기를 바라고 그들이 혼란해지는 것을 싫어한다."158) 이와 같은 묵자의 글에서 알 수 있는 것은 하늘이 의로움을 바라고 불의를 싫어하듯이, 사람들 역시도 의를 행하여, 하늘의 뜻에 따라야 복록을 얻을 수 있고, 재앙을 피할 수 있으며 하늘에 죄를 짓고는 숨을 곳이 없으니, 집에 거처하면서는 죄를 지어도 피할 곳이 있다는 생각에 불의를 행하여 하늘의 뜻에 어긋나서는 안 된다고 강조하고 있다.

"天意를 따르는 자는 평등하게 서로 사랑하며, 서로 도와서 서로를 이롭게 하여 반드시 상을 받고, 天意를 거슬리는 자는 서로를 차별하여 미워하고 서로에게 해를 끼치므로 반드시 벌을 받는다."159)고 묵자는 말하면서, 사람들이 서로를 차별하지 말고 평등하게 사랑하고 도움으로써 서로를 이롭게 하는 것이 天志, 곧 하늘의 뜻임을 강조했다.

그렇다면 묵자는 하늘이 바라는 '義'는 어디에서 나오는 지에 대해, "義는 어리석고 천한 자로부터 나오지 않으며, 반드시 귀하고 지혜로운 자로부터 나온다."160), 그렇다면 누가 귀하고 누가 지혜로운가. 말하기를 '하늘이 귀하고 하늘이 지혜로울 따름이다.'라고 한다. 그렇다면 義는 과연 하늘로부터 나오는 것이다."161)

위의 인용문을 통해서 알 수 있듯이, 義는 하늘로부터 나온 것이므로 하늘의 뜻은 義라는 것이다. 그러면서 묵자는 "내가 하늘의 뜻[天志]을 가진 것은 비유하자면 수레바퀴를 만드는 사람이 그림쇠[規]를 가지고 있으며, 匠人이 곱자[矩]를 가지고 있는 것과 같다. 수레바퀴를 만드는 사람과 장인이 그림쇠와 곱자를 쥐고서 천하의 네모와 동그라미를 재면서 말하기를 '딱 들어맞는 것은 옳고, 들어맞지 않는 것은 그르다.'"162)고 한다.

---

157) 『墨子』「天志上」: 我欲福祿而惡禍祟
158) 『墨子』「天志上」: 然則天欲其生而惡其死 欲其富而惡其貧 欲其治而惡其亂,
159) 『墨子』「天志上」: 順天意者 兼相愛 交相利, 必得賞. 反天意者 別相惡 交相賊 必得罰.
160) 『墨子』「天志中」: 義不從愚且賤者出, 必自貴且知者出.
161) 『墨子』「天志中」: 然則孰爲貴 孰爲知? 曰 天爲貴 天爲知而已矣. 然則義果自天出矣.

이 인용문은 사람이 '하늘의 뜻'을 가지고 있다는 것을 수레바퀴를 만드는 사람과 목수가 그림쇠와 곱자를 가지고 자신의 일을 하듯이, 사람도 하늘의 뜻인 義를 기준으로 義에 맞는 행위를 해야 함을 말하고 있다. 그래서 천하를 다스리는 지도자들이 天意를 따라서 정치하는 것을 義正이라 하고, 하늘의 뜻에 거스르는 것은 힘에 의한 폭압정치를 力政이라 했다.

　　그러면서 義正이란 "대국이 소국을 공격하지 않고, 큰 가문이 작은 가문을 찬탈하지 않고, 강한 자가 약한 자를 겁탈하지 않고, 귀한 자가 천한 자를 업신여기지 않고, 다수가 소수를 학대하지 않고, 지혜로운 자가 어리석은 자를 속이지 않는 정치이다."163)라고 했다. 이와 같은 말은 결국 권력을 가진 자들이 다수의 권력을 갖지 못한 자들에게 힘에 의한 강제를 해서는 하늘의 뜻인 '義'가 실행될 수 없다는 것을 말한다.

　　〈하늘의 뜻〉은 "사람들이 힘이 있으면 서로 보호해주며, 道가 있으면 서로 가르치며, 재물이 있으면 서로 나누어주기를 바란다. 또 윗사람은 힘껏 政事를 돌보고, 아랫사람은 힘껏 일하기를 바란다. 윗사람이 힘껏 政事를 돌보면 국가가 다스려질 것이며, 아랫사람이 힘껏 일하면 財用이 충족될 것이다. 만일 국가가 다스려지고 財用이 충족되면, 안으로는 정결하게 술과 단술과 祭物을 마련하여 하늘과 귀신에 祭祀를 올릴 수 있으며, 밖으로는 環璧(벽옥)과 珠玉을 마련하여 사방의 이웃 나라에 聘問하여 사귈 수 있으니, 諸侯들의 원망이 일어나지 않으며, 邊境의 전쟁이 일어나지 않을 것이다. 안으로는 굶주린 자를 먹이고 勞役하는 자를 쉬게 하여 萬民을 保養할 수 있으니, 그렇다면 임금과 신하, 윗사람과 아랫사람은 은혜를 베풀고 충성을 바치며, 父子와 兄弟는 자애롭게 대하고 효성스러울 것이다. 그러므로 오로지 하늘의 뜻에 순응하는 것을 명확히 하여, 받들어 천하에 널리 베푼다면, 刑政은 다스려지고 만민은 화합하며, 국가는 부강해지고 財用은 충족되어, 백성들이 모두 따뜻하게 옷 입고 배불리 먹을 수 있어 편안하고 근심이 없게 될 것이다."164)　위 인용문과 같이 사

---

162) 『墨子』「天志上」: 我有天志 譬若輪人之有規, 匠人之有矩. 輪匠執其規矩 以度天下之方圜 曰 中者 是也, 不中者 非也.

163) 『墨子』「天志上」: 處大國不攻小國 處大家不篡小家 强者不劫弱 貴者不傲賤 (多)詐者不欺愚. 此必上利於天 中利於鬼 下利於人.

164) 『墨子』「天志中」: 欲人之有力相營 有道相教 有財相分也, 又欲上之强聽治也 下之强從事也, 上强聽治 則國家治矣. 下强從事 則財用足矣. 若國家治財用足 則內有以潔

람들이 특히 권력을 가진 자들이 하늘의 뜻인 義를 수용해서 실천한다면, 윗사람과 아랫사람이 각각 자신의 맡은 바 임무를 충실히 하므로, 국가는 다스려지고, 재물은 풍족해져서, 당대 삼환의 질곡에 빠져 있는 민중들이 식의주의 어려움에서 벗어나 서로 돕고 사는 세상이 될 것이라는 것이다.

묵자는 "義로움이란 바름이다"165)이라면서, "아래로부터 위를 바르게 할 수 없고, 반드시 위에서 아래를 바르게 한다."166)고 말했다. 이 인용문이 의미하는 것은 천자는 스스로를 바르게 할 수 없어 하늘이 천자를 바르게 한다는 것이다. 즉 묵자는 尙同論에서 인민들을 다스리는 관료체계를 천자 → 삼공 → 제후 → 경대부 → 향장 → 리장 → 일반 백성 순으로 하여 피라미드형으로 설정하였다. 이는 각각 재능에 따른 역할 분장이지, 위에서 아래를 강제하는 관료체계는 아니라고 본다. 그래서 묵자의 '위에서 아래를 바르게 한다'는 것은 하늘의 뜻인 義의 실행에 적합하도록 서로 소통을 통해 도와 가야 한다는 뜻이다.

더불어 "천하의 군자들이 義를 행하기 위해서는 하늘의 뜻을 따르지 않을 수 없다"167)는 것이다. 이는 곧 '하늘의 뜻이 義'이기 때문이다. 그러면서 하늘의 뜻을 따른다는 것은 "천하 인민을 평등하게 두루 사랑하는 것이다."168) 곧 兼愛를 말하고 있다.

"어떤 일을 하든지, 위로는 하늘을 이롭게 하고, 가운데로는 귀신을 이롭게 하며, 아래로는 인민을 이롭게 하는 이 세 가지를 天德이라 한다."169) 이 세 가지를 행하는 것은 하늘의 뜻에 따르기 때문이다. 이에 반해서, "일을 함에 있어서도 위로는 하늘을 이롭게 하지 않고, 가운데로는 귀신을 이롭게 하지 않으며, 아래로도 인민을 이롭게 하지 않는 것을 天賊이라 한다."170) 이와 같은 행위는 하늘의 뜻에 반하기 때문이다. 결국 묵자가 여기에서 말하는 '天德'은 하늘의 뜻인 겸애교리를 말하고 있다.

爲酒醴粢盛 以祭祀天鬼. 外有以爲環璧珠玉 以聘撓四隣 諸侯之冤 不興矣, 邊境兵甲不作矣. 內有以食飢息勞 持養其萬民 則君臣上下惠忠 父子弟兄慈孝. 故 唯毋明乎順天之意 奉而光施之天下 則刑政治 萬民和 國家富 財用足 百姓 皆得煖衣飽食 便寧無憂.
165) 『墨子』「天志下」: 義者 正也.
166) 『墨子』「天志下」: 無自下正上, 必自上下正下
167) 『墨子』「天志下」: 天下士君子之欲爲義者 則不可不順天之意矣.
168) 『墨子』「天志下」: 兼愛天下之人.
169) 『墨子』「天志下」: 若事 上利天 中利鬼 下利人, 三利而無所不利, 是謂天德.
170) 『墨子』「天志下」: 若事 上不利天 中不利鬼 下不利人, 三不利而無所利, 是謂天賊.

"하늘의 뜻에 순종하는 것은 어찌해야 하는가? 천하 인민을 평등하게 사랑하는 것이다. 무엇으로 하늘이 천하 인민을 겸애함을 아는가? 하늘은 인민을 평등하게 두루 먹여주기 때문이다. 진실로 평등하게 두루 먹여준다면 반드시 그들을 평등하게 사랑하는 것이다."171)

이 인용문은 인간의 삶에서 가장 중요한 것이 '食'이라는 것을 언급하고 있다. 하늘이 인민들을 두루 평등하게 먹여준다는 것이다. 그래서 가진 자들도 서로 아끼고 사랑하여, 사람들이 최소한도의 먹거리를 나누어야 한다는 것이다. 묵자는 '義는 곧 利이다'172)고 표현하고 있다.

묵자는 하늘의 뜻인 義를 가장 중요한 삶의 가치로 여기고 있지만, 「경설 상」에서 언급하듯이, "義는 하늘의 뜻으로써 천하를 아름답게 하고 힘껏 이롭게 하는 것이다. 반드시 재화일 필요는 없다."173)고 한다. 이는 대부분의 학자들이 묵자는 이익을 추구하는 철학이라고들 하지만, 묵자가 말하는 이익은 결코 물질적인 이익만을 뜻하지 않고, 정신적인 이로움도 포함되어 있다는 것이다.

묵자가 활동하던 당시는 제후 및 대부들의 겸병전쟁 속에서 민중들은 먹지 못하고 입지 못하고 쉬지 못하는 삼중고를 겪고 있었다. 이중에서 생존을 위해 가장 중요한 것은 '먹거리'이다. 그래서 묵자의 판단에는 민중의 삼환을 벗어나게 하는 것들 중에서 가장 시급한 것이 '食'의 해결이었을 것이다. 철학은 시대상을 반영한다. 묵자는 정치가 어지러운 것은 사람들이 各自爲心에 빠져 서로를 사랑하지 않음(不相愛)이 첫째 이유이며, 혼란을 안정시킬 현량한 지도자가 없음이 둘째 이유이며, 하늘과 귀신의 유무에 대한 의혹을 갖고 있어 하늘의 뜻에 대한 확신이 부족이 셋째 이유라 생각했다. 그는 시대가 요구하는 것은 바로 정치적 안정이요, 이를 통해 민중의 식의주를 해결이라 생각해서 이의 해결을 위한 방법으로 天志의 뜻인 義를 실행하기 위해서 서로 아끼고 서로 돕는 '兼相愛 交相利'를 제시하고, 상현을 통해 인재를 등용함으로써 상동이라는 정치제도에 의한 정치적 안정을 제시하였던 것이다.

---

171) 『墨子』 「天志下」 : 順天之意何若　曰 '兼愛'天下之人　何以知兼愛天下之人也　以兼而食之也 (…) 苟兼易食焉　必兼易愛之.
35) 『墨子』 「經・經說上」 : 義, 利也.
173) 『墨子』 「經・經說上」 : 義, 志以天下爲芬　而能能利之　不必用.

2. 貴義

귀의는 義로움을 貴히 여긴다는 뜻이다. 곧 '萬事莫貴於義'라는 글을 통해 알 수 있듯이 묵자철학에서는 '義'를 '가장 소중한 가치'로 내세우고 있다. "묵자가 말했다. 천하에 의로움보다 더 귀한 것은 없다. 지금 어떤 사람에게 말하기를, 그대에게 관과 신을 줄 테니, 그대의 수족을 자르라고 한다면 그대는 그렇게 하겠는가? 반드시 그렇게 하지 않을 것이다. 왜냐하면 아무리 고귀한 신분이 된다하더라도 손발보다는 귀하지 않기 때문이다. 또 말하기를 그대에게 천하를 줄 테니, 그대의 목숨을 버리라 한다면, 그대는 그렇게 하겠는가? 반드시 그렇게 하지 않을 것이다. 왜냐하면 천하라 할지라도 자신의 몸보다 귀하지 않기 때문이다. 그러나 말 한마디의 다툼으로써 서로를 죽이기도 하는데, 이것은 義를 자기 몸보다 귀히 여기기 때문이다. 그러므로 만사에 의로움보다 귀한 것이 없다고 말한 것이다."174)

위 인용문에서 기술한 대로 묵자는 사람들이 '義'를 목숨보다도 소중한 가치로 여겨야 하고, 사실상 여기고 있다는 점을 설하고 있다. 즉 천하를 준다고 하더라도 자기 목숨과 바꾸지 않겠지만, 말 한마디의 다툼으로 서로를 죽이는 것은 義를 그만큼 삶의 소중한 가치로 여기기 때문이라는 것이다. 유가에서는 義와 利를 서로 분리해서 생각하는데, 묵자는 언제나 義와 利를 결부시켜 생각하고 있지만, 義를 利보다 더 소중한 가치로 여기고 있다. 곧 인민의 이익은 義라는 것이다. 이것은 인민의 삶을 정치의 바탕으로 여기기 때문이다.

묵자가 義를 利보다 더 소중한 가치로 여기고 있음은 「耕柱」에서 고석자의 사례 등을 통해 보면 알 수 있다. "무릇 의로움을 버리고 녹봉을 따르는 사람은 항상 들어 왔지만, 녹봉을 버리고 의로움을 따르는 사람은 고석자에게서 보았다."175) 또, "나에게 천분의 대우를 하기로 했는데, 오백 분밖에 주지 않았다. 그래서 그곳을 떠난 것이다. 묵자가 말했다. 그대에게 천분 넘게 주었다면 그대가 그곳을 떠났겠는가? 대답하기를, 떠나지

---

174) 『墨子』「貴義」 : 子墨子曰 萬事莫貴於義. 今謂人曰 予子冠履, 而斷子之手足 子爲之乎? 必不爲. 何故 則冠履不若手足之貴也. 又曰 予子天下, 而殺子身, 子爲之乎? 必不爲. 何故 則天下之不若身之貴也. 爭一言以相殺, 是義貴於其身也. 故曰 萬事莫貴於義也.
175) 『墨子』「耕柱」 : 夫倍義而鄕祿者, 我常聞之矣. 倍祿而鄕義者, 於高石子焉見之也.

않았을 것이다. 묵자가 말했다. 그렇다면 잘 돌봐주지 않은 것이 아니라 봉급을 적게 주어서 돌아 왔구만!"176)

위 문장을 살펴보면, 고석자라는 제자가 녹봉에 연연하지 않고 의로움을 위해서 녹봉의 이익을 저 버리고 돌아옴을 묵자는 칭찬하고 있으며, 두 번째 인용문에서는 녹봉에 연연해서 자기 임무를 저버리고 돌아온 제자를 묵자는 책망하고 있다. 이를 통해서 보면, 묵자는 이익보다는 의로운 행위를 귀하게 여김을 알 수 있게 된다.

묵자는 다른 사람이 義를 행하지 않으니, 더욱 자신이라도 義를 실천해야 한다고 주장하고, 주장과 실천이 일치하지 않으면, 즉 언행이 일치하지 않는다면 이런 불필요한 허언은 해서는 안 된다고 강하게 주장했다. "여기에 한 사람이 있는데, 자식이 열 명이나 된다. 그런데 혼자 농사짓고 나머지는 들어앉아 있다면, 농사짓는 사람은 더욱 부지런히 일하지 않으면 안 될 것이다. 왜냐하면 먹을 식구는 많은데 농사짓는 사람이 적기 때문이다. 지금 천하에 의를 행하는 사람은 적은데, 그대는 마땅히 나에게 의로움을 권해야 하거늘 어째서 나를 말리는가"177), "말은 실천될 수 있어야 귀하고, 실천되지 않는 말은 귀하게 여기지 않는다. 이것은 쓸데없는 말로서 입만 버린다."178), "실천할 수 있는 말은 항상 해야 하며, 실천할 수 없는 말은 반복되어서는 안 된다. 실천할 수 없는 말을 항상 하는 행위는 입을 더럽힌다."179) "말하지 않을 때는 사색을 하고, 말할 때는 사람을 가르칠 만한 말을 하고, 행동할 때는 일을 하여야 한다. 이 세 가지를 번갈아 실천하면 반드시 성인이 될 것이다."180)

이 글들은 세상에 義를 행하는 사람이 없을수록, 더욱 義를 권하는 사회가 되어야 하는데, 현실은 왜 유독 너만 고생하면서 익를 행하려 하느냐고 주변의 핀잔을 듣자, 묵자는 이를 질타한 것이다. 즉 義를 행하는 사람이 적을수록 이를 권하는 사회가 되어야 한다. 그러면서도 말이란 행동

---

176) 『墨子』 「貴義」 : 待女以千盆 授我五百盆, 故去之也. 子墨子曰 授子過千盆, 則子去之乎? 對曰 不去. 子墨子曰 然則非爲不審也, 爲其寡也.
177) 『墨子』 「貴義」 : 今有人於此, 有子十人, 一人耕而九人處, 則耕者不可以不益急矣. 何故, 食者衆而耕者寡也. 今天下莫爲義, 則子如勸我者也, 何故止我?
178) 『墨子』 「貴義」 : 言足以遷行者常之, 不足以遷行者勿常, 是蕩口也.
179) 『墨子』 「耕柱」 : 言足以復行者, 常之. 不足以擧行者 勿常. 不足以擧行常之, 是蕩口也.
180) 『墨子』 「貴義」 : 嘿則思, 言則誨, 動則事, 使三者代御, 必爲聖人.

을 변화시킬 수 있는 것이라면 항상 말해도 되지만, 그럴 수 없는 것이라면 말해서는 안 된다. 말이 행위를 변화시킬 수 없는데도 자꾸 말한다면 쓸데없는 말에 불과하다. 묵자는 말과 행동의 일치를 주장하면서, 말 한마디 하는 데도 실천할 수 있는 말인지를 신중히 생각해서 말해야 하며, 타인에게 하는 말은 그 사람의 언행을 바꿀만한 말인지를 생각한 다음에 하라는 것이다. 그렇지 못한 말은 입만 아픈 쓸데없는 말이라는 것이다. 곧 의로운 행동을 권하고 언행이 일치해야 함을 강조하고 있다.

묵자는 세상에서 義를 행하기 위해서는 배워야 하며, 또 義를 실천에 옮겨도 실패하는 경우가 많지만 이를 포기해서는 안 된다고 가르치고 있다. "지금 그대가 의로움을 행하고 나 역시 의로움을 행하는데, 어찌 나만 의로움인가? 그대가 배우지 않으면 사람들이 그대를 비웃으니, 그래서 배우기를 권했다."[181] "의를 행하다가 잘되지 않는다고 해서 반드시 그 도를 배척해서는 안 된다. 예를 들면 목수가 나무를 깎다가 잘되지 않는다고 해서 그 먹줄을 배척하지 않는 것과 같다."[182]

위의 인용문은, 세상에서 義를 행하기 위해서는 어떻게 하는 것이 세상에 義를 행하는 것인지를 먼저 배워야 하고 또 義를 행하는데도 세상 사람들이 알아주지 않는다고 해서 義를 버리고 배척해서는 안 되고 꾸준히 실천해야 함을 말하고 있다. 그러면서 묵자는 義를 실천하는 것은 상인들이 장사해서 남기는 이익보다도 그 이익이 훨씬 크다고 말한다.

"상인들은 사방을 다니며 장사를 해서 몇 곱절의 이익을 남긴다. 비록 관문이나 다리를 통과하는 어려움이 있더라도 반드시 장사를 한다. 지금 선비들은 편하게 앉아서 의를 말하는데, 관문이나 도량을 건널 어려움도 없고 도적을 만날 위험도 없다. 이것은 몇 곱절 이익을 남는 건지 이루 헤아릴 수가 없다. 그런데도 선비들이 이를 행하지 않으니, 선비들이 이익을 계산하는 것은 상인들이 이익을 살피는 것만 못하다."[183]

선비들은 義로운 행동을 통해서 세상에 기여할 수 있는 것이, 장사치들이 이익을 몇 곱절 남기는 것보다도 큰데, 선비들이 말은 선왕의 道를 이

---

[181] 『墨子』「公孟」: 今子爲義, 我亦爲義, 豈獨我義也哉? 子不學, 則人將笑子, 故勸子於學.
[182] 『墨子』「貴義」: 爲義而不能, 必無排其道. 譬若匠人斲而不能, 無排其繩.
[183] 『墨子』「貴義」: 商人之四方, 市賈倍徙, 雖有關梁之難, 盜賊之危, 必爲之. 今士坐而言義, 無關梁之難, 盜賊之危, 此爲倍徙不可勝計, 然而不爲, 則士之計利, 不若商人之察也.

야기하면서 실천하지 않음을 비판한다. 즉 선비들이 아는 지식을 세상의 義를 실현하는 데 사용한다면 장사치들이 어려움을 무릅쓰고 남기는 이익보다도 세상에 많은 이익을 줄 수 있는데 그렇지 않고 입으로만 道를 말하는 것을 비난하고 있다.

묵자는 義에 대한 자신의 주장이 세상을 이롭게 하기에는 충분하고, 반석과 같아서 깨치지 않을 것이라고 확신한다. "내 말은 충분히 실용적이다. 내 말을 버리고 생각을 바꾸는 것은 마치 추수할 것을 버리고 조 이삭을 줍는 것과 같다. 다른 말로써 나의 말을 비난하는 것은 계란으로 바위치기와 같다. 천하의 계란을 모두 던진다 해도 나의 말은 반석과 같이 깨지지 않을 것이다."184)

묵자는 위의 인용문에서 자기의 말은 깨질 수 없는 진리이며, 세상을 구제할 수 있는 말이라는 확신을 갖고, 따르라 하고 있다. 그러면서 묵자는 "천하에 義가 있으면 살고 義가 없으면 죽으며, 義가 있으면 부유하고 義가 없으면 가난하며, 義가 있으면 다스려지고 義가 없으면 어지러워진다."185) "지금 義로써 국가의 정책을 시행한다면 백성의 수가 반드시 많아지고, 형정이 제대로 다스려지며, 사직이 반드시 평안해질 것이다. 귀하고 좋은 보물은 백성을 이롭게 하는 것이다. 그런데 義가 백성을 利롭게 할 수 있다. 그러므로 義가 천하의 좋은 보물이라고 말한다."186) 義가 사회의 준칙으로서 올바르게 정립되면 그 사회는 질서와 안녕을 회복하여 결국에는 인민의 삶에 이로움을 준다는 것이다.

묵자는 귀의편에서 義는 세상에서 가장 귀중한 정신적 가치로서, 義의 실천을 삶의 지표로 삼아야 함을 설하고 있다. 그러면서 다른 사람들이 義를 행하지 않더라도 자신만이라도 義를 실행해야 하며, 그렇게 해야만 세상이 삼환이라는 질곡에서 벗어날 수 있음을 강조하고 있다. 그러기 위해서는 배워야 하며, 의를 실천하는 데 있어 능하지 못하더라도 義를 버려서는 안 되고 끝까지 최선을 다해야 하고, 義의 실천은 장사꾼들의 이익보다 훨씬 크므로 義를 실행해야 한다고 상소하고 있다.

---

184) 『墨子』「貴義」: 吾言足用矣. 舍吾言革思者, 是猶舍穫而攗粟也. 以他言非吾言者, 是猶以卵投石也. 盡天下之卵, 其石猶是也, 不可毀也.
185) 『墨子』「天志上」: 天下有義則生 無義則死 有義則富 無義則貧 有義則治 無義則亂.
186) 『墨子』「耕柱」: 今用義爲政於國家, 人民必衆, 刑政必治, 社稷必安, 所爲賢良寶者, 可以利民也, 而義可以利人, 故曰 義天下之良寶也.

3. 法儀

'義'字는 본래 자기 자신의 위엄 있는 '거동'을 가리키는 것으로서, '儀'와 같은 의미로 사용되었다. 儀는 본받고 바로잡아 법도에 맞는다는 뜻이므로 위엄 있는 거동이란 법도에 들어맞는 행동을 의미한다.[187] 법도에 맞는다는 것은 보편적이고 상식적인, 인간이 마땅히 행해야 할 정도에 적합하다는 뜻이다. 義는 당위 규범으로서의 성격과 행위의 보편적인 원리로서의 중의적 성격을 지니고 있다.

『春秋左傳』의 "禮로써 義를 행할 수 있고, 義로써 利를 얻을 수 있으며, 利로써 백성을 편안하게 할 수 있다."[188] "義로써 利를 일으킨다."[189] "義는 利의 근본이다."[190]는 글은 묵자의 "義는 利다"[191]라는 글과 그 맥락을 같음을 알 수 있다. 묵자는 功利主義的 관점에서 결과론적으로 백성에게 이익이 되는 것을 義라고 말한다.

묵자가 말하는 義는 '올바른 것(正)'과 '바로잡는 것(政)'이라는 뜻으로 중의적인 개념이다. 묵자는 "천하에 義가 있으면 잘 다스려지고, 義가 없으면 혼란하다. 이것으로 나는 義가 올바른 것임을 알 수 있다."[192]고 말한다. 이 말에서 義는 사람들이 마땅히 따라야 할 도덕적 개념으로서의 宜를 의미하기도 하고, 義를 사람들이 따라야 할 준칙으로서 法의 개념이기도 하다. 즉 천하에 법이 있으면 다스려지고 법이 없으면 어지러워지니, 이 義인 儀를 잘 따라야 한다는 것이다. 곧 여기에서 義는 宜의 의미와 法儀의 의미가 함께 하고 있다고 본다. 그래서 올바른 것(正)으로서 義에 따른 행위는 사람이 마땅히 따라야 할 道理를 말하는 것이고, 「天志上」에서의 "무릇 義란 바로잡는 것(政)이다."[193]라는 의미는 아랫사람이 윗사람을 바로 잡을 수는 없고, 반드시 윗사람이 아랫사람을 바로 잡는다는

---

187) 설문해자에는 義, 己之威儀也라고 되어 있는데, 그 註에 의하자면 義는 본래 오늘날의 儀자로 씌였다고 한다. 사람의 마땅한 도리로서 仁義를 가리킬 때의 義의 의미는 誼 자 였다고 한다.
188) 『春秋左傳』「成公二年條」: 禮以行義, 義以生利, 利義平民.
189) 『春秋左傳』「成公十年六條」: 義以建利.
190) 『春秋左傳』「成公十年六條」: 義, 利之本也.
191) 『墨子』「經·經說上」: 義, 利也.
192) 『墨子』「天志下」: 義者, 正也. 何以知義之正也? 天下有義則治 無義則亂. 我以此 知義之爲正也.
193) 『墨子』「天志下」: 義者, 政也.

뜻으로 질서를 바로잡아 안정시킨다는 의미가 강하다고 하겠다. 이와 같이 '義'는 '正으로서의 도덕적 역할'과 '政으로서의 정치적 역할'을 의미하는 중의적 의미를 가지므로. 義가 행해지면 인민들은 心身이 편안해지는 안정된 사회가 된다면서, 묵자는 "천하에 義가 있으면 살고 義가 없으면 죽으며, 義가 있으면 부유하고 義가 없으면 가난하며, 義가 있으면 다스려지고 義가 없으면 어지러워진다."194)라 하였다.

그러면 義에 부합하는 행위는 어떠한 것인가? "대국이 소국을 공격하지 않고 큰 가문이 작은 가문을 찬탈하지 않고 강한 자가 약한 자를 겁탈하지 않고 귀한 자가 천한 자를 업신여기지 않고 다수가 소수를 학대하지 않고 지혜로운 자가 어리석은 자를 속이지 않는 것."195)이라고 묵자는 말한다. 이와 같은 행위가 義롭게 여겨지는 것은 도덕적인 측면도 있지만 결과적으로 백성들에게 이롭기 때문이며, 더불어 반드시 하늘에게도 이롭고, 가운데로는 귀신에게도 이로우며 아래로 사람에게도 이로우니, 天鬼人 모두에게 이롭다는 것이다. 그러므로 사람들은 義로운 행동을 해야 하며, 義를 法儀로 삼고 살아야 안정된 안생생한 삶을 살아갈 수 있다는 것이 묵자의 생각이며, 철학이다. 그러면서 묵자는 자신이 주장한 '義'를 '法度'로 삼아서 聖王으로 추앙받는 3대 성왕을 사례로 든다. "堯임금, 舜임금, 禹王, 湯王, 文王, 武王은 어떤 일을 하셨는가. 이들이 종사한 일은 평등(겸)이었고 차별이 아니었다. 평등하게 처신한다는 것은 대국이 소국을 공격하지 않고, 큰 가문이 작은 가문을 어지럽히지 않고, 강자가 약자를 겁탈하지 않고, 다수가 소수를 폭압하지 않으며 지혜로운 자가 어리석은 자를 속이지 않으며, 귀한 자가 천한 자를 업신여기지도 않는 것이다. 그 일을 살펴보건대, 위로는 하늘을 이롭게 하며, 가운데로는 귀신을 이롭게 하며, 아래로는 사람들을 이롭게 하니, 세 곳을 이롭게 하면 이롭지 않은 데가 없다. 이를 일러 '天德'이라고 하니, 천하의 아름다운 이름을 다 끌어모아 여기에 더한 것이다. 말하기를 "이것이 仁이며, 義이다. 사람을 사랑하고 사람을 이롭게 하며, 하늘의 뜻에 순응하여 하늘의 賞을 받는 자이다."196)라 하였다.

---

194) 『墨子』「天志上」 : 天下有義則生 無義則死 有義則富 無義則貧 有義則治 無義則亂.
195) 『墨子』「天志上」 : 處大國攻小國 處大家簒小家 强者劫弱 貴者傲賤 (多)詐[者]欺愚.

그렇다면 묵자가 말하는 法儀에 대해 기술한 내용을 중심으로 法儀가 지향하는 것을 살펴본다. 묵자는 사람들이 살아가면서 '무엇을 본보기로 삼아야 하는가'에 대해서 고민하였고, 이에 대한 해답으로 '하늘을 본보기로 삼아야 한다.'는 결론에 이르렀다. 즉 그는 말하기를 "천하의 모든 사람이 일을 함에는 본받을 법도가 없을 수 없고, 본받을 법도 없이 일을 능히 이루는 자는 있지 않다. 비록 선비로서 장수나 재상이 되려는 사람이라 하더라도 모두 따라야 할 법도가 있고, 공인들이 일을 하는 데도 역시 따라야 할 법도가 있다. 공인이 구(곱자)로써 네모를 만들고, 규(그림쇠)로써 원을 만들며, 먹줄로써 선을 곧게 긋고, 실달린 추로써 수직을 세운다. 솜씨가 있는 공인이건 없는 공인이건 모두 이 다섯 가지를 본보기로 삼는다. 솜씨 있는 자는 그 표준에 잘 맞출 수 있고, 솜씨 없는 자라도 모방하여 일을 하면 오히려 그만두는 것보다 낫다. 그래서 백공들이 일을 함에 모두 기준으로 삼아 따르는 법도가 있다. 지금 크게는 천하를 다스리고, 그다음으로 대국을 다스리는 데 기준으로 삼아 따라야 할 법도가 없다면, 이것은 백공들의 분별력만 못하다."고 하였다.

묵자는 세상의 어떤 일을 하더라도 일정한 표준이나 준칙이 있어야 하며, 이러한 기준이나 준칙 없이는 성공할 수 없다고 한다. 匠人들도 그림쇠나 곱자라는 수단을 통해서 자기가 맡은 일을 바르게 완성시킬 수 있다. 하물며 천하를 다스리는 왕공대인 등 지도자들이 일정한 기준이나 법도를 정하지 않고서 국가를 부유하게 하며, 인민의 수를 늘리며, 형정을 바르게 다스리어 백성을 안정적으로 다스릴 수 없다는 것이다.

그렇다면 무엇을 기준이나 준칙이 되는 법도로 삼아야 하는가? 묵자는 "하늘을 본받는 것만 한 것이 없다. 하늘의 운행은 넓으면서도 사사로움이 없으며, 그 베풂은 두터우면서도 德이라 내세우지 않으며, 그 밝음은 長久하면서도 쇠미해지지 않는다. (…) 하늘은 사람들이 서로 아끼고 서로 이롭게 하는 것을 바라지 사람들이 서로 미워하고 서로 해치는 것을 바라지 않는다. (…) 하늘은 만물을 아울러 아껴주고 아울러 이롭게 해주기 때문이다. (…) 남을 아끼고 남을 이롭게 하는 자는 하늘이 반드시 그에게

---

196)『墨子』「天志上」 : 堯舜禹湯文武 焉所從事. 曰 從事兼 不從事別. 兼者 處大國 不攻小國 處大家 不亂小家 强不劫弱 衆不暴寡 詐不謀愚 貴不傲賤. 觀其事 上利乎天 中利乎鬼下利乎人 三利 無所不利. 是謂天德. 聚斂天下之美名 而加之焉. 曰 此仁也, 義也. 愛人利人 順天之意 得天之賞者也.

福을 내리며, 남을 미워하고 남을 해치는 자는 하늘이 반드시 禍를 내린다."197)

이 글에서 묵자는 일반 백성에서부터 최고의 지도자들인 왕공대인에 이르기까지 누구나 하늘을 법도로 삼아야 됨을 설명하고 있다. 하늘은 높고 크며 장구하기 때문에 또 만물을 평등하게 골고루 사랑하는 존재이므로 이를 법도로 삼아야 한다면서, 상대적 존재인 부모나 스승 또는 군주까지도 인민들이 따라야 할 본보기는 될 수 없다고 한다. 하늘이 만물을 생기게 했고, 두루 평등하게 살려주고 먹여주는 존재이기 때문이다. 부모나 스승이나 군주는 사람들을 하늘처럼 두루 평등하게 사랑하는 존재가 될 수 없기에, 하늘만이 사람들을 평등하게 대우하기 때문에, 즉 하늘의 공평함 때문에 법도로 삼아야 한다는 것이다.

묵자는 사람들이 본받고 따라야 하는 것은 天志인 '義'이다. 이 義를 法度로 삼아서 모든 일을 행해야 하늘에서 복을 받는다. 즉 天志를 法度 法儀로 삼아야 한다. 결국 '義'를 法度로 삼고 살아야 한다는 것이다. 이것의 행동강령이 겸애교리이다. 그러므로 '義'는 겸애교리와 같은 말이다.

4. 兼愛

묵자는 사람들이 서로 사랑하지 않음으로써 세상이 혼란하게 되었다고 하면서, 사람들이 서로 사랑한다면 세상의 혼란을 다스릴 수 있다고 '겸애'를 강조한다. 이 겸애라는 개념은 "義는 天志에서 생겼다"198)는 묵자의 말에서 나온다. 따라서 겸애는 義의 실천수단이 된다. 그러므로 하늘이 평등하고 골고루 만물을 사랑하듯이, 사람도 평등하게 골고루 사람들 상호 간에 사랑하여 서로를 이롭게 해야 한다는 것이다. 이것이 하늘이 추구하는 義의 목표이다.

묵자는 세상에 혼란이 생기는 이유 중의 하나로 먼저 사람들이 서로를 평등하게 사랑하지 않는다는 데서 생긴다고 한다. "오늘날 사람들은 오직 자기 몸만을 사랑할 줄 알고 남의 몸은 사랑하지 않으니 이로써 서리낌 없이 온 힘을 다해 남을 해친다. 그러므로 제후들이 서로 사랑하지 않으

---

197) 『墨子』「法儀」 : '莫若法天.' 天之行 廣而無私 其施 厚而不德, 其明 久而不衰.(...) 天必欲人之相愛相利 而不欲人之相惡相賊也. (…)以其兼而愛之, 兼而利之也. (…) 愛人利人者 天必福之, 惡人賊人者, 天必禍之.
198) 『墨子』「天志中」 : 義果自天出矣.

니, 반드시 전쟁을 하고, 가문의 경대부들이 서로 사랑하지 않으므로 반드시 서로를 찬탈하고, 사람들이 서로 사랑하지 않으니 반드시 서로를 해친다. 임금과 신하가 서로 사랑하지 않으니, 은혜롭지 않고 충성스럽지 않다. 부모와 자식이 서로 사랑하지 않으니 자애롭지도 효성스럽지도 않다. 형제간에 서로 사랑하지 않으니 화목하지 못한 것이다. 천하 사람들이 모두 서로 사랑하지 않는다면, 강한 자는 반드시 약한 자를 잡아 누르고, 다수는 반드시 소수를 겁박하며, 부자는 반드시 가난한 자를 업신여기고, 귀한 자는 반드시 천한 자에게 오만하며, 교활한 자는 반드시 어리석은 자를 속인다. 무릇 천하의 재앙과 찬탈 원망과 한탄이 생기는 까닭은 서로 사랑하지 않는 데서 생긴다."[199]

위 인용문에 적시되어 있듯이 사람들이 자기만을 사랑하고 타인을 사랑하지 않으니, 서로가 서로를 불신하게 되어 부자간에, 형제간에, 군신 간에도 불신이 쌓이고, 힘이 있는 자는 약자를 해친다는 것이다. 결국 이와 같은 현상으로 인해 사회가 어지러워질 수밖에 없다는 것이다. 이와 같은 혼란을 제거하는 방법으로 묵자는 두루 평등하게 사랑하고 서로를 이롭게 하는 '兼相愛 交相利'를 제시한 것이다. 이것은 세상을 하늘의 뜻에 따라 義로운 세상에 이르게 하는 수단이자 목적인 것이다.

'兼愛'의 효과에 대해 묵자는 말한다. "남의 나라 보기를 자기 나라 보듯 하고, 남의 집안 보기를 자기 집안 보듯이 하고, 남 보기를 제 몸같이 보라고 한다. 이러면 제후들이 서로 사랑하여 싸우지 않을 것이며, 가문의 경대부들이 서로 사랑하면 서로를 찬탈하지 않을 것이며, 사람과 사람이 서로 사랑하면 서로를 해치지 않을 것이다. 임금과 신하가 서로 사랑하면 은혜를 베풀고 충성스러울 것이고, 부모와 자식이 서로 사랑하면 자애롭고 효성스러울 것이며, 형제간에 서로 사랑하면 서로 화목할 것이다. 천하 사람들이 서로 사랑하면 강한 자가 약한 자를 억누르지 않을 것이며, 다수가 소수를 겁박하지 않고 부자가 가난한 자를 업신여기지 않고, 귀한 자가 천한 자에게 오만하지 않고, 교활한 자가 어리석은 자를 속이지 않는다. 무릇 천하의 재앙과 찬탈과 원망과 한탄이 일어나지 않는다.[200]

---

199) 『墨子』「兼愛中」: 今人獨知愛其身 不愛人之身, 是以 不憚舉其身以賊人之身. 是故 諸侯不相愛 則必野戰 家主不相愛 則必相纂 人與人不相愛 則必相賊, 君臣不相愛 則不惠忠 父子不相愛 則不慈孝 兄弟不相愛 則不和調, 天下之人皆不相愛 強必執弱 [衆必劫寡] 富必侮貧 貴必敖賤 詐必欺愚, 凡天下禍纂怨恨 其所以起者 以不相愛生也.

위의 인용문에서 보듯이, 각 주체들이 서로 자기 몸 돌보듯이 상대방을 아끼고 사랑하며 이롭게 한다면, 즉 겸애 교리 한다면 군신 간에 은혜를 베풀게 되고 충성하며, 부자간에 사랑하고 자애로우며, 형제간에 화목하게 되어서, 서로가 서로를 도와 이롭게 하는 대동 사회가 될 것이라는 것이 묵자 주장의 핵심이다. 즉 義로운 사회를 이루는 것이 묵자의 목표라 하겠다.

그런데도 당시의 혹자들은 말은 그럴듯하지만, 실행하기 쉽지 않다고 말한다. 혹자들이 말하기를, "'兼'은 仁이고 義다. 비록 그렇더라도 어찌 실행할 수 있겠는가. 내가 '兼'을 할 수 없다는 것을 비유하자면 마치 泰山을 끼고 長江이나 黃河를 건너는 것과 같다. 그러므로 兼 한다는 것은 다만 그것을 바랄 뿐이지, 그것이 어찌 할 수 있는 일이겠는가."라 한다.201)

이에 대해서 묵자는 兼愛는 태산을 끼고 장강과 황하를 건넌다는 것은 예로부터 지금까지 인류가 생긴 이래 있었던 적이 없었다. 하지만 '兼相愛 交相利'를 실천하신 삼대 성왕을 사례로 들어 이를 반박한다.

"泰山을 끼고 長江과 黃河를 건넌다는 것은 예로부터 지금까지 인류가 생긴 이래로 있었던 적이 없다. 지금 저 아울러 서로 사랑하고 번갈아 서로 이롭게 한다(겸상애 교상리)는 것 같은 일은 옛날 네 분의 聖王들부터 몸소 행하던 것이다."202)

또 정치 지도자들이 하려는 의지만 보인다면 '兼相愛 交相利'를 실천할 수 있을 것이라고 주장한다.

"옛날 荊(楚) 靈王이 가는 허리를 좋아하니, 靈王이 나라를 다스릴 때 荊나라 선비들은 하루에 한 끼만 먹었는데, 지팡이를 짚어야만 일어서고, 벽에 기댄 뒤에야 걷게 되었다. 그러므로 식사를 줄이는 것은 매우 하기 어려운 일이라지만, 그런데도 사람들은 그렇게 하고, 영왕은 이를 즐겼

---

200) 『墨子』 「兼愛中」 : 視人之國 若視其國 視人之家 若視其家 視人之身 若視其身. 是故 諸侯相愛 則不野戰, 家主相愛 則不相篡 人與人相愛 則不相賊. 君臣相愛 則惠忠 父子相愛 則慈孝 兄弟相愛 則和調. 天下之人 皆相愛 强不執弱 衆不劫寡 富不侮貧 貴不敖賤 詐不欺愚. 凡天下禍篡怨恨 可使毋起者 以相愛生也.
201) 『墨子』 「兼愛下」 : 或曰 兼卽仁矣 義矣. 雖然 豈可爲哉. 吾譬兼之不可爲也, 猶挈泰山以超江河也. 故 兼者 直願之也. 夫豈可爲之物哉?
202) 『墨子』 「兼愛下」 : 夫挈泰山以超江河 自古(之)及今 生民而來 未嘗有也. 今若夫兼相愛交相利 此自先聖(六)[四]王者親行之.

다. 세상이 바뀌지 않았는데도 인민들이 변할 수 있는 것은 바로 그 윗사람이 좋아하는 쪽으로 향하려 했기 때문이다. 옛날에 越王 句踐이 용맹을 좋아하였다. 그 선비와 신하들을 3년 동안 가르쳤지만 자신의 智力으로는 아직 자기 신하와 선비들이 어느 정도 용맹한지 알지 못한다고 생각하여, 배에 불을 지르고 북을 쳐서 불을 끄러 달려가게 하였더니, 선비들 중에 앞줄에서 넘어지고, 물불 속에 엎어져 죽는 자를 이루 다 셀 수 없었다. 그제야 북을 그치고 후퇴시켰다. 월나라 군사들도 두려웠을 것이다. 몸을 불태우기란 매우 하기 어려운 일이라지만, 그런데도 인민들은 그렇게 하였고 越王은 그것을 즐겼다. 세상이 바뀌지 않았는데도 인민들이 변할 수 있는 것은 바로 그 윗사람이 좋아하는 쪽으로 향하려 했기 때문이다. 文公이 다스릴 때에 晉나라 선비들은 거친 베옷을 입고, 암컷 양의 갖옷을 걸치며 거친 명주로 지은 冠을 쓰고, 허름한 신발을 신고, 들어가 文公을 알현하고 나와서 조정에 섰다. 검소한 옷차림이란 매우 하기 어려운 일이라지만, 그런데도 인민들은 그렇게 하였고, 文公은 그것을 즐겼다. 세상이 바뀌지 않았는데도 인민들이 변할 수 있는 것은 바로 그 윗사람이 좋아하는 쪽으로 향하려 했기 때문이다. 그런 까닭에 식사를 줄이고 몸을 불태우고 검소한 옷차림을 하는 것은 천하에 지극히 하기 어려운 것이지만, 인민들은 그렇게 하고 임금은 좋아했다. 바로 그 윗사람이 좋아하는 쪽으로 향하려 했기 때문이다. 지금 겸상애 교상리와 같은 것, 이것은 이로움이 있고 행하기가 매우 쉽다는 것은 말할 필요가 없다. 내가 생각하건대 이를 좋아하는 윗사람이 없을 따름이다."[203]

위 인용문에서 적시하듯이, 초나라 영왕이 가는 허리를 좋아하니, 신하들이 모두 따라서 허리를 가늘게 하려 노력했고, 월왕 구려가 용맹한 선비들을 좋아하니, 신하들이 불물을 가리지 않고 충성했으며, 문왕이 검소

---

[203] 『墨子』「兼愛下」: 昔荊靈王好小要 當靈王之身 荊國之士 飯不踰乎一固, 據而後興 扶垣而後行. 故約食爲其難爲也. 然後爲而靈王說之. 未渝於世而民可移也. 卽求以鄉其上也. 昔者 越王句踐好勇, 敎其士臣三年, 以其知爲未足以知之也. 焚舟失火 鼓而進之 其士偃前列 伏水火而死(有)[者] 不可勝數也. 當此之時 不鼓而退也. 越國之士 可謂顫矣. 故焚身 爲其難爲也. 然後爲之 越王說之. 未渝於世而民可移也, 卽求以鄉上也. 昔者 晉文公 好苴服 當文公之時 晉國之士 大布之衣 牂羊之裘 練帛之冠, 且苴之屨 入見文公 出以踐之朝, 故苴服爲其難爲也, 然後衆爲而文公說之, 未渝於世而民可移也, 卽求以鄉其上也. 是故 約食焚(舟)[身]苴服. 此天下之至難爲也, 然(後)[衆]爲而上說之. 未渝於世而民可移也, 何故也. 卽求以鄉其上也, 今若夫兼相愛交相利 此其有利且易爲也 不可勝計也. 我以爲則無有上說之者而已矣.

한 옷차림을 좋아하니, 선비들이 모두 따라서 검소했다. 묵자는 정치 지도자 즉 윗사람들이 솔선수범하니 아랫사람들도 따라서 행하고 있음을 세 왕의 사례를 들면서 강조하고 있다. 곧 겸애도 말은 그럴듯하여 쉽지만 실행하기 어렵다는 혹자들의 비난을 일축하면서, 겸애를 실행하려는 정치 지도자로서의 윗사람이 없음을 개탄하고 있다. 그래서 묵자는 내가 먼저 겸애를 실행할 것을 요구한다.

"내가 먼저 남의 어버이를 사랑하고 이롭게 하고 다음에 남이 내 부모를 사랑하고 이롭게 하기를 바랄 것인가? 아니면 내가 먼저 남의 부모를 해치고 미워한 다음에 남이 내 부모를 사랑하고 이롭게 하기를 바랄 것인가? 만약 효자라면 반드시 내가 먼저 남의 부모를 사랑하고 다음에 남도 내 부모를 사랑하기를 바랄 것이다. 그러므로 효자는 서로 남의 부모에게 효자 노릇을 하는 것이 부득이한 것이다. 말은 메아리가 없을 수 없고 德은 보답이 없을 수 없다네. 내가 봉숭아를 던져주면 그는 자두로 갚는다네. 곧 이 말은 남을 사랑하는 자는 사랑을 받고 남을 미워하는 자는 미움을 받는다는 것을 이르는 말이다."204)

묵자는 自利利他 정신을 강조하고 있다. 남을 이롭게 하는 것이 곧 자기를 이롭게 하는 것이라는 것이다. 그래서 자기부터 남의 부모를 사랑한다면 반드시 남도 따라서 자기 부모를 사랑하게 된다는 주장이다. 대답 없는 메아리가 세상에 있을 수 있겠는가 하는 말이다.

묵자는 義의 실천 수단으로서 겸애의 중요성을 설명하면서, '兼'을 비난하는 선비들에게 되묻는다. 즉 다음 두 경우에 兼을 택하겠는가, 아니면 別을 택하겠는가?

"두 임금이 있다고 가정하여, 그중 한 임금은 '兼'이 주장을 견지하고 한 임금은 '別'의 주장을 견지한다 치자. 그러면 '別'을 주장하는 임금이 "내가 어찌 나의 萬民의 몸을 내 몸처럼 위할 수 있겠는가. 이것은 천하의 人情과 크게 다르다. 사람이 땅 위에서 사는 시간은 얼마 안 되니 비유하자면 마치 駟馬가 틈 사이를 지나는 것과 같다."라 한다. 그래서 논변하는 자리에서 물러나 실제로 자신의 萬民을 볼 때 그들이 굶주리더라도

---

204) 『墨子』 「兼愛下」 : 若我先從事乎愛利人之親, 然後 人報我[以]愛利吾親乎. 意我先從事乎惡[賊]人之親, 然後 人報我以愛利吾親乎. 卽必吾先從事乎愛利人之親, 然後 人報我以愛利吾親也. 然卽(之)交孝子[之]者, 果不得已乎. "無言而不讎 無德而不報 投我以桃 報之以李", 卽此言愛人者必見愛也, 而惡人者必見惡也.

먹여주지 않고, 추위하더라도 옷을 입혀주지 않으며, 병을 앓더라도 돌봐주지 않고 죽더라도 묻어주지 않는다.

'別'을 주장하는 임금의 말이 이와 같고, 행동이 이와 같다. 그러나 '兼'을 주장하는 임금의 말은 그렇지 않고, 행동 역시 그렇지 않다. 그는 "내가 듣기에 천하의 明君은 반드시 만민의 몸을 먼저 위하고, 자기 몸을 나중에 위한다고 하니 그렇게 한 뒤에야 천하의 明君이 될 수 있을 것이다."라고 한다. 그래서 논변하는 자리에서 물러나 실제로 자신의 만민을 볼 때, 그들이 굶주리면 곧 먹이고 추위하면 곧 옷을 입히며 병을 앓으면 돌봐주고 죽으면 묻어준다. '兼'을 주장하는 임금의 말이 이와 같고, 그 행동이 이와 같다. 그렇다면 '交兼'을 주장하고 '交別'을 주장하는 이 두 임금과 같은 경우는 말도 서로 다르고, 행동도 서로 반대되는구나. 이 두 임금이 말은 반드시 믿음직스럽고 행동은 반드시 과감하여 언행이 마치 符節을 합치듯 일치하여, 말하면 행하지 않음이 없다고 한번 가정해보자. 그러면 감히 묻겠다. 올해 역병이 돌아 萬民 대다수가 고생하며 추위에 얼고 배를 곯아 죽은 시체가 매장되지 않고 그냥 밭도랑 구덩이에 버려지는 일이 이미 벌써 많다고 하자. 장차 두 임금 가운데 택한다면 장차 누구를 따를 것인가?"205)

"두 선비가 있다고 가정하여, 그중 한 선비는 '別'의 주장을 견지하고, 한 선비는 '兼'의 주장을 견지한다고 치자. 그래서 '別'을 주장하는 선비는 "내가 어찌 내 친구 몸을 마치 내 몸처럼 위하고, 내 친구 부모를 마치 내 부모처럼 위할 수 있겠는가."라 할 것이다. 그래서 논변하는 자리에서 물러나 실제로 자신의 친구를 볼 때 그가 굶주리더라도 먹여주지 않고 추위하더라도 옷을 입혀주지 않으며, 병을 앓더라도 돌봐주지 않고 죽더라도 묻어주지 않으니, '別'을 주장하는 선비의 말이 이와 같고 행동이 이와

---

205) 『墨子』「兼愛下」: 誰以爲二君 使其一君者 執兼, 使其一君者 執別. 是故 別君之言 曰 吾惡能爲吾萬民之身 若爲吾身, 此 泰非天下之情也. 人之生乎地上之無幾何也, 譬之 猶駟馳而過隙也. 是故 退睹其萬民 飢卽不食 寒卽不衣 疾病不侍養 死喪不葬埋, 別君之言若此 行若此. 兼君之言不然 行亦不然 曰 吾聞 爲明君於天下者 必先萬民之身 後爲其身 然後 可以爲明君於天下. 是故 退睹其萬民 飢卽食之 寒卽衣之 疾病侍養之 死喪葬埋之, 兼君之言若此 行若此, 然卽交[兼交別]若之二君者 言相非而行相反與 (常)[嘗]使若二君者 言必信 行必果 使言行之合 猶合符節也. 無言而不行也. 然卽敢問 今歲有癘疫 萬民多有勤苦凍餒 轉死溝壑中者 旣已衆矣. 不識將擇之二君者 將何從也. 我以爲當其於此也,

같다. '兼'을 주장하는 선비의 말은 그렇지 않고 행동도 그렇지 않다. 그는 "내가 듣기에 천하에 이름 높은 선비는 반드시 자기 친구의 몸을 마치 자기 몸처럼 위하고, 자기 친구 부모를 마치 자기 부모처럼 위한다 하니, 그렇게 한 뒤에야 천하에 이름 높은 선비가 될 수 있을 것이다."라고 한다. 그래서 논변하는 자리에서 물러나 실제로 자신의 친구를 볼 때 그가 굶주리면 먹이고 추워하면 옷을 입히며 병을 앓으면 돌봐주고 죽으면 묻어주니, '兼'을 주장하는 선비의 말이 이와 같고 행동이 이와 같다. 이 두 선비와 같은 경우는 말도 서로 다르고, 행동도 서로 반대되는구나. 이 두 선비가 말하면 반드시 미더우며, 행동에는 반드시 결과를 수반하여, 言行이 마치 符節을 합치듯 일치하여 말하면 행하지 않음이 없다고 한번 가정해보자. 그러면 감히 묻겠다. 지금 여기에 平原과 廣野가 있어 갑옷을 입고 투구를 쓰고서, 장차 나가 싸우려 할 때 그 죽을지 살지 여부를 아직 알지 못한다고 하자. 또 임금의 대부로서 멀리 巴·越·齊·荊(楚)나라에 사신으로 떠나려 할 때, 갔다 올 수 있을지 여부를 아직 알지 못한다고 하자. 그러면 감히 묻겠다. 잘 모르겠지만, 누구(兼 혹은 別 둘 중에서)를 따를 것인가. 집에서 부모를 받들어 모시고 처자를 데리고 가 맡기려 할 때, 겸을 주장하는 자에게 맡기겠는가? 別을 주장하는 자에게 맡기겠는가?"206)

묵자는 위에서 두 사례를 들면서 과연 사람들이 兼愛하는 사람을 택하겠는가 아니면 別愛하는 사람을 택하겠는가 하고 묻는다. 당연히 묵자의 말처럼, 어려움에 처하면 兼愛하는 사람을 택한다. 그러면서도 겸애하는 것은 말이 쉽지 실천하기는 어렵다고 하는 점을 이해하기 어렵다고 개탄한다. 그들은 "말로는 평등을 비난했지만 행동은 평등을 선택할 것이다. 즉 이것은 말과 행동이 어긋나는 것이다."207)며 인간의 이중성을 말하고 있다. 나는 타인을 도와주지 않더라도 자기가 급할 땐 남의 도움을 받고

---

206) 『墨子』「兼愛下」: 設以爲二士 使其一士者執別, 使其一士者執兼 是故 別士之言曰 吾豈能爲吾友之身 若爲吾身, 爲吾友之親 若爲吾親. 是故 退睹其友 飢卽不食 寒卽不衣 疾病不侍養 死喪不葬埋, 別士之言若此 行若此. 兼士之言不然 行亦不然, 曰 吾聞 爲高士於天下者 必爲其友之身 若爲其身, 爲其友之親 若爲其親 然後 可以爲高士於天下. 是故 退睹其友 飢則食之 寒則衣之 疾病侍養之 死喪葬埋之. 兼士之言若此 行若此. 若之二士者 言相非而行相反與. 當使若二士者 言必信 行必果 使言行之合 猶合符節也, 無言而不行也, 然卽敢問 今有平原廣野於此 被甲嬰冑 將往戰 死生之權 未可識也. 又有君大夫之遠使於巴越齊荊 往來及否 未可識也. 然卽敢問 不識將惡從也. 家室奉承親戚 提挈妻子 而寄託之, 不識於兼之(有)[友]是乎? 於別之(有)[友]是乎?
207) 『墨子』「兼愛下」: 言而非兼 擇卽取兼 卽此言行費也.

자 하는 인간의 이중적인 측면을 비난하고 있다. 묵자는 이토록 언행이 어긋나서는 안 된다고 주장하면서 서로서로 평등하게 마음과 행동을 주고 받는 정신이 필요하다. 곧 겸애교리 정신을 말하고 있다.

묵자는 겸애교리 정신으로 "힘이 있으면 부지런히 인민을 돕고, 재물이 있으면 힘써 인민에게 나누어 주고, 도리가 있으면 권면하여 가르치는 것이다. 이렇게 되면 배고픈 자는 먹을 것을 얻을 것이요, 헐벗은 자는 옷을 얻을 것이며, 피로한 자는 쉴 것이며, 어지러운 것은 다스려질 것"208)이라고 말하고 있다. 더불어 "귀 밝은 장님과 눈 밝은 귀머거리가 협동을 하면 장님도 볼 수 있고 귀머거리도 들을 수 있으며, 팔 없는 사람과 다리 없는 사람이 서로 협동하면, 모든 동작을 온전하게 할 수 있다. 그리고 가진 道를 널리 펴서 서로 서로에게 가르쳐주면 모두 깨우칠 수 있을 것이다. 그렇게 하여 늙어 妻子 없는 자도 부양받을 데가 있어 그 수명을 다 마치고, 어려서 고아가 되어 부모 없는 자도 의지할 데가 있어 그 몸이 성장할 수 있으니, 지금 오직 두루 평등하게 대하는 것(兼)을 바름으로 삼아야 서로에게 이익이 되기 때문"209)이라고 주장한다. 즉 하늘의 뜻인 義의 실천행위가 바로 겸애교리하는 것이다. 이 문장을 통해서 묵자는 사람들은 불완전한 존재이기 때문에, 각 분야에서 자기 능력과 재능에 따라 힘을 기르고 깨쳐, 전문가가 되어서 서로 돕자는 것이다. 사람이 완전한 존재라면 겸애교리 정신은 그 가치가 덜할 것이다. 불완전하기 때문에 서로 아우르고 사랑하면서 돕고 살자는 것이다. 즉 겸애교리의 본 취지는 각 분야의 재능 있는 전문가로서 서로 협동하자는 것이다. 묵자는 남의 의견을 비판하려면 반드시 그 대안을 제시해야 함을 강조하고 있다.

"남을 그르다고 하는 사람은 반드시 그것을 대신할 수 있는 옳은 것이 있어야 한다. 만약 남을 비난하면서 그 대안이 없다면 비유컨대 물로써 물을 그치게 하고 불로써 불을 끄는 것과 같다. 그러니 그들의 주장도 옳다고 할 수 없을 것이다. 그래서 묵자는 차별을 평등으로 바꿀 것을 주장한다. 그러면 차별을 평등으로 바꾸는 이유는 무엇인가? 만약 남의 나라

---

208) 『墨子』「尙賢下」: 有力者 疾以助人, 有財者 勉以分人, 有道者 勸以敎人, 若此則飢者得食, 寒者得衣, 亂者得治, 若飢則得食, 寒則得衣 亂則得治.
209) 『墨子』「兼愛下」: 聰耳明目 相爲視聽乎, 是以 股肱畢强 相爲動(宰)[擧]乎. 而有道 肆相敎誨, 是以 老而無妻子者 有所(侍)[持]養以終其壽 幼弱孤童之無父母者 有所放依以長其身 ,今唯毋以兼爲正 卽若其利也.

를 위하기를 자기 나라처럼 한다면 대체 누가 제 나라를 온통 들어 남의 나라를 공격하겠는가? 남의 나라를 위함이 자기 나라를 위함처럼 하기 때문이다."210)

　남의 의견을 비판하려면 반드시 그 대안을 제시해야 한다는 주장은 21세기인 현 사회에도 매우 잘 어울리는 명언이라 여겨진다. 묵자는 말한다. 겸애로써 서로를 평등하게 아우른다면 무슨 다툼이 생기겠는가. 그래서 하늘이 바라는 '義로운 사회'가 이루어지기 위해서는 서로서로 평등하게 사랑하고 서로를 돕는 兼相愛 交相利 정신이 반드시 필요하다는 것이다.

Ⅲ. 결 어

　以上으로 『墨子』의 「天志」·「貴義」·「法儀」·「兼愛」를 중심으로, 묵자 철학의 핵심은 '義의 실현'에 주안점을 두고 있다는 점을 살펴보았다.

　묵자는 하늘의 뜻을 빌려, 義로운 사회를 이루는데 그 목표를 두었다. 義로운 사회만이 당시 삼환의 질곡에서 헤매는 민중들을 구제할 수 있다고 보았다. 그래서 이의 목적 달성을 위한 수단이자 방법으로 義를 귀하게 여겨야 하며, 義를 삶의 표준으로 삼아서 살아야 함을 강조했다. 그렇다면 어떻게 살아야 義로운 사회를 만들 것인가 하는 문제에서, 그 실행 방법으로 겸애 교리를 제시한 것이다. 서로 평등하게 아끼고 사랑하면 서로를 이롭게 해야 한다는 것이다. 서로를 차별한다면 결론적으로 다툼이 생길 수밖에 없다는 것을 묵자는 지속적으로 사례를 들어가면서 강조하고 있다.

　결론적으로 義의 근원을 본 연구는 「天志」에서 찾아보았다. 묵자는 "하늘은 義를 바라고 不義를 싫어한다."211) "하늘은 사람들이 살기를 바라고 그들이 죽는 것을 싫어하며, 그들이 부유하기를 바라고 가난해지는 것을 싫어하며, 그들이 다스려지기를 바라고 그들이 혼란해지는 것을 싫어한다."212) "天意를 따르는 자는 평등하게 서로 사랑하며, 서로 도와서

---

210) 『墨子』「兼愛下」: 非人者 必有以易之. 若非人而無以易之 譬之猶(以水救火)[以水救水以火救火]也. 其說將必無可焉 是故 子墨子曰 **兼以易別**. 然卽兼之可以易別之故何也. 曰 藉爲人之國 若爲其國 夫誰獨擧其國以攻人之國者哉, **爲彼者由爲己也**.
211) 『墨子』「天志上」: 天欲義而惡不義.
212) 『墨子』「天志上」: 然則天欲其生而惡其死 欲其富而惡其貧 欲其治而惡其亂,

서로를 이롭게 하여 반드시 상을 받고, 天意를 거슬리는 자는 서로를 차별하여 미워하고 서로에게 해를 끼치므로 반드시 벌을 받는다."213) '하늘이 귀하고 하늘이 지혜로울 따름이다.'라고 한다. 그렇다면 '義는 과연 하늘로부터 나오는 것'이다."214) 결국 하늘이 바라는 것은 사람들이 두루두루 평등하게 서로 도와야 서로에게 이롭다는 것이다. 묵자는 천지편에서 義가 하늘의 뜻임을 명백히 밝히고 있다.

　이와 같이 묵자는 하늘이 바라는 것은 義임을 주장하면서, 구체적으로 귀의편에서 '萬事莫貴於義'하면서 義를 가장 소중한 가치'로 내세우고 있다. 또 경주편에서 묵자는 '이익보다는 의로운 행위를 귀하게 여김'을 설하고 있다. 또한 義를 실천하는 과정에서 실패하더라도 포기하지 말고 꾸준히 義의 실천을 위해 노력해야 하며, 남들이 말만하고 행동으로 義를 실천하지 않더라도 자신만이라도 義를 행해야 세상이 어지러움에서 벗어날 수 있다고 강조한다. 그러면서 선비들이 아는 지식을 세상의 義를 실현하는데 사용한다면 장사치들이 어려움을 무릅쓰고 남기는 이익보다도 세상에 많은 이익을 줄 수 있는데 그렇지 않고 입으로만 道를 말하는 것을 비난하고 있다.

　묵자는 법의편에서 功利主義적 관점에서 결과론적으로 백성에게 이익이 되는 것을 義라고 말한다. 더불어 義는 '올바른 것(正)'과 '바로잡는 것(政)'이라는 뜻으로 중의적인 개념이다. 이처럼 '義'는 '正으로서의 도덕적 역할'과 '政으로서의 정치적 역할'을 의미하는 중의적 의미를 가지므로. 義가 행해지면 인민들은 心身이 편안해지는 안정된 사회가 된다면서, 묵자는 "천하에 義가 있으면 살고 義가 없으면 죽으며, 義가 있으면 부유하고 義가 없으면 가난하며, 義가 있으면 다스려지고 義가 없으면 어지러워진다."215)라 하면서 세상에서 가장 소중한 가치가 '義'임을 재차 강조한다. 또 법의편에서는 義를 法儀라 하면서 사람들이 본받고 따라야 사회의 질서가 잡히고 안정을 이룰 수 있는 法度라고 한다.

　묵자는 義로운 사회를 이루기 위해서는 義를 귀하게 여기고 표준이며

---

213) 『墨子』「天志上」: 順天意者 兼相愛 交相利, 必得賞. 反天意者 別相惡 交相賊 必得罰.
214) 『墨子』「天志中」: 然則孰爲貴 孰爲知? 曰 天爲貴 天爲知而已矣. 然則義果自天出矣.
215) 『墨子』「天志上」: 天下有義則生 無義則死 有義則富 無義則貧 有義則治 無義則亂.

척도며 법도로 삼아서 따라야 함을 강조하면서, 일상 삶 속에서의 실천 도구이며, 방법으로서 겸애교리해야 함을 설하였다. 즉 세상이 혼란스러운 것은 不相愛, 서로 사랑하지 않은데 그 근본 원인이 있다는 것을 적시하면서 하늘이 만물을 생기게 하고 두루 평등하게 먹여주고 길러주듯이, 사람들도 하늘의 뜻에 부합하는 서로서로 평등하게 사랑하며 아끼고, 서로 돕는 행위를 해야 함을 설파하고 있다. 묵자가 義를 중요시하는 것은 義가 있음으로써 인간사회의 질서가 다스려지고, 모든 사람들의 삶에 이롭기 때문이라고 생각해서 이다. 그래서 그는 궁극적으로 義를 가치기준으로 삼아, 인간사회의 질서를 확립하고, 이를 통해 인간사회를 이롭게 하고자 했다. 묵자의 중요한 관심은 義의 확립에 있다.

　以上에서 살펴본 대로 묵자의 義는 그 근원이 하늘이며, 실천 수단으로 겸애해야 함을 주장하고 있다. 그래서 묵자의 핵심 사상은 天志에서 생겨난 義임을 알 수 있다. 형이상학적인 관념인 '義'를 중심으로 묵자의 상현·상동·절용·절장 등의 주장이 펼쳐진다고 생각한다.

7. 곽말약의 묵자관 비판
  - 곽말약의 『십비판서』에 대한 반론을 중심으로 -

[요 약 문]

　이 글은 곽말약의 『십비판서』의 묵자 사상 인식에 문제가 있다고 본다. 즉 첫째로 묵자 사상이 왕권을 옹호하기 위한 이론이라는 것이며, 둘째로, 그의 사상이 사람을 중심으로 전개된 이론이 아니라, 왕공 대인들의 재산을 보존하기 위한 이론이라는 것이며, 셋째로, 묵자가 주장하는 절용론과 절장론이 왕의 이익을 위한 이론이라는 것이고, 넷째로, 묵가가 非樂을 주장하자, 이는 궤변이며, 또 운명론을 비난하는 非命論을 왕권을 위한 수단이라는 것이다. 다섯째, 묵자의 정치론인 상현론과 상동론이 왕의 권력 강화를 위한 전체주의적 이론이라는 것이다. 이와 같은 곽말약의 묵자 사상에 대한 인식에는 문제가 있다고 보고, 이에 대한 반론을 제기하고자 한다. 필자는 위와 같은 곽말약의 다섯 가지 주장에 대해서 묵자 철학은 첫째 왕권을 옹호하는 이론이 아니며, 진정으로 민중의 삶을 이해하고 그들을 三患의 질곡에서 벗어나게끔 하는 방안을 제시하는 이론이며, 둘째로, 재산 중심에 초점을 둔 이론이 아니라, 인간 즉 민중의 삶에 중심을 둔 이론이며, 셋째, 절용과 절장론이 왕의 이익을 위한 이론이 아니고, 민중이 삼환을 벗어나기 위해서 필요한 이론이며, 넷째로, 음악을 무조건 배척하자는 이론이 아니라, 인민들의 노동력을 착취하는 지배층의 무분별을 비판한 것이며, 또한 비명론은 자기 노력을 통한 노동으로 삶을 주체적으로 개선해 나가자는 주장이다. 마지막으로 묵자의 상동과 상현론은 민주민본적 성격이 짙은 이론이라는 점을 밝히고자 한다.
　필자는 춘추전국시대의 제자백가 중에서, 민중의 입장에서 민중에 의해서, 민중을 위한 철학 사상을 이론화하고 살신성인의 희생정신으로 이를 실천에 옮긴 사상가는 묵자 외에는 없었다고 본다. 묵자의 사상이 유가와 더불어 200여 년간 민중의 공감을 얻어 지속 할 수 있었던 까닭도 묵자의 철학이 민중 철학이었기에 가능했다고 볼 수도 있겠다. 이런 점에서 곽말약의 묵자에 대한 비판적 인식은 중국 공산당 정권의 출발에 따른 해석이 아닌가 한다. 현시점에서 묵자의 중심사상인 겸애론과 비명 등 제 사상은 다시 조명을 받아야 하지 않을까 한다.

※ 주요어 : 곽말약, 묵자, 삼환, 전체주의적 이론, 민주민본적 사상,

곽말약은 그의 저서 『십비판서』에서 묵자의 사상을 왕권과 지배층의 이익을 위한 전체주의적 이론이라고 비판한다. 그는 묵자의 사상이 지배층의 사유재산권을 옹호하고, 백성을 통제하며, 왕의 권력을 강화하는 데 사용되었다고 주장한다.

〈곽말약의 묵자 사상 비판 요점〉
천지(天志)와 명귀(明鬼)론: 곽말약은 '하늘의 뜻'이 사실상 '왕의 뜻'과 동일하며, 묵자가 이를 이용해 절대군주의 권위를 신성화했다고 주장한다. 이는 백성을 위한 것이 아니라 왕의 권한을 정당화하려는 수단이라고 본다.

겸애(兼愛)와 비공(非攻)론: 곽말약은 묵자가 말하는 '겸애'의 핵심이 사람이 아닌 재산에 있다고 주장합니다. 즉, 지배층이 서로의 재산을 침해하지 않고 보존하기 위해 겸애와 비공을 내세웠다는 것입니다.

절용(節用)과 절장(節葬)론: 묵자가 주장한 절약과 간소한 장례는 백성의 삶을 위한 것이 아니라, 왕의 재정을 보존하고 백성을 생산 도구로 활용하기 위한 경제 정책이라고 비판한다.

비아(非樂)과 비명(非命)론: 곽말약은 묵자의 음아 비판(비아)이 궤변이며, 숙명론을 부정하는 비명(운명 부정)론 역시 백성이 왕에게 복종하도록 유도하는 통치 수단에 불과하다고 본다.

상현(尙賢)과 상농(尙同)본: 곽말약은 묵자의 현인 능용(상현)과 사상의 동일(상농)론이 왕의 권력 강화를 위한 전체주의적 이론이라고 주장한다. 왕의 뜻을 절대적인 기준으로 삼아 백성의 의견을 획일화하려 했다고 본다.

〈논문에 제시된 곽말약 비판에 대한 반론〉
이 논문의 저자(박진우)는 곽말약의 이러한 해석이 시대적 배경(중국 공산당 정권의

출발)에 따른 왜곡이라고 보고, 여러 학자의 견해를 바탕으로 반박합니다.

천지와 명귀론: 묵자는 '하늘의 뜻'을 통해 평등의 개념을 강조하며, 신분 차별 없이 능력 있는 자를 등용하려 했다. 이는 왕의 권력 강화를 위한 것이 아니라, 불평등한 사회를 개혁하려는 의도에서 비롯된 것이다.

겸애와 비공론: 묵자의 겸애는 개인의 사유재산 보존이 아닌, 사람들의 상호 투쟁을 막고 공공의 이익을 추구하는 공리주의적 사상으로 보는 것이 타당하다.

절용과 절장론: 묵자는 지배층의 사치와 낭비를 줄여 "백성의 고통(삼환)"을 덜어주고, 생산력을 증대시키려 했다. 이는 백성의 삶을 향상시키기 위한 사회 복지적 개념에 가깝다.

비악과 비명론: 묵자의 음악 비판은 음악 자체가 아닌, 지배층의 음악 향유가 백성의 노동력을 착취하고 재정을 낭비한다는 점을 경계한 것이다. 비명론은 백성이 주체적으로 노력하여 자신의 삶을 개척해야 한다는 것을 강조하는 것이다.

상현과 상동론: 묵자의 상현과 상동은 왕의 권력을 강화하는 도구가 아니라, 개개인의 이익 주장이 충돌하는 혼란을 막고, 민의를 하나로 모으기 위한 민주주의적 이론에 가깝다고 본다. 능력 있는 사람을 등용하는 것은 신분 질서에 얽매이지 않는 혁명적인 발상이었다.

결론적으로, 이 논문은 곽말약의 묵자 해석이 당시의 정치적 이데올로기에 치우친 결과이며, 묵자의 사상은 왕권 강화가 아닌, 백성 중심의 민주적, 평등주의적 성격이 강하다고 주장한다.

1. 곽말약[1])의 『十批判書』에 대한 문제 제기

묵가의 중심 철학은 『묵자』의 10론으로 구성되어 있는데, 그중에서 天志와 非命을 바탕으로 '義'와 '利'를 중시하는 겸애 교리의 사상을 중심으로 전개된다. 그의 주된 틈

---
1) 곽말약은(1892~1978) 중국 사천성 출신으로, 작가, 역사가로서 사회활동가이며, 또한 항일투쟁가이다. 모택동 정권의 중화인민공화국에서 모택동주의와 문학분야에서 혁혁한 역할을 한 인물이다.

行은 기득권층인 지배계층의 이익을 옹호하기보다는, 춘추전국시대의 겸병 전쟁과 그로 인한 착취로 피폐해진 民衆을 대변하는 철학사상으로 인식되었다. 또한 묵자 사상이 당시 유가의 형식적이고 비생산적인 성향에 대한 비판으로부터 탄생한 점에 비추어, 당시 지배층을 옹호하는 유가와 대척점에 서서 유가의 이론과 행동을 적극적으로 비판하였다. 당시는 철기의 도입으로 인한 생산력의 발전으로, 생산량이 급증하여 대지주와 대상인이 출현하였고, 또 내부의 분열로 周 왕조는 서서히 쇠퇴하고 주 왕조를 지탱하던 종법 제도 무너지면서 신분 질서의 대변혁이 이루어지던 시기였다. 이런 시기에 묵자 철학은 "공자에 의해서 창시된 유가와 더불어 가장 두드러진 학파로서 알려져 있다."[2]고 한 『한비자』「현학」의 기술에서 알 수 있듯이, 당대 피지배층의 공감이 매우 컸음을 알 수 있다.

묵가 사상은 생몰연대가 불분명한, 춘추 말 전국 초에 활동한 사상가요 실천가인 묵자라는 사람에 의해서, 그를 지도자로 받들었던 묵가 집단에 의해서 이루어진 사상이다. 이렇듯 묵자 철학은 유가와 서로 대립하면서 당대의 현학으로 성장하였는데, 이에 위기의식을 느낀 유가 중에서 맹자는 묵자 비판의 선두에 서서, "묵자의 兼愛는 부모가 없는 것으로 이는 금수와 같다"[3]고 맹비난한다. 이를 통하여 보면 묵자 철학은 당시 三患[4]에 시달리는 민중을 대변하는 철학이고, 유가는 신분 종법 사회에서 지배층을 옹호하는 세력임을 알 수 있다. 그러나 유가와 200여 년간 쌍벽을 이루던 묵가 사상이 秦 제국의 통일 왕조가 성립되고, 漢 나라로 재통일되면서 그 영향력이 현저히 쇠퇴해져서 거의 소멸하였고, 그 후 묵자 사상은 19세기 淸末에 이르기까지 근 2000여 년을 묻혀 있다가 청말 필원과 왕중 등에 의해서 다시 세상에 드러나기 시작해서 손이양의 『묵자한고』로 정리되어 오늘에 이르렀다.

묵가 철학의 겸애 교리와 비공 사상은 하늘의 뜻인 천지 즉 '의'를 실천하라는 묵자 철학의 중심 개념이다. 겸애 교리는 노동을 생존조건으로 삼고 있던 계층이 기득권층에 대하여 차별 없는 정치적 평등과 공정한 경제적 배분을 바라는 생존권을 위한 요구이다. 묵가는 겸애와 교리를 통해서 차별의 현실을 타파하고 정치적 경제적 평등을 이루고자 하였다. 그렇지만 周代의 종법적 신분 질서가 쇠퇴·붕괴하고 있다고 하더라도 그 영향력이 여전한 시대 상황 속에서 신분의 차별 없는 능력 본위의 관리 등용을 주장하는 상현론을 편다는 것은 대단히 혁명적 발상이다. 그래서 현능한 자에게 정장이 되게 하여, 위아래의 소통에 의한 의견의 수렴을 통해 하나의 의견으로 만들어가

---

2) 『韓非子』「顯學」, "世之顯學, 儒·墨也."
3) 『孟子』「滕文公下」, "墨氏兼愛, 是無父也. 是禽獸也."
4) 『墨子』「非樂上」, "飢者不得食, 寒者不得衣, 勞者不得息."

는 상동 체계를 주장한 것이다.

이는 지배층과 피지배층의 이기적 대립을 극복하고 '가치 기준'을 '겸애 교리'로 통일하여 평등한 세계를 실현하고자 한 것이다. 여기서 중요한 것은 '가치 기준'을 '겸애 교리'로 설정하는 것이다. 묵가는 평등 이상인 겸애 교리를 실현하기 위한 구체적인 방법으로 비공을 주장하고 절용과 절장 비악 그리고 비명을 주장하였다.

또 묵자는 당시의 수공업자와 기타 평민 계층의 사회관계에 대한 개혁의 요구와 정치적 지위의 상승, 사유재산과 개인 자유의 보장, 생산의 보호와 겸병 전쟁을 반대하는 백성들의 염원을 반영한 것이다. 묵자의 학설은 곧 춘추전국시대의 소생산자의 권리를 대변하면서, 몰락해 가는 씨족 노예주 귀족에 대해서는 맹렬히 공격하였다. 이처럼 묵자 사상은 철저히 기득권층인 지배계급을 반대하고 민중의 권리를 대변하는 사상가요 실천가이다.

『묵자』라는 책은 묵자 한 사람에 의해서 쓰인 책이라기보다는 묵자와 그의 제자들, 그리고 후기 묵가들까지 여러 시기를 거쳐서 완성된 이론을 정리한 책이라 하겠다. 묵자의 대표적인 사상인 10론 즉 겸애/비공, 절용/절장, 상현/상동, 천지/명귀, 비악/비유에 대한 해석을, 윤리적인 측면인 '겸애'를 중심으로 해서 민중을 위한 민주 민본주의적 관점에서 해석할 것인가 아니면 '교리'를 중심으로 유물론적인 관점에서 또는 '상동'을 중심으로 전체주의 이론의 배경으로 보는 관점에서 해석할 것인지 등 묵자 사상을 해석하는 관점은 다양하다. 또 해석하는 관점에 따라 묵자 사상을 이해하는 방향이 현저히 달라진다. 중화민국 초기의 문학가이며 사상가인 곽말약은 묵자 사상을 해석하는 데 있어, '상동'을 묵자 사상의 중심으로 보고, 상동론은 '전제군주를 위한 전체주의적 사상이다'라는 인식하에 묵가 사상 전체를 해석하고 있는 듯하다. 즉 그는 저서 『십비판서』에서 묵자 10론이 '왕권을 옹호하는 이론'이라고 주장하고 있으며, 묵자의 주장은 전체주의를 대표하며 천지와 명귀론을 통해 미신적인 사유를 하고, 지배층인 유산계급을 옹호하는 사상가로 인식한다. 또 곽말약은 이런 주장을 통해, 묵자를 기득권자인 지배층의 이익을 옹호하는 수구 보수주의자로 인식하게끔 하고 있다. 더불어 그는 전통에 대한 비판적 해체가 새로운 중국의 미래의 대안으로 떠오를 것이라는 믿음에서 그 위에 새롭게 유입된 서구의 마르크스적 유물변증법을 묵자 철학과 전통 철학 연구의 방법으로 적극적으로 채택하여 사유의 전환을 모색한 방법론적 특징을 보여준다.[5]

이에 곽말약이 『십비판서』에서 인식하는 묵자관을 소개하고, 이에 대한 반론으로

---

[5] 이종성, 「곽말약의 묵자관에 대한 비판적 검토」, (한국동서철학회 논문집, 『동서철학연구』제84호」, 2017, 144쪽)

여러 학자의 묵자 해석을 통해서, 『묵자』10론은 곽말약이 주장하는 것처럼 전제군주의 왕권 강화를 위한 이론이 아닌, 민주민본적 성격을 띠고 있다는 논지를 펴고자 한다. 또 묵자 사상이 서로 상충하는 부분이 있어 일관된 논리성이 부족하다는 일부 학자들의 주장, 즉 묵자 사상은 피치자 중심의 정치적 평등을 지향하는가? 아니면 통치자 중심의 절대군주를 위한 전체주의 실현에 그 목적이 있느냐는 견해도 있으나, 필자는 평등에 바탕을 둔 '겸애'와 인민 주체성에 바탕을 둔 '비명'을 중심으로 전체를 해석하면, 이런 부분도 해소될 것이라고 본다.

고전을 해석하는 데는 해석하는 자의 시대적 입장에 따라서 그 해석 내용이 달라질 수는 있다. 즉 청 말이나 중화민국 초기 학자들의 『묵자』에 대한 해석은 지나치게 계몽주의적이거나 마르크스적인 해석으로 향하려는 경향이 심했다. 즉 『묵자』에 대한 해석에도 해석하는 자의 관점에 따라 상당한 차이를 느낀다. 그래서 여러 학자의 묵자에 대한 관점을 주제별로 정리해 보고, 묵자의 사상인 '10론'이 곽말약의 주장과 같이 왕권이나 지배층의 사유재산권을 보존하기 위한 이론이 아니라는 점을 밝히고자 한다.

2. 곽말약이 활동하였던 시대적 배경과 그의 사상

곽말약이 '『묵자』라는 책은 천지 및 명귀라는 미신적 사유를 통해 절대군주 등 지배층의 사유재산을 보존하기 위한 이론서이다'라고 주장하면서, 묵자 사상의 한계를 비판한 이유는 묵자 철학뿐만 아니라 중국 전통사상 전체에 대한 재해석을 통해서 새로운 중국을 창조하려는 동기도 있다. 왜냐하면 곽말약이 살았던 중국의 시대적 배경은, 영국과 1840년에 시작된 아편전쟁의 패배를 통해서 중국의 취약점을 뼈저리게 실감한 중국은 개혁해야 한다는 자강운동이 시작되는데, 이것이 일차적으로 양무운동이다. 이 운동은 서양 문물과 기술을 받아들여 중국의 군사적 경제적 발전을 이루려 했던 운동으로 즉 서양 문물을 받아들여 중국의 전통적인 가치를 보완하자는 취지였다. 이 양무운동을 통해 중국은 일부 긍정적인 개혁의 성과가 있었으나 중국 전체적으로 추진하지 못하고 일부에서만 추진되므로 해서 그 추동력을 잃었고, 더욱이 청불전쟁, 청일 전쟁에서의 패배로 이 양무운동은 한계점에 도달한다.

또한 군사적 기술과 산업의 기술만으로는 한계가 있다고 판단하여 정치 사회 등의 근본적인 개혁을 해야 한다는 변법자강운동으로 그 바통을 넘긴다. 변법자강운동은 강유위, 양계초 등이 중심이 되어 정치·교육법 등 청나라 사회 전반의 제도를 근본적으로 개혁하자는 운동인데, 그 결과는 실패하였으나, 신해혁명(1911)을 통해 청이 몰락하는 계기를 제공하여 쑨원에 의해 민주 공화정이 수립되었다.

이어서 중국의 르네상스라 불리는 계몽적 사상 문화 운동인 신문화운동이 1915년부터 1921년 공산당 창당 때까지 계속되었는데, 이런 과정에서 1918년경부터 무정부주의와 마르크스주의가 주목받게 된다. 그래서 1919년 5·4운동이 시작되는데, 이 운동은 획기적인 반제, 반봉건 반군벌의 대중운동이었고, 이 시기에 노동자 교육 운동도 활발히 전개되었다. 또한 "5.4운동은 중국 공산당이 성립됨으로써 사상적인 결단은 물론 질적인 변화를 하였다. 그러면서 곽말약은 사회주의 문학을 해야 할 혁명 문학의 시대임을 강조하였다. 또한 마르크스주의에 근거한 문학의 계급성을 내세웠다. 문학을 계급투쟁을 위한 무기로써 역사적 사명을 천명한 것이다."[6] 이와 같은 중국의 혼란한 격변기에 활동한 곽말약은 서구의 개인주의에 기반을 둔 반전통적 급진주의와 마르크스주의를 수용하여, 중국의 전통 사상을 해석하려고 시도하는데, 묵자 사상의 한계를 비판한 것도 이러한 그 당시 중국 시대상을 반영한 것이라 하겠다. 또 곽말약은 "1949년 2월에 북경에 도착하여 환대받는 자리에서, 「모택동 주석의 의견을 의견으로 삼는다」라는 눈물의 연설을 통해서 모택동의 영도에 감사하고 모든 힘과 생명을 다하여 혁명을 완수하자고 외치고,"[7] 또 "1959년 1월에 ≪인민일보≫에 발표한 「모 주석을 배우자」라는 글에서 당의 영도 아래 마음을 다해 인민을 위해 일을 할 것이며, 공산주의 건설을 위해 필생의 힘을 기울일 것이라고 다짐하였다."[8] 이처럼 곽말약은 이미 마르크스의 이론에 심취해 있었고, 모택동주의에 빠져있는 상태에서, 옛 고전인 『묵자』를 살핀 것이다.

독립된 사상과 독립된 인격이 허용되지 않는, 이데올로기가 강요된 사회에서 진정한 학자나 문필가가 나오기는 쉽지 않다. 순수함이 배제된 정치적인 분위기에 따라, 자신의 정체성이 갈팡질팡하는 그 당시 학자들의 견해로 묵자 사상을 이해하는 것은 받아들이기 어렵다고 본다.

3. 묵자 사상에 대한 곽말약의 해석

첫째, 곽말약은 『십비판서』에서 "하늘은 또 무엇인가? 하늘은 알고 보면 왕을 달

---
[6] 이수웅, 『곽말약: 정치문학의 운명』, (건국대학교출판부, 1996. 27쪽)
[7] 위의 책, 37쪽.
[8] 위의 책, 39쪽.

리 표현한 것이 아닌가?", 또 "하늘은 왕의 그림자에 불과하다"라고 하며, 하늘은 왕과 동의어에 불과하니, 하늘을 위한다는 것은 왕을 위한다는 말과 같다. 또한 天志는 하늘의 의지인데 이 천지는 왕의 의지와 같다. 그러면서 "이 시대의 농민들은 최고의 권력이 하나 있으면 법도 없고 하늘도 모르는 제후를 제압할 수 있으리라 꿈꾸었다. 이리하여 묵적의 천지가 출현한 것이다"9)고 기술하고 있다.

이와 같은 곽말약의 주장은 전국시대의 혼란이 제후들의 겸병 전쟁이므로 이를 제압할 필요로 묵자가 왕지를 천지로 포장하여 왕권을 옹호했다는 것이다.

"왕을 위해 사유재산을 잘 보호해 주고 음란하고 포악한 자를 제거하고 악당과 도적을 없애는 자 또한 곧 이른바 현자이다."10)

"비록 농 공 상인이라도 유능하면 천거하여 높은 작위와 많은 녹을 주고 일을 맡기며 명령을 결단하도록 하였다."11)

묵자의 상현론에서의 현자의 등용은 그 시대상이며, 왕공대인들의 사직과 안위를 위해서 악당과 도적들의 무리로부터 그들이 약탈당하지 않고 보존시키기 위한 이론이 묵자의 겸애 교리이며, 현자의 역할이라는 것이다. 또 이러한 현자들을 등용하기 위해서 신분 질서에 의거하지 않고, 능력만 있으면 등용해서 왕공대인을 옹호하게 했다는 것이다.

이상을 종합하면 묵자가 천지를 주장한 것은 절대군주의 군주권 및 사유재산권을 보호하기 위해, 즉 '군주의 권위에 도전하지 못하게 하려는 주장이지, 백성들을 위한 주장이 아니라는 것이다.

둘째, 곽말약은 『십비판서』에서 "묵자의 겸애론와 비공론은 그 중심이 사람이 아니라 재산에 있는 이론이라는 것"이다. 묵사는 사유재산권을 특별히 신성시했다. 인민은 그의 관념에서는 여전히 구시대의 노예이며 소유물이고 또한 곧 일종의 재산이었다. 따라서 그가 사람을 사랑하라고 권하는 것은 실제로는 소와 말을 사랑하라고 권하는 것과 같다."12) 그래서 "그대가 나의 소유권을 침범하면 나도 그대의 소유권을 침범한다. 어떻게 하면 이런 병폐를 방지할 것인가? '서로 사랑하고 서로 이롭게'(兼相愛, 交相利 「兼愛中」편) 할 수밖에 없다."13) 즉 서로의 소유권을 침범하지

---

9) 郭沫若, 『十批判書』, 「孔墨的批判」, 人民文庫 : 人文科學・撰著, 2012, 82쪽.
10) 郭沫若, 『十批判書』, 「孔墨的批判」, 人民文庫 : 人文科學・撰著, 2012, 86쪽.
11) 『墨子』「尙賢上」, "雖在農與工肆之人, 有能則擧之(…) 斷予之令".
12) 위의 책, 87쪽.

않는 방법이 겸애와 비공을 주장하는 근거라는 것이다. 다시 말해 서로를 사랑하면 공격, 난리, 상해, 도둑질을 하지 못하게 되며 서로 사랑하지 않으면 곧 이런 일이 생기게 된다. 따라서 비공은 겸애의 다른 설명 방법이라는 것이며, 본질적으로 비공도 또한 소유권의 존중14)이라는 것이다. 또 남의 나라를 공격하는 것은 실질적으로 최대의 사유권을 침범하는15) 큰 불의를 저지르는 것이 된다. 이것이 겸애와 비공의 핵심이다. 그래서 이 이론에 따라 남의 소유권을 침범하는 것을 막기 위해 법률과 형벌이 필요하게 된다는 것이다. 또 공격은 사유권을 침해하므로 비공은 사유권의 침해를 반대하는 것이다.16) 결국 곽말약은 묵자의 겸애와 비공론은 실질적으로 지배층끼리 서로 공격하지 않음으로써 서로의 재산을 보존시키기 위해 제공된 이론이라는 것이다. 노예제에서 봉건제로 넘어가는 과도기에는 사유재산권이 아직 충분히 확립되지 않았으므로 일종의 체계적인 학설을 세워 신성시할 필요가 있었다.17) 즉 이미 사유재산권의 신성성을 보편적으로 승인하였으므로 그의 주장은 사유재산권자를 크게 돕는 결과가 된다. 또한 묵자는 밀고와 연좌율을 주장하였다.(尙同 中下편) 상과 명예로써 권하며 형벌로써 위엄을 보인다.(兼愛下편) 또는 부귀로써 그 앞을 이끌며 형벌로써 그 뒤를 따르게 한다(尙同下편) 등의 방법은18) 사유재산권을 보존하기 위해 지배층의 수단이다.

이상은 묵자의 겸애와 비공에 대한 곽말약의 주장이다. 결국 그의 주장은 묵자가 지배층의 사유재산권을 보호하기 위해서 밀고제(상고제)와 연좌율을 주장하고 또 상과 벌로써 민중을 회유하기도 하면서, 그의 이론을 지배층 보존을 위한 수단으로 제공하였다는 것이다.

셋째, 곽말약은 『십비판서』에서 묵자의 절용론과 절장론이 왕의 이익을 위한 이론이라는 것이다. "묵자의 절용과 절장은 소극적인 경제정책이다. 이것은 백성들의 생활과 전혀 상관이 없다. 백성들의 쓰임새는 절약하려 해도 절약할 것이 없고, 장례도 절약하려 해도 할 것이 없다. 묵자의 학설은 모두 왕공대인을 대상으로 한 것이며 왕공대인의 불합리한 소비를 절약하면 당연히 인민의 노고를 줄일 수 있다. 이 점에서 다소 간접적인 은혜이기는 하지만, 묵자는 인민에 대해서 전혀 생각하지 않았다."19)고 주장한다. 묵자가 낭비를 염려하는 것은 왕의 이익을 위해서이지, 인민의 이익을 위해서가 아니다.'

---

13) 위의 책, 87쪽.
14) 위의 책, 87쪽.
15) 위의 책, 88쪽.
16) 위의 책, 88쪽.
17) 위의 책, 88쪽.
18) 위의 책, 88쪽.
19) 위의 책, 89쪽.

그러면서 '어떻게 백성 자신이 조금이라도 풍족하게 쓸 수 있는가에 대해서는 묵자는 생각해 본 적이 없다."20)고 한다. 그러면서 곽말약은 "묵자가 인민을 생산도구로 간주하여 내부에 쌓아두는 것(비공으로)이며, 민력을 절약할 것을 요구할 뿐만 아니라 인구의 생산을 증가시키라고 하였다. 그러면서 '인구의 증가방법으로 조혼을 주장한다.'라고 말한다.

결국 곽말약의 주장은 묵자의 절용과 절장 사상이란 지배층을 위하여 인민들을 생산도구로 여기고, 이 생산도구인 인민들을 전쟁에 내몰아 살상케 하는 것은 어리석은 것이라 하여 전쟁을 하지 말자는 것이라고 해석한다.

넷째, 곽말약은 『십비판서』에서 묵자의 비악론을 궤변으로, 비명론을 수단이라는 것이다. "묵자는 음악을 반대할 뿐만 아니라 예술과 문화를 완전히 반대한다."21) 묵자도 "아래로 헤아리니 만백성의 이익에 부합되지 않는다."22)고 하였으나 "사실 만백성의 관점에서 그 이익을 생각한 것이 아니라 왕공대인의 관점에서 그 이익을 생각하였다."23) 단지 "백성에게 먹을 밥과 입을 옷만 있게 해준다면 그것이 바로 대덕과 대리(大利)라고 한다. 인민과 더불어 즐긴다는 관념은 묵자의 사상 가운데 뿌리내릴 여지가 없다."24) 또 "형벌은 천인을 관리하는 데 있고 재용(財用)은 군자를 기르는 데 있다. 따라서 비악이라는 고상한 이론은 단지 백성을 더욱더 착취하는 것일 따름이다."25)라고 곽말약은 주장한다. 즉 "그는 음악을 정신적 활동을 이룬 문화로서 규정하고, 묵자가 주장한 것과는 다르게 그 의의를 전면적으로 인정한 것이다. 그리고 모든 정신문화를 부정하는 묵자와 그와 같은 무리는 일종의 광신도일 뿐이라는 것이다."26) 그러면서 "묵자는 인민과 백성은 응당 열심히 노동해야 하며 열심히 노동하지 않으면 천하의 의식(衣食)을 위한 재물이 장차 부족할 것이다. 음악과 운명론은 모두 인민과 백성을 게으르게 하는 것이므로 당연히 왕공대인 경대부도 또한 게으르게 하는 것이다. 따라서 음악과 운명은 있어서는 안 된다는 것이다."27)

"묵자는 운명에 두 가지 의미가 있는 것을 이용하여, 먼저 상대방 유가를 숙명론자로 만들어 놓고, 힘을 다해 핵심에서는 필연론을 공격하여 귀신을 위해 눈을 부릅뜬다."28) 결론적으로 상제나 산천의 귀신의 대리인인 '왕'을 공경하면 보탬이 있고, 거

---

20) 앞의 책, 89쪽.
21) 郭沫若, 『十批判書』,「孔墨的批判」, 人民文庫 : 人文科學·撰著, 2012, 91쪽.
22) 『墨子』「非樂上」, "下度之不中萬民之利".
23) 郭沫若, 『十批判書』,「孔墨的批判」, 人民文庫 : 人文科學·撰著, 2012, 91쪽.
24) 위의 책, 91쪽.
25) 郭沫若, 『十批判書』,「孔墨的批判」, 人民文庫 : 人文科學·撰著, 2012, 91쪽.
26) 이종성, 위의 편, 149쪽.
27) 위의 책, 93쪽.

역하면 죽을 따름이니 '왕에게 복종하라는 것이 묵자의 비명이다'라고 한다. 이것이 곽말약의 주장이다. 그는 '묵자는 왕을 철저히 하늘이나 귀신의 대리인으로 인식하고 있다'라는 것이다.

다섯째, 곽말약은 『십비판서』에서 묵자의 상현론과 상동론은 왕의 권력 강화를 위한 전체주의적 이론이라는 것이다. "상동은 하늘에 대한 존중에 상응하며, 상현은 귀신을 밝히는 것에 상응한다는 것이며, 하늘 아래 여러 귀신이 있으며, 왕 아래 여러 현자와 신하가 있어 상응한다는 것이다. 그래서 하늘을 존중하는 것은 절대적인 신권 통치이며 상동은 곧 절대적인 왕권통치이며, 왕권은 하늘이 부여한 것이다"29)고 한다.

> "왕권은 천하의 義를 동일하게 한다. 즉 윗사람이 옳다고 한 것을 반드시 옳다고 하며, 윗사람이 그르다고 한 것은 또한 반드시 그르다고 한다.
> 윗사람과 함께하면서 아랫사람과 어울리지 않는다."30)

곽말약은 묵자의 상동을 다음과 같이 해석한다. 왕의 의지로써 천하의 의지를 통일하고 왕의 시비로써 천하의 시비를 통일한다. 그는 천지는 왕지와 다름이 없으므로 왕의 판단이 시비 판단의 기준이 된다는 것이 묵자의 주장이라는 것이다. 그래서 "군주는 절대로 자리를 비울 수 없으며 반드시 힘써 행하고 몸소 실천해야 한다. 또 천하의 눈과 귀를 하나로 하기 위해서는 무엇보다 밀고를 장려하고 연좌율을 강행해야 한다"31)는 것이다.

> "淫僻을 보고도 그것을 告하지 않는 자는 그 죄가 음벽한 자와 같다".32)

> "천하의 모든 사람이 두려워 떨며, 무서워하도록 하여 감히 淫暴을 하지 않게 한다. 말하건대 천자의 보고 들음은 神과 같다."33)

결국 묵자가 왕공대인을 위해 생각한 것은 '어떻게 사직을 중심으로 국가를 다스리며 닦고 지켜 잃지 않도록 하는가?'34) 또는 "전하여 후세 자손에 남겨주는가?"35)또

---

28) 上同.
29) 郭沫若, 위의 책, 85쪽.
30) 『墨子』「尙同上」, "一同天下之義, 上之所是, 亦必是之, 上之所非, 亦必非之, 上同而不下比"
31) 위의 책, 86쪽.
32) 『墨子』「尙同下」, "見淫僻不以告者, 其罪亦猶淫僻者"
33) 『墨子』「尙同中」, "天下之人皆恐懼振動惕慄, 不敢爲淫暴, 曰天子之視聽也神"

는 "만세의 업으로 하는가?"36)에 있었다. "사직은 왕의 사직이며 국가는 왕의 국가이고 인민은 왕의 인민이다. 士君子는 왕의 권위에 따라 왕의 사유재산을 보위한다. 왕을 위해 사유재산을 잘 보호해 주고 음란하고 포악한 자를 제거하고, 악당과 도적을 없애는 자는 또한 현자이다. 이러한 현자는 골육의 친척, 근거 없이 부귀한 자, 용모가 아름다운 자에 비해 훨씬 더 귀중하다. 비록 농공상인이라도 유능하면 천거하여 높은 작위와 많은 녹을 주고, 일을 맡기며 명령을 결단하도록 하여 백성이 그를 존경하며 그를 믿고 두려워하게 한다."37) "이것은 노예해방 시기에 있었던 실제 사정의 일부분이다. '관청에는 언제나 귀한 자가 없으며 민간에는 끝까지 천한 자가 없다.' 38) 이 말은 묵자의 혁명성을 증명하기 위해 자주 인용된다. 그러나 이것은 실제 사회현실의 반영일 뿐이다. 묵자는 도리어 이런 현실을 왕공대인 본위로 향하게 하였다"39)고 주장한다. 곽말약은 묵자의 상현과 상동론은 왕공대인 즉 지배층의 지위를 보존하기 위한 수단으로써 제공된 이론이라 한다.

또한 묵자 사상은 인간을 위한 철학을 제창한 것이 아니라 생산량의 극대화를 위한 지배이데올로기를 제창한 것에 지나지 않는다고 한다. 이러한 한, 인간은 단지 기계에 종속된 수단적 도구로서의 가치만 전유할 뿐이다. 그리고 이러한 인간은 기계와 노동에 의하여 철저하게 소외된 존재로 전락하게 됨으로 묵자 철학은 반인성주의의 특징을 모면할 수 없다는 것이 곽말약의 입장40)이다.

4. 곽말약의 『십비판서』를 통한 묵자 해석에 대한 反論

묵자가 「천지」에서 주장하는 것은 겸애 사상의 바탕인 義의 시원을 밝힘으로써, 의롭게 살라는 것이다. '의롭게 사는 것'이 '하늘이 바라는 것이다'라는 점을 밝히기 위해서다.

"하늘만이 고귀하고 하늘만이 지혜로울 뿐이다.
그러므로 義로움은 결국 하늘로부터 나오는 것이다."41)

---

34) 『墨子』「尙賢中」, "主社稷, 治國家, 欲修保而勿失"
35) 『墨子』「尙賢下」, "傳以遺後世子孫"
36) 『墨子』「天志上」, "業萬世"
37) 郭沫若, 위의 책, 87쪽.
38) 『墨子』「尙賢上」, "官無常貴, 而民無終賤"
39) 郭沫若, 의의 책, 87쪽.
40) 이종성, 위의 편, 149쪽.

"하늘의 뜻에 순종하는 것은 어찌해야 하는가? 천하 인민을 평등하게 사랑하는 것이다. 무엇으로 하늘이 천하 인민을 겸애함을 아는가? 하늘은 인민을 평등하게 두루 먹여주기 때문이다. 진실로 평등하게 두루 먹여준다면 반드시 그들을 평등하게 사랑하는 것이다."42)

결국 하늘의 바라는 것 즉 '천지는 겸애'라는 것이다. 그러면서 묵자는 하늘의 뜻인 의로운 일을 하라는 것이다.

"하늘은 무엇을 바라고 무엇을 싫어하는가?
하늘은 의로움을 바라고 불의를 싫어한다.
그래서 천하 백성을 이끌고 의로움에 힘쓰면
곧 내가 하늘이 바라는 것을 하는 것이다.
내가 하늘이 바라는 것을 하면 하늘도 역시 내가 바라는 것을 해준다.
그러면 나는 무엇을 바라고 무엇을 싫어하는가?
나는 복록을 바라고 재앙을 싫어한다."43)

이상과 같이 묵자가 천지편에서 밝히고 있는 '천지'는 곽말약이 주장하는 것처럼 왕권을 강화하려는 의도에서 설정된 이론이 아니라, 사람들이 의롭게 살라고 하는 목적에서 당시의 신앙을 빌려 설정한 개념에 불과하다. 하지만 곽말약은 첫째, 『십비판서』에서 '묵자의 천지론과 명귀론은 절대군주의 사유재산권을 옹호하기 위한 이론'이라 한 점에 대해서, 먼저 풍우란44)은 『중국철학사』에서 "묵자는 원래 형이상학에 대해서는 흥취가 없었으려니와, 그의 의도 역시 다만 이런 제재(天鬼)를 설정하여 사람들이 서로 평등하게 사랑하게끔 하려는 것이었을 따름이다."45) 즉 각종 제재를 강조하여 사람들이 서로 사랑하게끔 했다. 그는 종교적 제재를 중시하여, 천상의 상제가 서로 겸애하는 자는 상을 주고 서로 차별하고 미워하는 자는 벌을 준다고 여겼다.46)

---

41) 『墨子』「天志上」, "天爲貴 天爲知而已矣. 然則義果自天出矣"
42) 『墨子』「天志下」, "順天之意何若 曰 兼愛天下之人 何以知兼愛天下之人也 以兼而食之也 … 苟兼易食焉 必兼易愛之"
43) 『墨子』「天志上」, "天亦何欲何惡 天欲義而惡不義, 然則率天下之百姓 以從事於義 則我乃爲天之所欲也. 我爲天之所欲 天亦爲我所欲 然則我何欲何惡 我欲福祿而惡禍祟."
44) 풍우란은(1894~1990) 중국 철학자로서, 하남성 탕하현 출신이다. 미국 유학파로서 중국철학사의 체계화에 성공했다는 평을 받았으나, 마르크스-레닌주의를 찬양하기도 했다. 그는 모택동에 동조하여, 중공초기에 마르크스 입장에서 중국철학사를 쓰기도 했다.
45) 풍우란 저, 박성규 옮김, 『중국철학사』, 까치글방, 1999, 163쪽.
46) 위의 책, 161쪽.

그래서 하늘이 바라는 것은 서로 평등하게 사랑하고 서로를 이롭게 하라는 것으로 이를 겸애 교리라 한다. 그래서 삼대왕은 "하늘의 뜻을 받들어 즉, 위로는 하늘을 받들고 가운데로는 귀신을 섬기고, 아래로는 인민을 사랑했기에"[47] 하늘로부터 상을 받아 천자가 되었다. 풍우란은 묵자가 천지편에서 "상제의 존재와 상제의 의지가 어떠한가를 증명한 셈인데, 그 논증 구조는 가히 천박하다."[48]고 한다. 이 말은 묵자가 하늘과 귀신을 설정한 것은 사람들이 서로 사랑하고 서로를 돕게 하려는 의도로 설정한 것인데, 그 논증 논리가 천박하다는 것이다. 그러면서 "묵자는 귀족을 반대했고 나아가 귀족이 의지하고 있는 周 制를 반대했다."[49] 그는 묵자의 천지와 명귀론을 곽말약의 주장과는 달리, 왕을 위하거나 지배층을 위한 이론이 아니라, '겸애 교리'라는 묵자의 중심 테마를 실천할 수 있게끔 하는 종교적 제재로 이해하고 있다.

중국 철학자 후외로[50]도 『중국철학사상』에서 묵자가 천지를 세워 '의법(儀法)'을 삼으며, "묵자에게서 주재적(主宰的) 작용하는 천지란 일종의 의법에 불과하다면서, 즉 공인의 규(規)·구(矩)와 같이 인간들의 언행과 시비를 재는 척도였다는 것이다. 여기서 천지는 실제로 신격화된 묵가의 이상적인 최고 법칙이며, 이 법칙에 근거하여 상벌을 집행하는 귀신 또는 전통 의식에 적응된 상상의 초자연적 감독력에 불과하다면서, 이러한 의의로 볼 때, 묵자의 천도 사상은 의리천(義理天)을 포함하고 있으며 종교적인 것이 아니다. 의리천의 척도를 평등신으로 규정하여 왕공대인에서 서민 백성에 이르기까지 모두 측정하고, 화복 상벌의 권리와 기회를 균등히 하는 것이었다."[51] 즉 천지는 상벌을 균등하게 주는 기준(척도)으로서 설정된 것에 불과하다. "이것은 씨족 귀족이 독점 향유했던 천의 라는 일종의 신에 대한 반발이었다."[52] 즉 씨족 귀족은 운명적으로 부귀하도록 운명 지워지고, 서민 백성은 가난하도록 운명 지워진 것이 아니고, 왕공대인에서 서민 대중에 이르기까지 하늘의 뜻은 균등하게 부여되어 있다는 주장으로 보인다고 했다. 즉 천지 곧 하늘 바라는 바는 누구나 차별 없이 균등하게 이롭게 하고, 신분 질서에 따라 차별을 주지 않는다는 평등개념을 설정하기 위한 이론이라는 것이다. 또한 그는 자기『중국철학사상』에서 '천지'는 평등개념이지 지배층을 옹호하는 이론이 아니라는 점을 분명히 하고 있다. 한발 더 나아가 '묵자의 천도 사상은 종교적인 것이 아닌 왕공대

---

47) 『墨子』「天志上」, "上尊天, 中事鬼神, 下愛人."
48) 풍우란 저, 위의 책, 163쪽.
49) 위의 책, 134쪽.
50) 후외로(1903~1987)는 중국 역사학자로서 중국 정치협상회의 상무위원을 지냈고, 불란서 유학파로 북경대학에서 『자본론』을 번역하기도 하고 서북대학교 총장을 역임했다.
51) 후외로 主編; 양재혁 譯,『중국철학사』, (일월서각, 1988, 66쪽)
52) 위의 책, 66쪽.

인에서 평민에 이르기까지 평등하다'는 것을 말하고 있다고 한다.

당시 곽말약과 동시대에 살았던 학자들의 주장은 곽말약의 주장과는 판이하다. 묵자는 그 당시의 불평등한 신분 계급사회를 타파하기 위한 이념으로써 天志·明鬼論을 주장하였다. 하늘 아래 왕후장상의 씨가 따로 없고 누구나 평등함을 강조하기 위해서 상제와 귀신론을 펼쳤다. 즉 천지·명귀를 통해 왕권을 강화하려는 의도가 아닌 '누구나 평등하다'는 점을 들어 차별 없는 관리 등용을 주장하기 위한 주장이다. 그 당시 민간인의 신앙인 하늘과 귀신에 대한 믿음을 통해서 善을 강제하려는 의도도 있다. 곽말약이 묵자의 천지 명귀론의 주장을 왕권 강화를 위한 외재적인 조치로 보고 그는 진정한 종교인이었다고 하면서, "그를 종교인이 아니라고 하는 것은 그를 무고하는 말이다"53)고까지 한다. 이는 곽말약이 묵자를 진정한 종교인이라고 생각하는 것이 아니라 그를 미신을 신봉하는 인물로 평가절하는 취지로 말하고 있다.

두 번째로, 묵자는 「겸애」와 「비공」에서 다음과 같이 기술하고 있다.

> "혼란이 일어나는 원인을 살펴보면 서로 사랑하지 않는 데서 생긴다.
> 그래서 서로 사랑한다면 이 문제는 해결된다."54)

> "무릇 천하에 재앙과 찬탈과 원망과 한탄이 일어나는 원인은 서로 사랑하지 않는 데서 생기는 것이다. 그래서 모든 어진 이는 그것(서로 사랑하지 않는 것)을 그르다고 하는 것이다. 이미 그르다고 했으면 어떻게 바꿀 것인가? 묵자는 모든 사람이 두루 평등하게 사랑하며 서로 이롭게 하는 법도로 바꾸라고 말한다. (…) 어진 사람은 겸애를 기리는 것이다."55)

> "내가 먼저 남의 어버이를 사랑하고 이롭게 하고 다음에 남이 내 부모를 사랑하고 이롭게 하기를 바랄 것인가? 아니면 내가 먼저 남의 부모를 해치고 미워한 다음에 남이 내 부모를 사랑하고 이롭게 하기를 바랄 것인가? 만약 효자라면 반드시 내가 먼저 남의 부모를 사랑하고 다음에 남도 내 부모를 사랑하기를 바랄 것이다. 그러므로 효자는 서로 남의 부모에게 효자 노릇을 하는 것이 부득이한 것이다. 말은 메아리가 없을 수 없고 德은 보답이 없을 수 없다네. 내가 봉숭아를 던져주면 그는 자두로 갚는다네. 곧 이 말은 남을 사랑하는 자는 사랑을 받고 남을 미워하는 자는 미움을 받는다는 것을 이르는 말이다."56)

---

53) 郭沫若, 『十批判書』「孔墨的批判」, 人民文庫 : 人文科學·撰著, 2012, 84쪽.
54) 『墨子』 「兼愛上」, "當察亂何自起 起不相愛 兼相愛"
55) 『墨子』 「兼愛中」, "凡天下禍篡怨恨 其所以起者 以不相愛生也. 是以 仁者非之 旣以非之 何以易之 以兼相愛交相利之法 易之" "凡天下禍篡怨恨 可使毋起者 以相愛生也. 是以 仁者譽之"

위 인용문을 통해서 알 수 있듯이, 묵자는 겸애를 통해 서로 두루두루 사랑함으로서 어려움을 해결하고자 하고 있다. 하지만 곽말약은 『십비판서』에서 "묵자의 겸애론와 비공론은 그 중심이 사람이 아니라 재산에 있는 이론"이라고 주장했다. 곽말약의 주장은 묵자 겸애와 비공의 본질을 근본적으로 왜곡하고 있다. 묵자의 겸애론의 중심이 재물(사유재산권)을 사랑하라는 이론이라는 것인데, 이에 대해서 풍우란은 『중국철학사』에서 다음과 같이 설하고 있다.

> "묵자의 사상은 '공리주의이다'라는 입장에서 국가와 인민의 큰 해악은 국가나 인민들이 상호 투쟁하여 평화가 없다는 데 있다. 이런 상호 투쟁의 원인은 사람들이 서로 사랑하지 않는 데서 비롯된다."[57]

> "「겸애 하」에서, 어진 통치자의 임무는 전력을 다해 興利除害 하는 데 있다.
> 천하의 큰 환란은 사람들이 서로 사랑하지 않는 데 있다.
> 따라서 겸애설로써 구제해야 한다. 겸애의 道는 타인에게 유리할뿐더러
> 겸애의 道를 행하는 사람 자신에게도 유리하다.
> 즉 순전히 功利 적인(결과적인 이익) 측면에서 겸애의 필요성을 증명했다.
> 이것이 묵가의 겸애설이 유가의 仁과 다른 까닭이다."[58]

> "그리고 전쟁으로 인한 폐해가 엄청난데도 왜 전쟁을 도모하는가?
> 공격과 전쟁 옹호자들은 전승의 명성을 과시함과 아울러 전리품을 획득하려고 전쟁을 한다." 묵자는 이에 대해 승전의 명성은 따져보면 실제로 아무 쓸모가 없고,
> 전리품을 따져보아도 막대한 손실과는 도저히 비교가 되지 않는다."라 주장한다.[59]

위와 같은 풍우란의 주장은 묵자의 겸애설과 비공설이 공리주의적이라고 설명하면서도, 이를 지배층을 위한 이론이라고 말하지 않는다.

또 양계초는 곽말약의 주장처럼 겸애론와 비공론을 왕공대인 등의 지배층을 위해 설하는 이론이 아니라, 천하가 혼란한 것은 사람들이 의(義)가 달라서 서로 다투기 때문이라면서, 이를 해결하려는 방안으로 겸애와 비공을 주장한 것으로 이해하고 있다.

---

56) 『墨子』「兼愛中」, "若我先從事乎愛利人之親 然後 人報我[以]愛利吾親乎. 意我先從事乎惡[賊]人之親然後 人報我以愛利吾親乎. 卽必吾先從事乎愛利人之親 然後 人報我以愛利吾親也. 然卽(之)交孝子[之]者 果不得已乎." "無言而不讎 無德而不報 投我以桃 報之以李" "卽此言愛人者必見愛也 而惡人者必見惡也"
57) 풍우란 저, 위의 책, 152쪽.
58) 위의 책, 157쪽.
59) 위의 책, 159쪽.

즉 양계초의 말에 따르면, 묵자는 천하가 혼란한 이유를 서로가 서로를 사랑하지 않기 때문이라면서, 흥리제해(興利除害)를 위해서는 겸애가 필요하다는 것이다. "묵자는 사람들이 각자의 의를 주장함에 따라 사회가 혼란함으로, 손해를 최소화하고 이익을 극대화하기 위해서는 개인과 개인의 충돌을 막고(겸애로써, 서로서로 사랑함으로써), 하나로 통일시켜야 한다는 것이다."60)

풍우란과 양계초 등은 이처럼 곽말약과는 매우 상반된 주장을 한다. 즉 풍우란은 묵자의 주장을 공리주의적으로 해석하면서, 겸애를 전체의 이익을 위한 주장이며, 비공은 이롭지 못한 전쟁은 결국 양쪽 다 손해라는 묵자의 주장을 공익(公益)을 중시하는 공리주의적 사상으로 해석하지, 이를 지배층의 사유재산권을 보존하기 위한 이론으로 보지 않는다. 양계초도 묵자의 겸애를 사회주의적인 측면으로 해석하여, 겸애하는 것은 개인 간의 충돌을 방지하여 공동사회의 경제적 이익을 극대화하기 위한 수단으로 보고 비판한다.

묵자 겸애론의 원문 어디에도 곽말약의 주장과 같이 묵자가 '사람 중심'이 아닌 글이 없다. 묵자는 천지론에서도 의를 중시한다고 했다. 의로움은 사람에게서 나오지, 재산에서 나오지 않는다. 의를 행하는 것은 사람이다.

셋째로, 묵자는 「절용」에서 다음과 같이 기술하고 있다.

> "옛날 성왕들은 각기 전문적인 재능에 맞는 작업(분업론)을 하게 하고,
> 인민의 소용에 맞는 정도에서 그치게 하였다.
> 즉 인민의 이익에 보탬이 되지 않는 재화의 소비를 성왕은 일절 용납하지 않았다."
> 즉 "의복, 수레, 무기, 장례, 집 짓는 것 등 모든 것을 인민의 이익에 보탬이 되지 않는 재화의 소비를 성왕들은 용납하지 않았다."61)
>
> "쓸모없는 낭비를 없애는 것이 천하의 커다란 이익이다."62)

위 인용문을 통해서 보면, "묵자는 결코 무작정 재화의 소비를 반대한 것이 아니고, 다만 인민의 이익에 보탬이 되지 않는 재화의 소비(낭비)를 금해야 한다고 했을 뿐이다."63) 그러면서 절용과 함께 절장을 강조하는 것은 厚葬久喪(후장구상)이 많은 재물을 낭비하고, 인민들이 제각각 자기 맡은바 생산 활동을 못 하게 하므로 그 폐해

---

60) 金賢珠,「墨子에 대한 梁啓超의 이해」, (중국 청화대 박사 논문,『대동문화연구』제73집, 275쪽)
61) 『墨子』「節用中」, "凡天下群百工, 輪車, 鞼匏… 使各從事所能, 凡足以奉給民用, 則止, 諸加費不加于民利者, 聖王弗爲"
62) 『墨子』「節用上」, "去無用之費가 天下之大利也"
63) 풍우란 저, 위의 책, 148쪽.

가 매우 크기 때문이라는 것이다.

> "후한 장례를 계산해 보면 거두어들인 재물을 너무 많이 묻어버리고 오랜 상례를 계산해 보면 너무 오랫동안 생업에 종사하는 것을 막는다."[64]

또, 구상(久喪)을 하게 되면, 생산 활동에 차질이 있을 뿐만 아니라 남녀 간에 접촉할 기회를 줄이게 되므로 인민이 많아지기를 기대하기는 어렵다는 것이다.

> "남녀 간의 접촉을 불가능하게 만든다. 이러한 방법으로 인민이 많아지기를 바란다는 것은 마치 사람들이 칼 위에 엎어지라고 하면서 오래 살기를 바라는 것과 같으니 많아진다는 주장은 설득력이 없다.
> 그러므로 후장구상으로 인민을 많게 한다는 것은 이미 불가능한 이야기다."[65]

그런데 곽말약은 『십비판서』에서 묵자의 절용론과 절장론이 왕의 이익을 위한 이론이라는 것이다. 이에 풍우란은 묵자 사상을 공리주의적 관점에서 해석하면서, 그의 『중국철학사』에서 "묵자는 무엇이 '인민에게 가장 큰 이익인가' 하는 관점에서 세상을 보았다. 그래서 모든 사물은 반드시 국가와 모든 '인민의 이익에 부합'해야 비로소 가치가 있다. 국가와 인민의 이익은 바로 인민의 부와 인구 증가(庶)를 말한다. 인민을 부유하게 하고 인구수를 증가시킬 수 있는 것이라면 모두 유용하고, 그렇지 않으면 전부 무익하거나 유해한즉, 모든 가치는 이것에 따라서 평가된다."[66]는 것이다. 풍우란은 "후장구상을 반대하는 이유는 부를 추구하고 인구수를 늘려야 하는 측면에서 심대한 장애가 되기 때문이다."[67]고 했다. 그의 주장처럼 묵자는 지배층의 사치를 금하고 물자를 절약함으로써 나라를 부하게 하고 백성들의 삶을 안정시켜 인구가 늘어나게 하는 것을 목적으로 절용과 절장을 주장한다. 곽말약이 주장하는 것처럼 "인민이 왕공대인의 사유물인 재산이므로 인민을 번식시키는 것은 소와 말을 번식시키는 것과 같다."[68]고 하는 주장과는 전혀 다른 것이다. 즉 묵자의 절용 사상이 지배층을 위하여 인민들을 생산도구로 여기고, 생산도구인 인민들을 전쟁에 내몰아 살상케 하는 것은 어리석은 것이라 하여 전쟁을 하지 말자고 주장하는 것은 아니다. 묵자

---

64) 『墨子』「節葬下」, "計厚葬 爲多埋賦(之)財者也, 計久喪 爲久禁從事者也."
65) 『墨子』「節葬下」, "此其爲敗男女之交多矣 以此求衆 譬猶使人負劍 而求其壽也, 衆之說無可得焉 是故 求以衆人民 而旣以不可矣."
66) 풍우란 저, 위의 책, 146쪽.
67) 위의 책, 149쪽.
68) 郭沫若, 위의 책, 89쪽.

의 절용론은 '인민들이 삼환의 어려움을 극복하려면 지배층에서부터 솔선수범하여 사치와 낭비를 줄여야 한다는 것'이다.

양계초가 묵자의 절용과 절장을 비판한 것은 "묵자의 경제론이 지향하는 이상사회가 경쟁을 감소시켜, 결국은 사회진화에 해가 되는 사회로 전혀 이상적인 사회가 되지 못한다는 것이다."[69] 그는 묵자의 경제관이 "사회적 이익을 물질적 이익으로 이해하고 있고, 노동력을 중시하고 사회적 분업을 중시한다. 또한 사회적 이익을 개인적 이익에 우선한다. 또한 구시대의 계급 질서를 부정하는 점, 사유재산을 부정한 점을 들면서 '사회주의적이다'는 것"[70]이다. 결국 양계초는 묵자의 절장이 장례를 지낼 때, 의식을 간소하게 하고 비용을 절약하자는 것이고, 이것은 노동력의 감소로 생산력이 떨어짐을 우려하는 묵자 절용 절장의 의도는 높게 평하면서도 그의 경제관이 사회주의적임을 비판한 것이다. 양계초의 묵자 해석은 '묵자 경제사상을 지나치게 평등관에 치우친 이론'으로 보고 있다. 묵자의 절용, 절장 주장은 500여 년간의 겸병 전쟁의 와중에서 지배층의 수탈로 피폐해진 민중을 삼환으로부터 구제하기 위한 해결책이라고 생각한다. 묵자의 이론이 兼愛로서 서로 평등하게 아끼고 사랑하자는 것으로서, 힘이 있는 자는 약자를 애써 돕고, 재물을 많이 가진 자는 힘써 가난한 자를 도우며, 많이 아는 자는 그렇지 못한 자를 가르쳐주어야 한다고 하면서 이렇게 해야 민중이 삼환의 질곡에서 벗어날 수 있다는 것이다. 이는 현대적 의미로 보면, 사회복지적 개념과 유사하다. 이런 점에서 묵자의 주장이 양계초의 주장처럼 사회주의적일 수도 있다.

이상의 글을 통해 보면, 곽말약이 『십비판서』에서 묵자의 절용론과 절장론이 왕의 이익을 위한 이론이라는 주장은 설득력이 없다. 즉 묵자의 절용과 절장 주장은 천하를 하나의 공동체로 상정하고, 공동체 전체의 삶을 향상하기 위해서는 사치와 낭비 특히 지배계층의 낭비를 주목하면서, 생산을 확대하고 절도 있는 소비를 주장하고 있다. 그러면서 개개인의 재능을 잘 살펴, 각자 능력에 따른 직업을 선택해서 서로서로 협업을 통해 공동체의 부를 증진하자는 주장이다. 그러나 아무리 절약하고 절장하더라도 지배계층의 무분별한 자기 과시적 사치와 낭비를 막지 못한다면 그의 주장은 공염불이 될 것이다. 묵자는 운명론을 따르지 말고, 자기 자신의 주체적인 노동과 노력으로 삶을 개척해 나가자고 주장한다. 묵자는 그 당시의 시급한 현안인 삼환을 해결하기 위해서는 왕공대인의 솔선수범(率先垂範)을 요청하고 있다. 그들이 앞서서 절용과 절장함으로써 천하의 이로움은 일어나고 해로움은 제거되리라는 것이다.

---

69) 金賢珠, 「墨子에 대한 梁啓超의 이해」, (중국 청화대 박사 논문, 『대동문화연구』 제73집, 264쪽)
70) 위의 논문, 265쪽.

넷째로, 묵자는 「비악」과 「비명」에서 다음과 같이 기술하고 있다.

> "위를 상고해 볼 때 성왕의 법도에 맞지 않고 아래를 살펴볼 때
> 인민의 이익에 맞지 않기 때문이다. 그래서 묵자가 음악을 비난한 것이다."[71]
> "반드시 인민들로부터 많은 세금을 거두어야만 큰 종과 북과 가야금과 비파와 큰 생
> 황과 작은 생황이 소리를 낼 수 있다."[72]

> "그런즉 악기가 도리어 인민의 이익에 맞는다면
> 나는 수레와 배처럼 감히 음악을 비난하지 않겠다."[73]

위 인용문은 묵자가 음악을 비난한 까닭을 말하고 있다. 삼환의 어려움을 극복해야 하는 시대적 상황에서 지배자들이 음악을 즐기는 것은 노동력을 갖춘 성인들의 노동력을 착취해서 삼환 극복을 위한 생산량 증대에 도움이 되지 않는다는 것이다. 그래서 음악을 비난하지, 인민의 이익에 도움이 된다면 비난하지 않겠다는 것이다.

또, 묵자는 운명론을 비난하면서 다음과 같이 기술하고 있다.

> "지금 운명론자의 말을 따른다면 위에서는 정사를 다스리지 않고 아래서는 일을 하지
> 않을 것이다. 고로 운명론은 위로는 하늘에 이롭지 않고 가운데로는 귀신에 이롭지
> 않으며, 인민들에게도 이롭지 않다. 이는 포악한 자의 道인 것이다.
> 이처럼 천하에 커다란 재앙이다."[74]

> "운명론자들의 말을 채용한다면 이는 천하의 義를 제거하자는 것이다.
> 천하의 義를 제거하려는 자들은 운명론을 퍼뜨려 백성들이 실망하도록 유세한다.
> 백성들이 실망하도록 유세하는 것은 어진 사람을 없애버리자는 수작이다."[75]

위 인용문에서 알 수 있듯이, 묵자는 비명론에서 사람이 부지런히 일하고 노력하는 것을 존중하는 입장에서 운명론과 숙명론을 부정한다. 즉 누구나 부지런히 주체적인 삶을 살아가기를 묵자는 바란다. 그러면 좀 더 나은 삶을 살 수 있다는 것이다. 그러

---

71) 『墨子』「非樂上」, "然上考之 不中聖王之事 下度之 不中萬民之利. 是故子墨子曰 爲樂非也"
72) 『墨子』「非樂上」, "將必厚措斂護萬民 以爲大鐘鳴鼓琴瑟竽笙之聲."
73) 『墨子』「非樂上」, "然則樂器反中民之利 亦若此卽我不敢非也."
74) 『墨子』「非命上」, "今用執有命者之言 則上不聽治 下不從事" "故命 上不利於天 中不利於鬼下不利於人 而暴人之道也 此天下之大害也"
75) 『墨子』「非命上」, "今用執有命者之言 是覆天下之義 覆天下之義者 是立命者也 百姓之誶也 說百姓之誶者 是滅天下之人也"

면서 '운명론을 신봉하게 되면 이는 천지가 바라는 바인 의를 없애는 일이 된다'는 것이다. 그러면서 운명론을 따르는 것은 지배층과 궁벽한 자들이 자신의 노력에 의한 노동을 통해서 자신을 개척하려 하지 않고 자신들의 지위를 보전하려는 지배층의 농간이며, 궁벽한 자들의 자기변명이며, 이는 재앙이라는 것이다.

"지금 운명론자의 말을 따른다면 위에서는 정사를 다스리지 않고 아래서는 일하지 않을 는 것은 것이다. 고로 운명론은 위로는 하늘에 이롭지 않고 가운데로는 귀신에 이롭지 않을 것이며, 인민들에게도 이롭지 않다. 이는 포악한 자의 道인 것이다. 이처럼 천하에 커다란 재앙이다."76)

그런데 곽말약은 『십비판서』에서 묵자의 비악론을 궤변으로, 비명론은 수단이라는 것이다. 「비악상」에서 보듯이, "수레를 만들고 배를 만드는 데는 재화를 갹출하더라도 원망하지 않는다. 그 까닭은 모든 인민의 이익에 부합하기 때문이다. 인민의 삼환으로, 굶주릴 때 먹지 못하고, 추울 때 입지 못하고 일에 지쳤을 때 쉬지 못하는 것이다. 이럴 때, 가무를 즐기는 것이 인민의 재원을 만들어서 이익이 되겠는가? 또 대국이 소국을 공략하고 대가가 소가를 약탈하며, 강자가 약자를 강탈하고 귀인이 천인을 업신여기고, 다소가 소수를 학대하고 교활한 자가 우직한 자를 속이며, 내란 외란 도적 때가 일제히 일어나도 제압할 수 없는 형편인데도, 가무를 즐길 수 있는가? 그렇지 못할 것이다." 또 "만백성에게 무거운 세금을 거두어들여, 큰 종, 북, 거문고 등을 연주하는 행위는 흥리제해 하는데 전혀 도움을 주지 못한다." 그래서 묵자는 음악을 연주하는 것은 그르다고 했다. "묵자는 음악과 미술은 모두 정감의 산물이고 단지 정감만을 감동시킬 수 있으므로 쓸모없다고 여겨 배척하였다."77) 묵자는 비악편에서 모든 사람이 부지런히 일하고 물자를 아껴야 한다는 관점에서 또 그 당시 피폐한 민중의 삶 속에서 음악을 비난한 것일 뿐이다. 그러면서 왕공대인이 음악을 즐기는 것은 결국은 백성들의 재물을 수탈하는 것을 경계한 것으로, 악기나 음악 소리가 즐겁지 않다고 여기기 때문이 아니다. 결국 왕공대인이 음악을 즐김으로써 백성들이 입게 될 해로움을 경계하기 때문이다. 즉 왕공대인이 음악을 즐기게 되면 반드시 많은 세금을 백성들에게 거두어들여야 한다. 그래서 묵자가 반대한 것이다.

이상에서 살펴보았듯이, 학자마다 묵자의 비악과 비명에 대한 해석은 제각각이다. 하지만 곽말약의 표현대로 비악이 궤변이며, 비명론이 수단이 되고 있다는 점은 수긍

---

76) 『墨子』「非命上」, "今用執有命者之言 則上不聽治 下不從事" "故命 上不利於天 中不利於鬼下不利於人 而暴人之道也 此天下之大害也"
77) 풍우란 저, 위의 책, 151쪽.

하기 어렵다. 묵자도 음악의 즐거움 그 자체를 모르고 비난하는 것은 아니다. 그도 편안한 생활, 아름다운 무늬, 즐거운 음악, 맛있는 음식이 좋은 줄 안다. 그러나 이러한 것들이 그 당시의 시대에는 군자로서 일하는 데 방해가 되고 천인들이 노동하는 데 방해가 되기 때문에 부정한 것이다. 그 당시는 철저한 실리주의자가 아니면 생존하기 어려운 시대였기 때문이다. 즉 "악기도 도리어 백성들의 이익에 부합된다면, 곧 나는 감히 비난하지 않을 것이다"[78]고 했다. 왕공대인이 음악을 즐기느라 백성들이 먹고 입을 재물을 엄청 낭비하기에 음악의 폐해를 지적한 것이다. 그러면서 묵자는 부단한 노력으로 자기 운명을 이루어나가길 바란 것이다.

다섯째로, 묵자는 「상현」과 「상동」을 다음과 같이 기술하고 있다.

> "옛날에 사람이 처음 생기고 아직 정치조직이 없을 때, 사람들은 저마다 자신의 시비 기준(義)을 가지고 있었다. 그래서 서로 반목하고 질시하며, 능력이 있어도 남을 돕지 않고, 썩어서 남는 재물이 있어도, 남과 나누어 가지지 않고, 훌륭한 이치를 터득했어도 숨겨두고 남에게 가르쳐주지 않았으니 온 천하는 금수의 세상처럼 혼란했다."(…) 이것은 정치적 우두머리(政長)가 없어서 발생했음을 명확히 깨닫게 되었다. 그리하여 천하에서 가장 덕망 있고 유능한 사람을 선발하여 천자로 삼았다."[79]

> "백성들을 이끌어 천하의 義를 하나로 통일해줄 정장(지도자)이 없어서 세상이 무질서에 빠질 것이 분명하므로 세상의 어질고, 똑똑하고, 명석한 사람을 선택하여 천자로 세우고, 그로 하여금 천하의 의를 하나로 통일하는데 종사하도록 한다."[80]

> "비록 농업이나 상공업에 종사하는 천한 사람이라도 능력이 있으면 그들을 등용했고, 벼슬을 높여 주고, 녹을 무겁게 주어 그에게 정사를 맡기되 명령을 결단하도록 권한을 위임했다.
> (…)유능하면 곧 등용되며 무능하면 곧 쫓겨났다. (…)따라서 관리라 해서 언제까지 귀한 것이 아니고 백성이라 해서 언제까지나 천하지는 않았다."[81]

> "오직 어진 자라면 누구든지 등용하여 높여주며, 부유하고 고귀하게 해주어 관장으로

---

78) 『墨子』「非樂上」, "樂器反中民之利亦若此, 卽我弗敢非也."
79) 『墨子』「尙同上」, "古者民始生, 未有刑政之時, 蓋其語人異義… 至有餘力 不能以相勞, 腐朽餘財 不以相分, 隱匿良道 不以相敎, 天下之亂, 若禽獸然… 夫明乎 天下之所以亂者, 生於無政長."
80) 『墨子』「尙同中」, "明乎民之無政長以一同天下之義而天下亂也, 是故選擇天下賢良, 聖知, 之人, 立爲天子, 使從事乎一同天下之義."
81) 『墨子』「尙賢上」, "雖在農與工肆之人 有能則擧之 高予之爵 重予之祿 任之以事 斷予之令 官無常貴 而民無終賤 有能則擧之 無能則下之"

삼았다.
한편 어질지 못한 자는 누구든지 등용을 막고 그만두게 하여 가난하고 천하게 하여 보졸의 임무를 맡겼다."82)

위 인용문에서 알 수 있듯이, 묵자는 인민이 처음 생겨나고, 이를 이끌 현량자가 없을 때는 서로 각각 주장하는 뜻이 달라, 사회가 혼란스러웠다는 것이다. 그래서 인민들의 흩어진 여론을 하나로 통일시킬만한 정장(政長) 필요해서, 어질고 올바른 사람을 선택해서 이를 천자로 삼아서 혼란을 다스리도록 했으며, 천자를 선택하는 데는 신분 질서에 얽매이지 않고 어질고 능력 있는 자 중에서 골랐다. 이와 같은 묵자의 주장은 종법 질서에 얽매여 있는 당시의 상황 속에서는 혁명적이었다.

그러나 곽말약은 『십비판서』에서 묵자의 상현론과 상동론은 왕의 권력 강화를 위한 '전체주의적 이론'이라는 것이다. 그는 묵자의 겸애 교리론을 인민들이 주체가 되어, 서로 평등하게 아끼고 사랑한다는 개념으로 파악하지 않고, 백성들이 서로 아끼고 사랑하게 한다는 '주체'를 '천자'라 생각한다. 즉 절대군주가 백성들을 위해서 '겸애 교리'하게끔 해야 한다는 것이다. 이와는 다르게, 묵자는 인민을 자기 운명을 결정하는 '주체'로 보아서, 만인에 대한 만인의 투쟁'을 종식하고자, 지도자 즉 통치자를 선출하였으므로 "주권은 인민에게 있고, 나라와 인민을 부유하게 하고 인민의 수를 늘리며, 행정이 잘 다스려져서 혼란을 종식할 통치자를 필요로 했다"83)는 것이 '묵자의 주장이다'라고 해석하는 학자들이 있다. 즉 손영식은 묵자의 상동의 "人是其義 以非人之義 故 交相非也"라는 글귀에서, 사람들이 "자기의 의는 옳다고 여기고, 남의 의는 그르다고 여겨 서로 비난한다"라고 하면서, 각 개인은 '자유의지를 가진 주체'로서의 인식을 가진 존재이기에 서로 다툰다. 이와 같은 해석을 하면서 그는 다음과 같이 주장한다.

"사람들이 최초의 상태의 혼란을 벗어나기 위해서, 천자 이하 국가 기구를 만들면, 각 개인은 국가 권력에 복종해야 한다. 그 이유는 자신의 '자기 결정권'을 위에 넘겼기 때문이다. 위는 그 권력을 받아야 각 개인의 '이익 주장'의 충돌을 막고, 각 개인과 사회의 이익의 극대화를 이룰 수 있다. 하비(下比)는 태초의 혼란 상태의 원인이다. 모든 개인이 각자의 '이익 주장'을 하면서, 서로 나란히 서고 무리 지어서, 서로 싸우는 상황이다. 상동에 의해서 국가가 건설되면, 하비는 엄격하게 금지되어야 한다."84)

---

82) 『墨子』 「尙賢中」, "賢者 擧而上之 富而貴之 以爲官長 不肖者 抑而廢之 貧而賤之 以爲徒役"
83) 『墨子』 「尙同下」, "百姓爲人", 「尙賢上」, "皆欲國家之富 人民之衆 刑政之治"
84) 손영식, 「묵자의 국가론」, (『대동철학』제76집, 2016, 202쪽)

위의 글에서 손영식은 태초에도 사람들은 자기 의견을 가지고 의(義)와 리(利)를 다툴만한 자유의지를 가진 존재로 보고 있다. 그래서 그는 금수처럼 사람들이 이익을 놓고 다투는 것은 현명하지 못하기에 이를 조정해서 공동의 이익과 개인의 이익을 동시에 충족시킬 수 있는 정장이 필요했다고 해석하고 있다. 그래서 어질고 능력 있는 사람 중에서 천자를 선출하고 또 그 이하 관료들을 선출해서 자유의지를 가진 인민들이 뜻을 하나로 모을 수 있는 제도적 장치를 묵자는 상동편에서 설파하고 있다고 본 것이다.

또 황성규는 상동론이 획일적이고 전체적인 사회를 지향하거나 아랫사람은 반드시 윗사람의 견해를 추종해야 한다는 것으로 비추어질 수 있으나, 이는 묵가학파의 상동 사상을 제대로 간파하지 못한 데서 오는 편견이며, 상동 사상이 추구하고자 하는 본질과는 상당한 거리가 있다면서, 묵자의 상동론은 통치자의 주관적 의사에 의해서 국가가 좌지우지되는 불합리한 현상을 최소화할 수 있는 제도적 장치를 수립하자는 것이다. 물론 묵자가 제시한 제도적 장치라는 것은 통치자가 시행하고자 하는 방향과 백성의 뜻이 하나가 되는 것, 혹은 백성의 소망과 위정자인 왕공대인의 정책이 어김없이 맞아떨어지는 것 등을 보장하기 위한 하나의 수단이 된다고 주장한다.[85]

그리고 상동의 체계로 보면 천자도 상동해야 하므로 하늘이 선정해야 한다고 보는 것이 타당하지만, 묵가에서 하늘의 의지는 정치적 평등과 경제적 정의인 겸애 교리이고, 하늘의 의지는 실제에 있어서 인민의 의지가 투영된 것이므로 인민에 의해서 선정된다고 할 수 있다고[86] 주장하는 학자도 있다. 즉 상동론은 윗사람과 아랫사람 간의 의사소통을 통해, 기준을 하나로 통일함으로써 민의가 하나로 결집되기를 바라는 것이 묵자의 주장이라는 것이다.

"그러므로 옛날 성왕들은 오직 상동하는가만을 살펴서 (그런 사람을) 政長으로 삼았다. 이런 까닭에 위아래의 情이 통하였다."[87]

위의 글은 징장의 임무나 역할은 위아래의 소통을 잘 시키는 능력이 있는지도 중요한 능력으로 보았다는 것이고, 정장 또한 위아래가 소통이 잘 되어서 온 인민의 뜻을 하나로 통일시키는 데 역점을 두고 있음을 알 수 있다. 더불어 정장인 현능자는

---

85) 황성규, 「묵자의 상현과 상동 편에 내재된 정치 이론 고찰」, (『동양철학 제31집』, 2009, 157쪽)
86) 이해영, 『전국시대 비판철학』, (도서출판 문사철, 2009, 142쪽)
87) 『墨子』 「尙同中」, "故古者聖王唯而審以尙同 以爲正長 是故 上下情請爲通"

곽말약의 주장처럼, 왕권 강화를 위한 도구로써 왕의 권위에 따라 왕의 사유재산을 보위하면서, 왕을 위해 사유재산을 잘 보호해 주고 음란하고 포악한 자를 제거하고, 악당과 도적을 없애는 자가 아니다. 묵자의 상현론의 바탕은 민중들이 삼환의 질곡에서 벗어나기 위해서는 어떻게 해야 하는가에 대한 묵자의 고민에서 나온 것이다. 현능자를 두는 목적이 바로 삼환의 극복이며, 서로 돕고 사는 대동 사회를 이루는 데 있다. 그래서 묵자는 세상을 보는 시각도 각 개인의 의가 서로 달라 혼란이 생긴다고 보고, 이를 조정할 정장이 필요하므로, 개개인의 의를 모아서 하나로 의로 통일시킬 수 있는 현량한 자를 필요로 한 것이지, 왕의 의견을 하향식으로 명령해서 억지로 통합시키는 리더가 아닌 상향식 리더쉽을 요구한 것이다. 또 묵자에 있어 현능한 자는 겸애 교리를 가치 기준으로 삼고 이를 현실에서 실천하는 자이다. 여기서 '겸(兼)'은 '전체'를 의미한다.[88] '겸애'는 '전체를 사랑함'이다. 어떤 부분을 차별하거나 편애하지 않는 무차별적 무조건적 사랑이다. 두루두루 차별함이 없이 평등하게 아끼고 사랑하는 것을 의미한다. 다시 말해, 모든 개인이 자기의 '이익 주장'을 현자에게 넘길 때는 현자가 자신의 이익을 차별하지 않는다는 것을 전제한다. 겸애는 자기를 포함에서 모두의 이익을 전체적으로 평등하게 고려하는 사랑의 능력이다. 그런 능력을 갖춘 자가 현자이다.

이상에서 살펴본 대로 묵자의 상현론과 상동론은 사람들이 '의'라고 생각하는 '기준'이 서로 달라서 혼란이 생기기에, 이를 조정할 조정자로서 현인이 필요한 것이지, 곽말약의 주장대로 왕의 권한 강화를 목적으로 현능자가 필요한 것은 아니라는 것이다.

5. 맺는 말

곽말약은 그의 저서인 『십비판서』에서 '묵자 사상은 왕권과 지배층의 권한 강화를 위한 이론이다'라고 한다. 즉 묵자 사상이 '전제군주의 전체주의적 통치에 이바지하는 사상이다'라는 것이다. 이에 관해서 묵자 사상의 겸애론과 비명론 그리고 상동론은 평등사상과 인민주권설로도 해석될 수 있다는 곽말약과는 다른 해석을 하는 학자들의 주장을 통해서, 그의 『십비판서』의 주장에 반론을 제기하였다.

첫째, 곽말약은 묵자 사상이 절대군주의 사유재산권을 옹호하기 위한 이론이며, 둘

---

88) 『墨家』, 「經上」, "개체(부분)는 전체에서 나뉘어진 것이다." "體, 分於兼也."

째 사람 중심이론이 아닌 재산 중심이론이라는 것, 셋째 왕의 이익을 위해 절용과 절장을 주장한다는 점, 넷째 묵자의 비악론은 궤변으로, 비명론은 통치 수단이라는 것, 다섯째 묵자의 상현론과 상동론은 왕의 권력 강화를 위한 '전체주의적 이론'이라는 것 등 다섯 가지 점에 대해서, 필자는 여러 학자의 해석을 근거로 하여, 곽말약의 주장이 지나치게 묵자의 본의에서 벗어나지 않았을까 하는 우려를 하지 않을 수 없다.

묵자 사상이 전제군주의 전체주의적 통치에 이바지한다고 볼만한 부분이 있을 수 있지만, 대체로 묵자 사상은 천지가 추구하는 것이 '의'이며, 이는 겸애 교리를 그 실천 강령을 해서 전개된다고 보며, 또 묵자의 비명론과 비악론은 자기 운명을 자기 노동을 통해서 해결해야 한다는 인민 개개인의 주체적인 의지를 반영한 것으로 여겨, 묵자의 사상이 추구하는 것은 왕권을 강화하기 위한 전체주의적 이론이 아니라, 인민 개개인의 주체적인 의견 결집을 통한 민주주의 이론에 가깝다고 할 수도 있겠다. 서양의 뛰어난 민주주의 이론가인 로버트 달은 "민주주의란 무엇인가에 대해 2,500년 동안 간헐적인 토의가 있어 왔는데, 싫든 좋든 간에 합의는 이루어지지 않았다. 이는 민주주의가 상이한 시간과 상이한 장소에서 상이한 사람들에게 상이한 의미를 지녀왔기 때문이다"[89]고 했다. 다시 말해서 시공간을 떠나 적당한 조건들이 갖추어진다면, 언제라도 민주주의는 독립적으로 출현하며, 또 출현할 수 있다는 것이다. 그리고 그러한 조건들은 상이한 시간과 상이한 장소에서 존재하여 왔다고 믿는다. 그러면서 로버트 달은 "민주주의적 체제의 형성에 유리한 조건들을 갖고 있던 오래 전 선사시대의 부족통치체제에서도 일종의 민주주의 체제가 존재하였을 가능성이 큰 것으로 판단하고 있다."[90]라는 것이다. 즉 어떠한 곳이더라도 적당한 조건들이 갖추어진다면 민주주의는 가능하다는 것이다. 그렇다면 춘추 말 전국 초의 묵자가 활동했던 중국에서도 적당한 조건이 충족되었다면, 민주주의가 가능했다는 주장이다. 묵자 사상의 민주주의적 성격에 대해서는 추후 더 연구되어야 할 부분이라 생각한다.

---

89) 로버트 달 지음, 김왕식 외3 옮김, 『민주주의』, 동명사, 1999, 23쪽.
90) 위의 책, 31~32쪽.

묵자 철학 강의(논문)

초판 발행 : 2025. 10. 15.
저자 : 박진우
펴낸이 : 이순실
펴낸 곳 : 도서출판 청림
pdm14181@naver.com
사업자 등록 번호 : 454- 94- 01845
연락처 : 010- 7544-2338
ISBN : 979-11-984074-3-6
인쇄처 : 북메이크
책값 : 20,000원
※ 저자와 협의하여 인지는 생략했음.